U0899495

曾士峩传

曾天元　著

中央文献出版社

曾士峩，1927 年春摄于长沙紫光照相馆

曾士峩的三位兄长，左起：曾叔彬、曾肃卿、曾监周

曾肃卿

曾士峩的三嫂钟贵娥

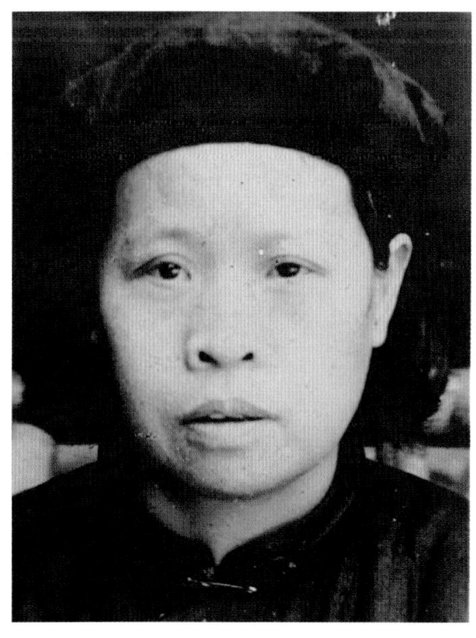
曾士峩的大姐曾桂友

益阳信义大学教学楼旧址

益阳信义大学职工宿舍楼旧址

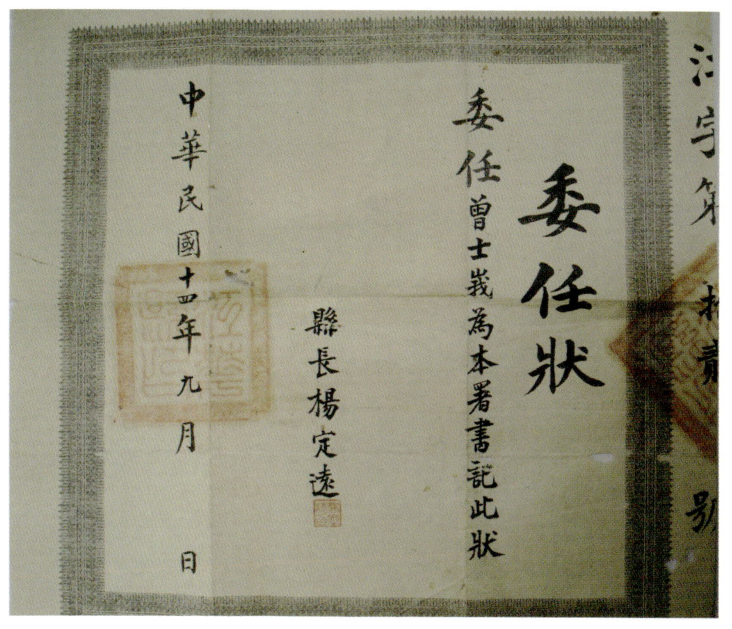
委任狀

委任曾士巖為本署書記此狀

縣長楊定遠

中華民國十四年九月　日

1925 年 11 月，江华县府书记委任状

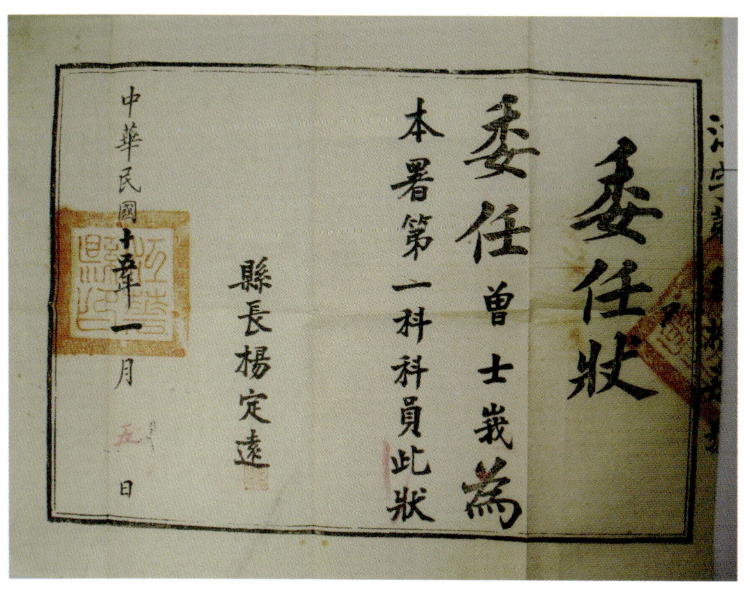
委任狀

委任曾士巖為本署第一科科員此狀

縣長楊定遠

中華民國十五年一月五日

1926 年 2 月 17 日，江华县府科员委任状

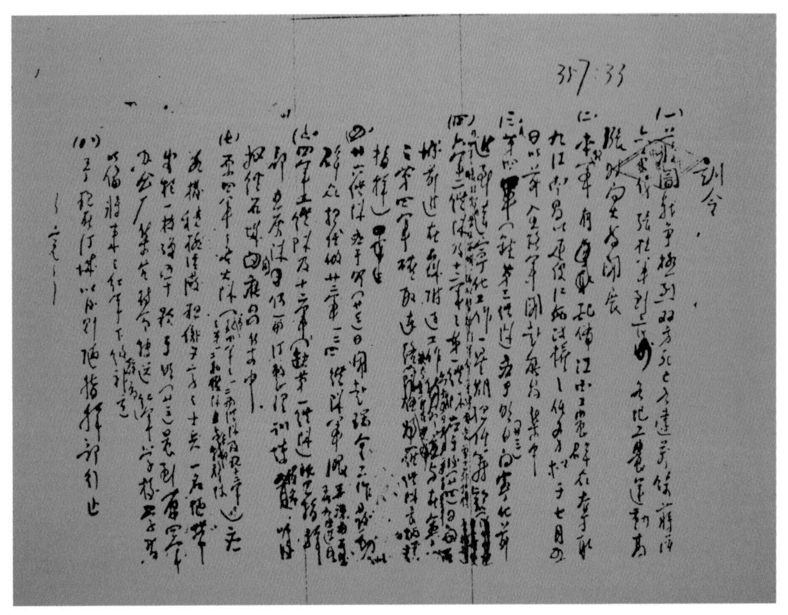

1930 年 6 月 22 日，红一方面军总部《训令》第四条指出：“四军军长林彪因要公留城，队伍暂归该军部参谋处长曾士峩指挥。”

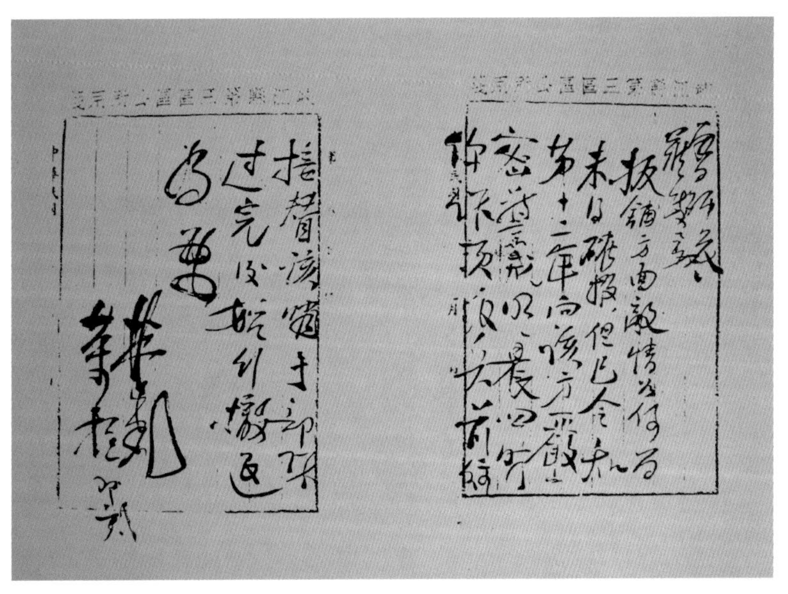

1930 年 11 月，第一次反“围剿”期间，林彪、罗荣桓就部队警戒问题给曾士峩、罗瑞卿的信

1931 年 9 月 9 日晚，林彪、罗荣桓致朱总司令、毛政治委员的汇报信

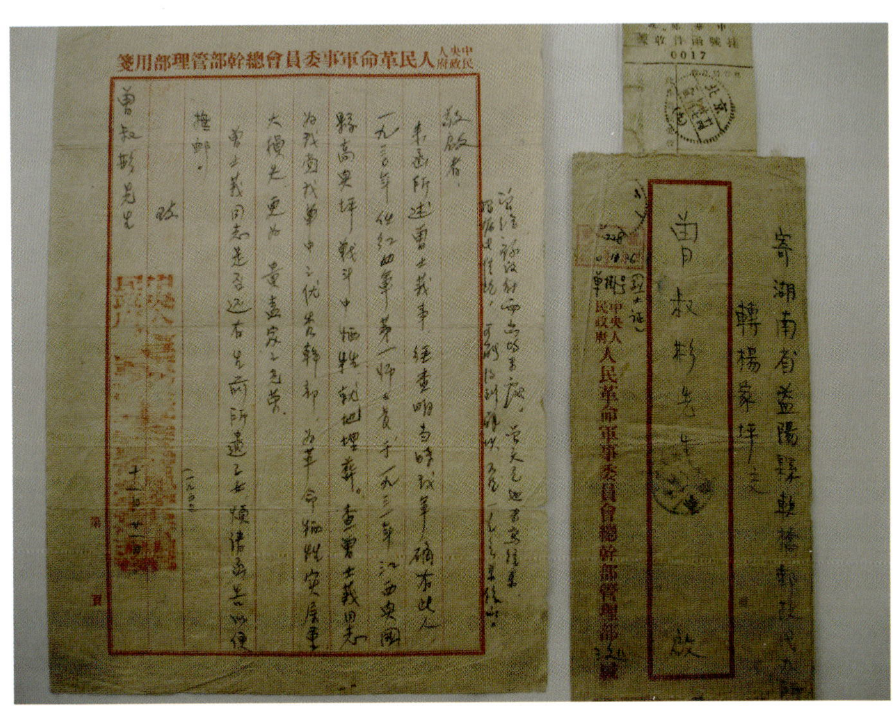

中央人民政府人民革命軍事委員會總幹部管理部用箋

敬啟者：

曾叔彬先生

1950 年 11 月 21 日，中央人民政府人民革命军事委员会总干部管理部致曾叔彬的信指出：“曾士峩同志为我党我军中之优秀干部，为革命牺牲实属重大损失”。

1987 年 11 月 19 日，曾士峩烈士纪念碑揭幕仪式

曾士峩烈士纪念碑

2004 年 11 月，曾士峩纪念碑被列为益阳市市级文物保护单位

曾士峩烈士纪念碑前举行的革命传统教育活动

2012 年 10 月 21 日，在红军高兴圩战斗纪念碑揭幕式上。右起：王洪光、作者、黄企生

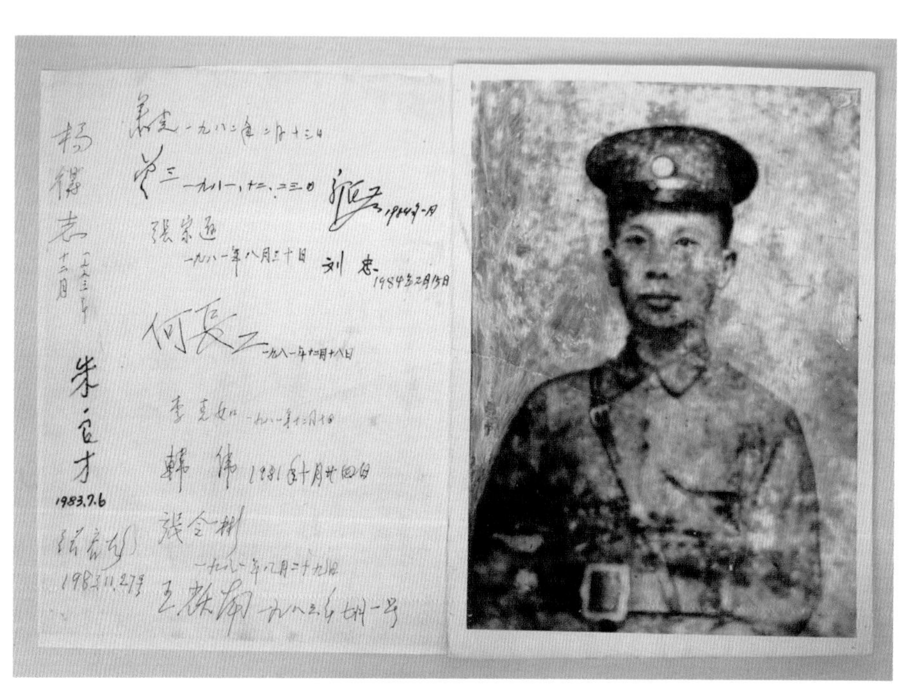

何长工、萧克、杨得志、张宗逊、朱良才等部分战友在曾士峩烈士遗照背面签名

1993 年 12 月 24 日，作者敬请原总参谋长杨得志（右）在曾士峩烈士遗照上签名

1985 年 10 月 16 日，作者敬请原总后勤部部长张宗逊为曾士峩烈士题词

1984 年 1 月 27 日，作者聆听军事科学院原副院长郭化若（左）回忆曾士峩

1984 年 6 月 8 日，作者访范树德先生。左起：范夫人、范树德、作者

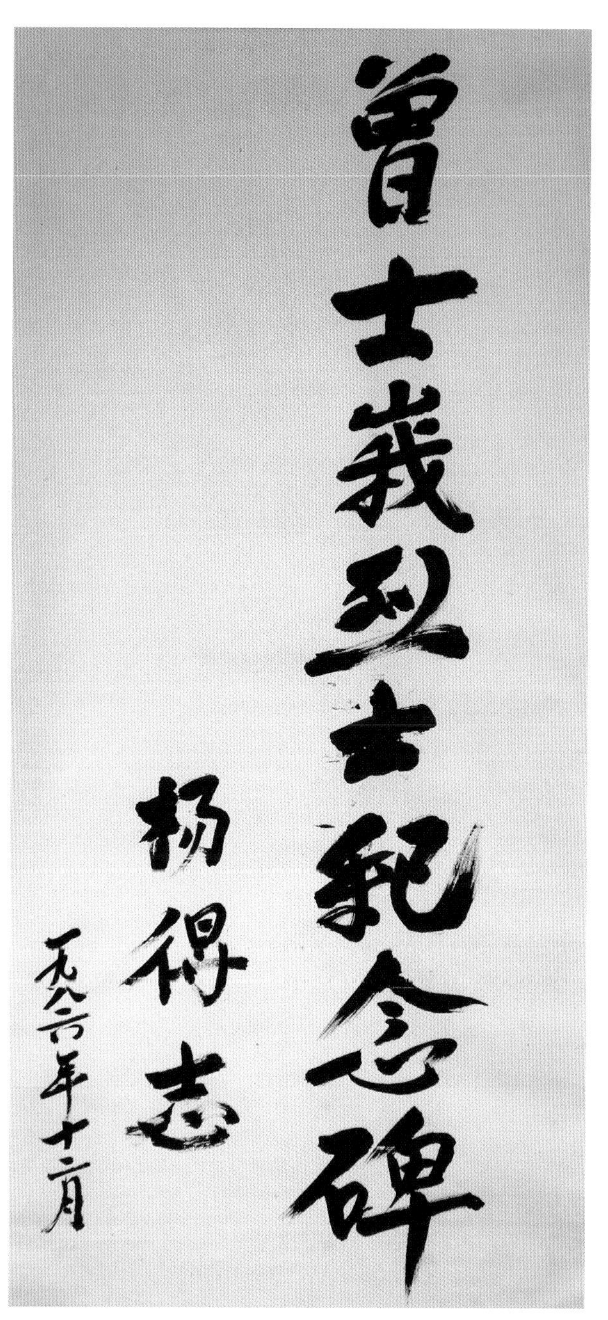

1986 年 12 月，杨得志题写曾士峩烈士纪念碑碑名

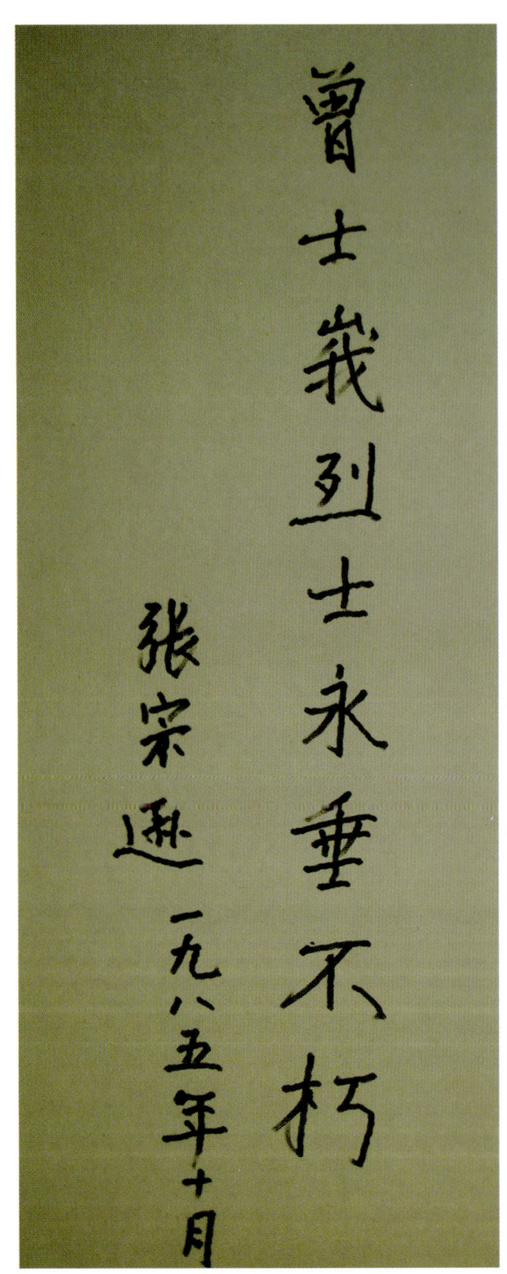

1985 年 10 月 16 日，张宗逊为曾士峩烈士题词

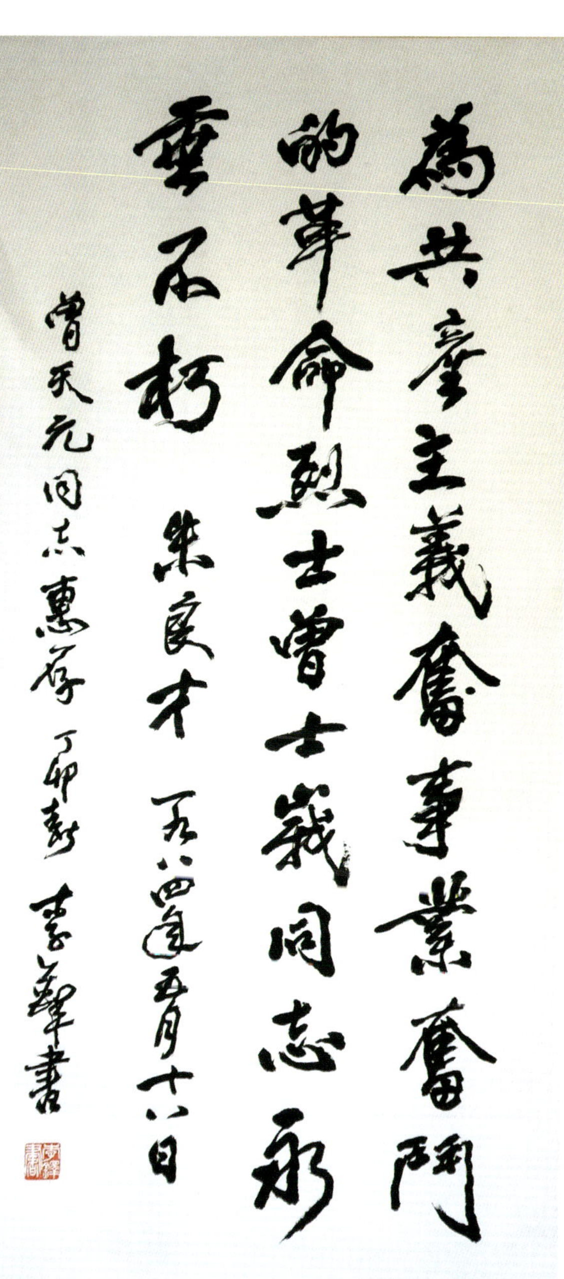

1984 年，朱良才为曾士峩烈士题词

曾士義字廸勛一九〇四年生於湖南益陽曾就学於信義大学一九二六年加入中國共產党参加過北伐秋收起義時参加過起義井岡山初期参加了龍源口黄洋界等著名战斗红军整编擴編時任红四军（红军的主力和核心）主力師師長参加了第一二三次反"圍剿"領導指揮有方战功顯赫係红四军中最優秀師長一九三一年九月八日高興圩战斗中英勇犧牲年二十八歲

郭化若

一九八七年六月

1987 年 6 月，郭化若为曾士峩烈士题词

1987 年，曾三为曾士峩烈士题词

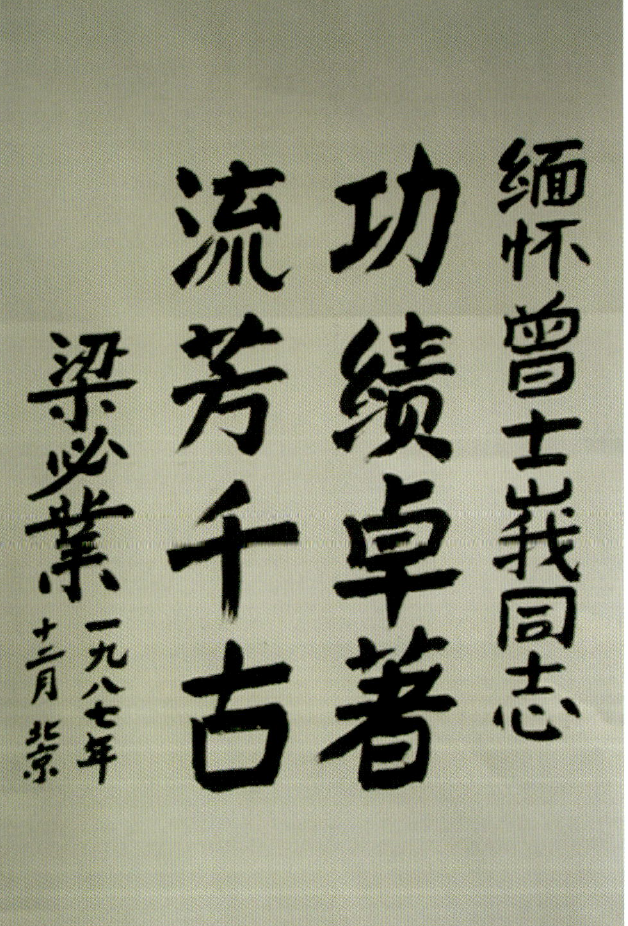

1987 年，梁必业为曾士峩烈士题词

2017 年 12 月 15 日，罗东进（左）、作者在北京一起追思父辈革命战斗友谊

2017 年 11 月 13 日，杨建华、作者、罗箭、杨秋华（左起）在北京一起追思父辈革命战斗友谊

“纪念曾士峩烈士诞辰 110 周年”邮票

曾士峩烈士陈列馆举行革命传统教育基地挂牌仪式

社会各界参观曾士峨烈士陈列馆

目　录

第一章

少年壮志

一、童年时光

曾士峩，清光绪三十年甲辰正月二十日（1904 年 3 月 6 日，龙年惊蛰）生于湖南省益阳县十二里大桥冲村（今益阳市赫山区泥江口镇大桥冲村）。他直到参加革命，才离开益阳。

湖南益阳位于长江中下游平原洞庭湖之滨，历史悠久、底蕴厚重，山清水秀、人杰地灵。早在 7000 多年前的新石器时代早期，华夏先祖的一支就在益阳这块土地上繁衍生息。厚重的湘楚文化底蕴，造就了一大批益阳籍名人贤达，比如陶澍、胡林翼等。陶澍（1779 —1839），清中叶经世派主要代表人物，官至太子太保、两江总督。他领导除恶安民，兴修水利，治理漕运，倡办海运，革新盐政，兴办教育，对后来的曾国藩、左宗棠、李鸿章、胡林翼有重大影响。胡林翼（1812—1861），曾任湖北布政使、署巡抚，湘军重要首领。抚鄂期间，注意整饬吏治，引荐人才，协调各方关系，曾多次举荐左宗棠、李鸿章、阎敬铭等，为时人所称道，与曾国藩、李鸿章、左宗棠并称为“中兴四大名臣”。此外，还有辛亥革命时期著名资产阶级民主革命家、爱国诗人夏思痛，中共早期工人运动活动家张昆弟，红军将领张子清、段德昌、曾士峩，文化教育名人叶紫、周谷城、张国基、周立波、周扬，等等。

益阳市城区内有资江呈S形由西向东穿越，流经8公里，将全市分成南北两部分，北半部为现资阳区，南半部为现赫山区。赫山区内有条志溪河，它是资江的支流，发源于宁乡沩山下铁冲乡，由雪峰山山脉溪水汇集而成。志溪河全长65公里，大部分在益阳市赫山区境内，长40公里。它流经桃江县的灰山港，从犁劈滩进入益阳市赫山区。古老的志溪河像天上飘来的玉带绕过赫山区全境，两岸是山峦起伏的丘陵地带。这里溪流交错，阡陌纵横，竹木浓荫里掩映着繁星般的房舍，构成了湘中独特的自然景观。

今天的赫山区泥江口镇大桥冲村就处于其中。村里一处山谷里，聚居着十多户曾姓人家，人口近百，被称为“曾家大屋”。其中一户人家的主人叫曾保臣。1904年3月6日，龙年惊蛰这天，曾保臣最小的儿子，也是八个子女中的老幺诞生了。曾保臣为小儿子起名曾士峩。“峩”喻峨眉之高，“士峩”即男子中学问和品德之杰出者；号迪勋，字广泽，又名振泽，字用才，寓意要及早成才，建功立业。[①]

曾士峩家是三代武举人的家庭。这三代武举人是：曾士峩的曾祖父、曾氏六十九派曾毓贵，祖父曾锡光（1847—1913），父亲曾保臣（1870—1928）。他们练武的目的，是身心兼修，崇武尚德，也为强身自保。曾保臣自幼崇文尚武，读四书五经，初通文史；在祖父辈的影响和指导下，又勤练拳术、棍棒、步射。后来，在省城长沙考取了武举人。当时武举人并没有多高的社会地位，只有极少数人能成为军队初级武官，绝大部分则要“荣归故里”。曾保臣中举后回家，仍继续边练武、边务农。

曾保臣膝下有五个儿子即干周、监周、叔彬、肃卿、士峩，以及三个女儿桂友、桂芳、桂珍。

曾保臣常以中华传统道德“仁、义、礼、智、信”“孝、悌、

① 近年的一些报道将“曾士峩”写为“曾士峨”。根据取名本意及历史文件，应为“曾士峩”。（作者注）

忠、信、礼、义、廉、耻”“天下兴亡，匹夫有责”等，教育子女。他为了让五个儿子及后代牢记这些做人准则，特地请手艺高超的篾匠师傅制作了五个量米的升子，升子上分别端刻着“仁”“义”“礼”“智”“信”，分给五个儿子；100多年过去了，这五个升子，仍完好地保存在其后代家中，提醒他们应该如何为人。曾保臣常强调：做人要正直、诚恳，助人为乐，要吃得苦、霸得蛮，要节俭；并身体力行。他虽不富有，却为人正直、友善，知识面广，且具武德。因此，在乡间有相当好的声誉和影响，常有亲朋好友登门造访，谈古论今、文臣武将、耕作饲养、柴米油盐，无所不及；有时邻里间发生一些纠纷，也请他去劝说调解。

曾保臣一辈子有个好习惯，鸡鸣而起，或练武或耕作。他对儿女们要求很严，常告诫他们：“人生一世，草木一春；一寸光阴一寸金，寸金难买寸光阴。”“一年之计在于春，一日之计在于晨。早起三朝当一工，懒懒散散一世空。”他每天早晨都大体准时地将儿女们从睡梦中叫醒，让他们分头做每天该做的事。由于家中人口多，曾保臣希望儿子们尽早立业，计划让老大、老二、老三念几年私塾后，就跟着自己和一位农忙时请来的近50岁的半劳力帮工学着务农，而让老四肃卿、老八士峩多读几年书。

要说给儿女们留下深刻记忆的，还是曾保臣坚持不懈地习武练功。这对他们特别是男孩子们的一生，都产生了不同程度的影响。儿子们最初一边旁观、一边模仿父亲的动作练上一小段拳路，后来在父亲指导下，互相较量几招。曾保臣特别重视教儿子们反复互相对练，加强眼法：即当对方的拳头或棍棒击来时，练习克服本能的闭眼自保的习惯，相反更要瞪大眼睛看清对方拳、棒的可能攻击点，或躲闪，或还击。在练习中，老大、老三、老八表现得很活跃，老八士峩更是表现出了极好的悟性，动作准确、利索，瞬时爆发力强。曾保臣很高兴，偶尔会手把手地多教他几招。有时，儿子们练得腰酸背痛，想停下来歇气，曾保臣却催促和鼓励他们坚持练下去，直至儿子们精疲力竭。

曾保臣反复告诫儿子们：自古至今，练武要练身又练心，要讲武德。要通过练武，锻炼体魄，培养顽强果敢、坚韧不拔、吃苦耐劳、自强不息、急义救危的精神。他还特别叮嘱儿子们说："你们以后都要成家立业，我不要求你们终生都坚持练武，只想让你们年轻时学点武艺，为的是磨炼意志、强身健体和自我保护。"

儿子们听了，都默默点头遵从。严格的家教和家风，对曾士峩短暂的一生有着深刻的影响。1911 年，7 岁的曾士峩入私塾学习。1913 年，9 岁的曾士峩进入本地开办的新式初等小学，学习国文、算术、常识、音乐、体育等课程。他在厚重历史的传承间、湘楚文化的熏陶中、先进思想理念引导和良好的家庭教育下，迅速成长起来。

1914 年开始，曾保臣到四面环山的邻村杨家坪，在靠南山脚三棵直径六七十厘米的松树旁，盖起了五间坐西朝东的土墙、杉木皮和稻草屋面的茅草屋（现部分修复成曾士峩烈士陈列馆），让家中壮劳力先入住，跟着续建坐南朝北的"六缝五间"土墙瓦顶正屋，还在草屋北侧搭建了单坡偏爿杂屋，用于推谷、舂米、堆放部分烧柴和设置牛栏，在北侧室外挖建了积肥坑。1918 年秋，曾保臣带着全家老少近十口人，从曾家老屋搬至杨家坪。这一年，曾士峩 14 岁。

杨家坪，位于原益阳县和桃江县分界线软桥镇附近的益阳侧，紧靠志溪河犁劈滩南岸，与瓜坪里隔马鞍仑相邻。它是一个东西长仅 400 多米、南北宽 100 余米，东南高、西北低的坡地袖珍山村。在现代卫星地图上，它好像一朵美丽的牵牛花，紧系于蜿蜒而过的玉带志溪河上，又似一件多彩剪贴镶嵌在四面群山碧绿的鱼形绒毯上，构成一幅艳美柔和的油画。这里丛山竹木密布，四季常青，绚烂的映山红和山茶花点缀在绿树竹林间，形成强烈对比色，显得格外艳丽。由于要争夺阳光，林木杉树都如竹子一般笔直地指向天空，而楠竹都有碗口粗，每节容量近两升，每到春季，竹笋怒发，好像在热烈地开展看谁长得快的竞赛运动会，在从树干、竹林夹缝间射下的金色阳光照耀下，白色水汽婀娜舞动纤细的腰肢飘向天空，竹笋们微笑着拼命向上伸展。笋壳叶原先与嫩竹紧紧粘连在一起，随着嫩竹快速上长，而基本不再成长的笋壳叶突然被撑开，在寂静的山林中不时发出低微、特殊的撕裂声，一小会儿不见，就长高了几分。此时茂密的山林中各种小鸟清脆的啼叫，和在金黄色油菜花毯上采蜜的蜜蜂发出的“嗡嗡”声，及小水渠中潺潺的流水声等，酷似在这宁静的小山村中举行着一场大自然轻音乐会。杨家坪宛如世外桃源。

杨家坪交通很闭塞。村东村西两处山谷间只有乡间小道，分别与东边的大桥冲村、西边的桃江县软桥镇相通，只有附近熟悉山路的人才会走。村南是高山，仅村北的峡山口连接着志溪河。志溪河中的小帆船，和沿河下漂的竹、木排，及河岸崎岖大道上发出“吱呀、吱呀”声的大直径木质独轮车，是当地对外交通运输仅有的几种工具；而沿着河岸立着的一列单导线电话电线杆，从河溪水镇公所等处通往益阳县政府，在当时算是现代科技的唯一标志。

曾家在当地曾经算是较殷实的，传到曾保臣时，拥有约 30 亩缓坡地和几十亩竹木山林，一家人吃穿用全都来自这些地产。杨家坪的耕地是山洪冲刷沉积而成的缓坡地，土质很差（在后来“查田定产”时，被定为三等九级劣质地）。靠近山积水的水塘又常常干枯而缺水，至于接近志溪河水位的低处田，又有“冷浸水”，每年只宜种一季。所以当时即使精耕细作，稻谷亩产也不过三四百斤，甚至常因缺水而歉收，致使曾家生活日益拮据、逐渐中落。

以后数十年间，农舍杂屋虽几经翻修加盖，但基本格局不曾改变。倒是前面说到的那三棵松树一年年茁壮成长，其中两棵后被伐用，留下的一棵“屋场树”竟长成底部直径约达 1.6 米、高 20 多米的参天巨树，乍一看如同一把撑天大伞，护罩着屋前地坪和半间牛栏杂屋，成了曾家老屋的守护神。树上长年有个很大的喜鹊窝，喜鹊在这里繁衍生息，飞来飞去，叽叽喳喳，似乎在不停地给树旁住户预示吉祥美好和希望。这棵老树渐渐名声在外，人们称曾家宅子为“大松树屋”。曾士峩儿时或与父亲兄长在树下练功习武，或与小伙伴们围着大树做游戏。老松昂首挺拔的躯干、傲然遒劲的风骨，以及四季青翠、不畏酷暑寒冬的禀赋，不止一次触动着少年曾士峩的心怀。

二、“我还是要读书”

1916年，曾士峩12岁，从当地初级小学毕业。他学习成绩一向很好，父亲曾保臣原本还想送他再上中学，只因连年收成不好，家中经济已很困难，无法再供曾士峩继续升学。曾保臣想到有一个姓何的熟人在开商店，便决定让曾士峩辍学去学经商。曾保臣跟何老板谈好之后，就派比曾士峩大11岁的三儿子叔彬护送曾士峩到今益阳市桃江县桥头河乡的南货店当学徒，并对叔彬说：“彬三伢子，你送迪满伢子去，让他学门谋生本领。看何老板有什么话讲，回来告诉我。”

曾士峩的母亲并不希望儿子早早离家，她对这个最小的孩子多少还是有点偏护的。她早就看出士峩对知识的渴望，想让他再学习几年，但家里经济困难，实在没有办法，只好听从丈夫安排。曾士峩更是从心底不想中断学业，但他是个懂事的孩子，看到家境状况，心里虽不情愿，还是跟三哥走了。

南货店的何老板十分热情，一方面他与曾保臣有多年交情，另一方面他看出小士峩有几分机灵，做生意的人最需要的就是脑子灵活的人。何老板经商多年，看人很有心得，对曾士峩有几分喜欢。叔彬把弟弟安顿好后，就告别店主回家了。站在店铺大门边的曾士峩心乱如麻，看到三哥逐渐模糊的背影，眼泪差点夺眶而出，但还是强忍住了。

所谓南货店，就是卖糕点、干果、油、盐、酱、醋等的副食店。曾士峩开始是干杂活，主要工作是打扫店铺内外卫生、挑水、帮着在店前卸货，再就是学着站柜台，学着如何将食品快速而准确地称量，将糕点、干果等用禾草纸包装成上顶下底平整、四侧均为梯形的规整“纸封子”，再在上面加放一条约两指半宽的红纸条，然后用席草捆扎成漂亮的礼品盒。因为是熟人关系，何老板待小士莪还不错，时常鼓励他：“迪勋你使劲干，我不会亏待你啰。做一段时间后，就让你练习收钱、记账，以后我还会教你如何通过摸、看、闻、尝很快分出各种进货的好坏和档次，怎样和供货人讲个合适的价钱。等你学会了做生意，长大后就有赚钱的本事了，多好啊！”

曾士莪嘴里应着，手里不停地干着杂活。一到晚上，小小年纪的他累得倒床就想睡，可心里还老惦念着要上学，几次拿出带来的几本书想读，苦于太累，又没有灯，只能躺在床上望着屋顶愣神，脑子里不停地浮现出自己在课堂上的各种情景。从老师讲课的模样、语调到声音，到自己当时对老师的讲课内容的理解等，一幕一幕地闪过，这让他感到很亲切，十分留恋；尤其想到白天从南货店门前经过的学生们，背着书包边走边笑的快乐身影，他怎么也睡不着，在床上翻来覆去。一段时间后，曾士莪脑子嗡嗡作响，心烦意乱，感到实在受不了，就毅然决定辞工回家。

何老板对此感到很意外，好言劝了几次，但拗不过曾士莪，只得无奈地道：“迪勋哎，回家告诉你爹，我没有亏待你啊！今朝我也不打发你什么东西了，以后你若愿意回来，就来好了。”曾士莪不想多讲，更没想过要老板送给自己什么东西，因为当时不成文的规定是，学徒干活，吃老板的饭，但没出师前不给工钱。他微笑着朝何老板道了声谢，收拾好仅有的两件衣服和几本书，拎着包袱出门就往家走了。

一路上，曾士莪的心里翻腾得乱乱的，明摆着自己辞工回家有违父命，可真要想读书，钱从哪来？如今家庭遇上困难，无论如何这话是说不出口的啊！但曾士莪坚定地告诉自己：“不管以后会有多苦多累，我都认了；无论如何，我要学知识、学本领！我要读书！”

他感到此刻离开南货店回家，好像正在朝课堂课桌走近似的，便不知不觉地加快了脚步，忐忑不安地回到了家。

曾保臣看到离家不到半个月的儿子竟然拎着小包袱自己回来了，顿时气得举手想揍曾士峩，但迟迟没落下去，只是埋怨加训斥地说："迪满伢子，你怎么这样不听话啰，自己跑回来了。唉，气死我啦！"

曾士峩虽知有错，但仍含着眼泪向父亲一字一句地诉说道："爹爹，我还是要读书！不想学做生意。"

他说出理由："您不是讲'知书达理'吗？我不读书，如何达理啊？所以，我要学更多的知识，学更多的做事本领，要更多地明晓事理。"

停了一会儿，看到父亲没言语，曾士峩又说："爹爹过去不是多次讲过要送我读书吗？现在怎么不算数呢？爹爹您放心，我不怕苦、不怕累，哪怕在学校没有一分零花钱、穿哥哥们的旧衣服，我也一定努力学习好！"

曾保臣忍住怒气听完曾士峩一番话后，深受触动地说："唉，我没让你几个哥哥坚持读书，想的就是让你多读几年，可现在哪里有那么多现钱呢？唉，难死人喽。"

那天晚上，曾保臣辗转大半宿没有睡着，最终还是决定为儿子筹措学费。他带着曾士峩前往曾氏祠堂，以曾士峩各科成绩优秀为由，申请宗族奖学金。谁知上来就不顺利。族长捋着胡须不紧不慢地说："近几年族里的公田收成也不好，现在没有钱呢。"

曾士峩在一旁听完，又气又急，大声质问道："这么多年了，公田收入总会有点剩余吧，都做了什么用呢？这些钱的一个用途本来就是奖励学习成绩好的族人学生，你们近年奖励过哪个？！这次如果一点都不给，我要到县里去告你们的状！"

面对一个少年的突然质问，族长一时有点错愕，无言以对。曾保臣则有些惶恐，厉声斥责曾士峩道："迪勋！对长辈讲话不许没礼貌，赶紧赔罪！"

曾士峩知道自己的言辞、语气及态度有不妥之处，冒犯了长辈，但就是不低头，只是涨红了脸望着窗外，不再说话。气氛尴尬了一小会儿后，族长反倒满脸堆笑地说："还是个细伢子嘛，莫怪莫怪。你说这伢子的学业好，那就把成绩通知单拿来，待我跟族里人商量以后再讲，好吗？"

一天后，曾士峩将多份成绩单送到族长手中。他的学习成绩确实非常好，族长和几位长辈看罢都由衷地赞叹，认为这孩子今后会有大出息，而且会让族人脸上有光。没过多久，族长同意对士峩予以奖励，但所付仍不够交齐学费。曾保臣为了小儿子的前途，也豁出去了，再找四邻八舍东拼西凑，总算准备足半年的学费，答应士峩报考高级小学。让人感佩的是，因曾士峩学习成绩始终优秀，从此一直到上大学，他一直得到曾氏祠堂的部分资助。

1916 年秋，12 岁的曾士峩以优异成绩考上了益阳县立第二高等小学六班，该校位于益阳市西南约 12 公里的石笋镇瑶华山南麓，前身是著名的箴言书院。

箴言书院，由清朝咸丰至同治年间四大名臣之一的胡林翼创办于 1854 年，即咸丰四年。1904 年箴言书院更名为校士馆，相继叫箴言学堂、箴言学校。该校规定要读完初级小学三年后的学生方可录取，毕业后相当于过去的秀才。学校秉承把修身育才放在第一位和以天下为己任的教育思想，莘莘学子慕名而来，翰墨飘香，闻名遐迩。当时要能考入箴言书院，是很荣耀的。

辛亥革命后，1912 年，箴言学校改成益阳县立第二高等小学，成为洋学堂。课程有国文、历史、地理、常识，还有英文课等。对此，当时的人都感到很新鲜。一个班整整 60 人，不多一个也不少一个。开始时，第一、二班不收取学费，还发校服，从第三班起收取少量费用，并逐年略有上涨。十吊铜钱读一学期，外发一套校服。

曾士峩特别珍惜这来之不易的学习机会，上课聚精会神地听讲，下课认真复习，准时完成作业，门门功课优秀。

一天下课后，很多同学到操场上玩。在玩一个内棉外纱的小“皮球”时，一个李姓学生和陈老太爷的孙子小陈发生口角争执，小陈在较高班学习的哥哥立即跑过来帮弟弟，兄弟两人动手推搡身材较小的小李。小李往后一仰，跌倒在地，哭着说：“明明是你抢我的皮球，本来就不对，还反过来欺侮人！”边哭边挣扎着爬起来抗争，互相扭打起来。俗话说“双拳难敌四手”，小李吃亏，招架不住，陈氏兄弟却不依不饶，越发凶蛮。当时没有老师在场，周围同学也劝说无效。从教室出来的曾士峩见此情形，向旁边同学问明事情原委后，立刻上前劝阻。他插到中间将双方分开，微笑着说：“吔吔！同学嘛，有理讲理，莫要动手！”接着又平静地对陈氏兄弟说：“你们还是两个对一个，这要不得。”

说来也是奇怪，双方看到身材相对高大结实、冷静沉着的曾士峩上来劝架，马上停止争斗，乖乖地回到课堂。曾士峩的这一举动，获得了在场同学和后来赶到的老师的好评：“啊，曾士峩还能像个大人一样劝架呢。”

曾经与曾士峩同在箴言学校求学的低班同学贾焕章先生，时隔60年后回忆道：“曾士峩在箴言书院读书时，成绩好，勤俭朴素，他个头比较高，对同学关怀爱护，性情耿直。他那么年轻就牺牲了，太可惜！”

少年时代的曾士峩和很多小朋友一样，有着爱玩的天性。他除将读书看得很重要、“学而时习之”外，有不少时间是与小伙伴们一起在志溪河中游泳、钓鱼，在石缝和水草中摸鱼、捞虾，而最喜欢的是玩“水下寻宝”游戏。所谓水下寻宝，就是大伙儿找一块白色或浅色的石块，由一人潜入1米至1.5米深的水下，将浅色石块做简单的掩藏，然后大家分头潜水去找，先找到者为胜。志溪河水特别清澈，找起来并不难，尤其在阳光下，只要稍微扒开覆盖物，即使相距二三米远，也能看见浅色石块。长此以往，曾士峩的游泳技术练得相当不错。他经常在河中捞鱼虾跟小伙伴们分享；有时他只捞回一小碗小虾米，心灵手巧的母亲或嫂嫂就加点辣椒，变戏法般炒出一盘香辣可口的下饭菜。

曾士峩的母亲何氏很喜欢和看重这个最小的儿子，鼓励他好好读书，还常常叮嘱士峩：做人要正直、诚恳，待人要讲礼貌，不惹是非，要爱护身体，等等。看到曾士峩的衣服破旧，就特意请人为他做了一套“蚂蚁夹”（一种黑白经纬线的棉布衣服）学生装，让儿子体面点。曾士峩在益阳住读时，也不时回家看望母亲，问寒问暖，把在益阳县城听到的、看到的新闻和趣事告诉母亲，能引得她难得的一笑，曾士峩就感到无限的宽慰。曾士峩的母亲体弱多病，每况愈下，后一病不起，于54岁离世，这让曾士峩悲痛不已，只要回家乡就常去坟山跪祭。

曾士峩在兄弟姐妹中排行最小，父母对他虽不格外惯宠，但还是有所偏爱，家里的诸多难事都由他们自己和年长的孩子扛着。懂事的曾士峩感受到了持家立业的艰辛，每逢假期或农忙时回家，总是帮着插秧、割禾、砍柴、放牛、打猪草……遇到青黄不接的荒月，就和家人一起采挖野菜。当时吃得较多的野菜有夏枯草、苦菜叶、红花草等。后来他参加革命，在艰难困苦的时候，常带着红军战士们采野菜配着红米饭、南瓜汤，吃得十分有味。许多战士感到特别奇怪，这位装着一肚子墨水的书生指挥员怎么认得这么多救命充饥的杂粮和野菜？都打内心感到佩服。

三、砥砺品行

1906年，随着清末新政的启动，清朝学部指示各地政府：“至于外国人在内地开设学堂，向无定例。嗣后如有外国人呈请在内地开设学堂者，亦均无庸立案。”这样，一些由基督教和天主教会创办的学校很快应运而生。这类学校规模一般不大，却注重教学质量。

1919年秋，15岁的曾士峩从益阳县立第二高等小学第六班毕业。此时，家庭经济状况依然不好，父亲看到儿子学习成绩好，又坚持要读书，就同意他报考学费相对较低的益阳桃花仑的信义中学。

信义中学原名信义中学堂，是路德宗挪威信义会差会（或称湘中信义会挪威差会）于1906年创办的教会学校。第一任校长为挪威籍牧师赫资伯，副校长为华人陈家珍；1917年，赫资伯辞职，穆格新任校长。

信义中学无高、初中之分，四年一贯制。课程有三部分：一是宗教课程。当时经历过辛亥革命的中国内地，学校的宗教气氛已不似过去那样浓郁，但仍有必修的宗教课。二是复读《三字经》《千字文》等中国传统蒙学读物、《论语》《孟子》《大学》《中庸》等儒家经典文献，以及历史和白话文。三是现代科技知识，包括数学、物理、化学、地理、生物等自然科学。另外有一门英文课，英语计分比较重要。全校学生不多，不到200人。教师绝大部分是中国人，有时来几个外国人，待很短时间也就离开了，一般情况下只有一两个外国教师轮流常驻。

从清末到北洋政府时期，教会学校大多数时候是自己管理自己发展，不受中国政府的制约。信义学校领导也基本不与当地教育部门联系，而直接听命于中华信义会总会。

学校对学生管理很严，对课堂秩序、考试、交作业及个人行为等都有严格规定；每天不到放学时间，学生不准出校门；也不准参加社会活动。

曾士峩考入了信义中学。在校期间，除必修公共课宗教课不计分外，各科成绩均为优秀，尤其是写得一手秀丽的柳体大、小字。他英语书面成绩好，涉及英语语法、单词等的考试，常常得满分。令人叫绝的是，他用毛笔写出的英文，工整流畅不说，兼有中国书法的美感特质，不仅深得中国教师的喜欢，就是外籍教师看了，也啧啧赞叹不已。到高年级时，他还不时给学校英文墙报投些短稿，在学校小有名气。

曾士峩学习非常认真、刻苦，对老师讲授的每个课题，力求完全理解和吸收，有时还在课后或星期日到教师宿舍去请老师释疑，他的这种学习态度倍受老师赞扬。曾士峩的数十本各科作业本，一直被完好地保存到 1958 年，每本都页面干净、字迹工整。

曾士峩也很喜欢体育课，短跑和单、双杠是其强项，百米跑成绩列全校前茅。他天天做仰卧起坐、俯卧撑、深蹲起立和引体向上。曾士峩体育方面的天赋，得益于父亲对子女们严格的体能和武功训练。在曾家房前屋后，总是能看到许多自制的练武器械。受了点洋教育的曾士峩寒暑假回来，更有所发挥，给父亲和哥哥们带来一些他们都没见过的健体项目。

曾士峩请人将一根笔直的硬杂木树削刨成光滑的单杠，在住屋东边的竹木林地上，找了两棵距离和树杈高度均合适的树，将单杠两端分别架在树杈上，调整好高度，然后用绳索将两端牢牢地捆住，抓杠做引体向上、挂膝上杠、屈伸上杠等动作。当他锻炼时，摇得树枝不停晃动、树叶“沙沙”作响，惊得远近树梢上的各种鸟雀四处逃避。有一次，正当他做挂臂反向回环时，引来了在旁观看的曾敬芳等同龄小伙伴们的喝彩。

曾敬芳多年后回忆说：“当时我很好奇，也想试试，迪勋就帮我爬上去抓住杠子试了好几次。尽管有他帮忙扶着，我的脚来回摆动，怎么也学不会他那样的动作。嘿，我真佩服他！”

曾士峩坚持每天写一页大字，每张纸都要写满正反面，有的则是练习小字后，再用来练习大字；但无论是用新纸还是废纸写，下笔必认真，一横一竖、一撇一捺，从不草率。有时还和别人交换对某个字写法的体会。长期坚持后，曾士峩的柳体字写得相当不错。

当年曾保臣在省城长沙获得一套线装本《水浒传》《三国演义》《西游记》和《红楼梦》，这一度成为曾家的传家宝。到曾士峩手中时虽有些破旧，但他爱不释手，精心珍藏，反复阅读多遍，重要章节、人物故事烂熟于心。上学期间，他还先后从朋友、同学家借来唐诗宋词和《古文观止》《说岳全传》《官场现形记》《盛世危言》《老残游记》等苦读。一次，曾士峩在与信义中学隔资江相望的益阳县城旧书摊上，发现一本半新不旧的《鲁滨逊漂流记》。这本书他是听外国教师讲课时提到的，一直无缘得见；如今偶遇，真是喜出望外。曾士峩想把书买下，可兜里的钱不够数。他在书摊前徘徊多时，卖书的老人看出曾士峩的心思，就说："你把书先拿去看吧，剩下的钱等手头宽裕了送来就行。对喜欢读书的伢子，我信得过。"老者如此信任，曾士峩很感动。回到学校，曾士峩连续多天在课业之余阅读该书。鲁滨逊在孤立无援的困境下，自力更生、适应环境、敢于奋斗的种种故事，给了曾士峩莫大的精神激励。他读得极其投入，甚至不时设想自己就是书中的主人公，合上书本思考能否解决书中所述一个又一个问题，从困境中找到出路。半个月后，他省出一些伙食费，赶紧把钱送去，谁知老者死活不收，他看中的是一个人的人品。自此以后，曾士峩常去书摊，并买过好几本书。

曾士峩碰上喜欢的书籍，总是起早贪黑一部又一部地阅读，读得很认真、很快。眼睛看累了，就锻炼身体加以调节。读到精彩处，哪怕是晚上，也要在单芯的豆油灯下或在昏暗而闪烁的炉火旁坚持读完。

大量的阅读，丰富了曾士峩的知识，提高了他的文化修养，开阔了他的社会视野，丰富和提高了他对社会的思辨能力，对他人生价值观、世界观的形成，产生了非常重要的影响。

好苗不愁长，18 岁的曾士峩长得身材魁梧健壮，他是五兄弟中个头最高的一个，腰背挺拔，在别人看起来甚至显得有点僵直。他说话洪亮有力，但连续讲话时间过长，偶尔会出现短促口吃。所以，他讲话时力求简短，后来经过数年矫正，克服了轻微口吃。

曾士峩自幼生活在家规要求较严而生活条件较差的家庭环境中，逐渐培养出吃苦耐劳、刚强坚毅的性格与精神禀赋；起居有定的生活习惯，加上长期坚持体育锻炼，使他的身体硬朗结实、思维敏捷、行动快速准确。这为他参加革命后逐步培养出坚定的理想信念、顽强的斗志、强健的体魄、忘我的精神，奠定了良好基础。

曾士峩从杨家坪出发到箴言书院、信义中学、信义大学读书和回家途中，所经很多路段紧挨志溪河岸，但他除偶尔搭乘过顺路民船外，基本上靠两条腿走路。

曾士峩在路上见过太多这样的农民：有的常年赤脚挑着箩筐重担，有的推着发出“吱呀吱呀”声的木质独轮车艰难前行，有的风雨无阻赶着“嘎嘎”乱叫的鸭群，还有那拉纤的船民，衣衫褴褛、身体黑瘦的乞讨者；偶尔也看到坐着轿子的富家年轻子女等。这些使他逐渐产生了帮助困苦百姓走向富裕、消除社会不公的愿望。

曾士峩家乡陆路交通一般，但因有条志溪河，水上运输很便捷。志溪河丰水期水流湍急，民船满载货物运输危险重重；枯水期滩水太浅，船底有时擦着河床的石头，“轰轰”作响，十分恐怖。每逢此刻，船工在船上尽力撑竿，纤夫在岸边拼命拉纤。只见赤脚的纤夫身体前倾至与地面平行，脚趾往岩石表面或小道上艰难地一小步一小步扣着，两手不断触地，以获更大拉力；口中喘着粗气，黄豆般的汗珠成串，但船只仍很难前进。看到这种情景，曾士峩总是毫不犹豫地快步上前帮忙，接过船工递过来的宽布带，将带端的用一根长约三寸、直径约一寸圆木系成的活结往纤绳上一系，布带往胸肩一斜挎，倾身向前用力拉上一程，直至过滩。曾士峩身大力不亏，船速明显加快，纤夫和船民发出由衷的赞谢。曾士峩总是什么也不说，对他们微笑一下又继续赶路。

1922 年春夏之交，一连数日暴雨，志溪河水猛涨，夹着黄泥和杂物的巨浪冲刷着两岸。上游水面原来只有五六十米宽，此时洪水越过河堤，导致平坦地段的水面增宽了数米。

这天，曾士峩从益阳城回家，身上穿着每次回家都要穿的那套“蚂蚁夹”学生装。因为这是母亲特地请人为他缝制的，所以他格外爱惜，把它当礼服穿。当他走到志溪河沉钟潭下游一个转弯滩头时，远远听到河中有急促而慌乱的呼喊声。只见一只从灰山港下来装满石灰的小船在汹涌的大浪中径直向河中的一块巨石冲去，年近五十、身体偏瘦的船工正慌乱地用船竿左推右抵地调整航向。但他的努力已无济于事，顷刻间，小船迎头撞上巨石，船身断为两截，石灰遇水瞬时膨胀，发出“扑哧！叭叭！”的炸裂声，伴随着水面冒出一团团白色水汽，小船转眼间消失在咆哮的河水中。落水受伤的船工，几经挣扎后爬上巨石，趴在石头上哭泣。水位仍在不断升高，很快将吞没巨石，人有被卷入波涛的危险，情况非常紧急。曾士峩见状，立即跑到靠近船工的河岸，高声安慰他：“你莫急！坐稳，我想办法救你！”

他跑到岸边老树下扯断几根青藤和细长树枝，用力编结成一根够长的树绳。接着，曾士峩拽住藤绳一端，口中喊着：“一——二——三！”将绳子奋力向船工甩去。第一次，船工未接住藤绳，第二次仍不成功，第三次终于接住。藤绳中段落在水中，被洪水强大的冲力往下游拖拽，情况仍很危急。两人相互配合，小心拉拽，船工至岸边仅两米距离时，突然被一个巨浪卷没，曾士峩也被拖入湍急的洪水中。关键时刻，曾士峩咬着牙关，使尽全身力气，在齐脖深的水中用脚踏稳一块石头，拼命将船工拖出水面，一起爬上岸。待惊魂落定，曾士峩这才发现，在与洪水搏斗时，他小腿被水下岩石碰伤了好几处，膝盖处已出血，疼痛异常。船工流泪向曾士峩连连磕头感谢搭救之恩，曾士峩连忙将其扶起，说：“要不得，要不得！莫要谢。”等问明船工家住在泥江口附近，又催促船工快回：“泥江口附近也要走好久，你快点回家去吧，免得屋里人挂念。”临别时，曾士峩还从包中取出毛巾让船工好好擦洗。望着远去的船工，曾士峩心里感到很欣慰，可转瞬又紧蹙眉头。他知道，小船损毁了，石灰也冲走了，那一家人靠的是行船运输谋生计，以后的生活该怎么办啊。

曾士峩全身透湿回到家中，惊诧的父母兄嫂纷纷前来询问：“怎么了？出什么事了？”士戣平静地回答：“没什么事！一只装石灰的小船翻掉了，船工跌到洪水中，我把他拉上来了，但没有搞好，自家也跌到水里去了。”说完就到里屋换衣服，好像什么也没发生过。谁知过了三日，船工带着家人上门致谢，大家这才知道事情过程。原来曾士戣去学校常走志溪河边，那么大的个头，又经常穿一件很特别的“蚂蚁夹”学生装，不用细打听，就得知是曾家小儿子，于是登门道谢来了。船工送来几斤猪肉和两对糕点、干果“纸封”礼物，曾家一点没收，倒是曾士戣私下把船工受损失的情况告诉母亲，心地善良重病在身的她还悄悄准备了一小口袋干红薯片和一块腊肉硬塞给船工妻子，这在当地成了一段流传多年的佳话。

四、立下壮志

辛亥革命并没有改变中国内忧外患的局面，寰球弱肉强食，神州依然要面对帝国主义的群狼环视，亡国灭种的危险如同悬在头上的利剑。益阳早在 1913 年建立了县电报局，且水路和旱路与长沙不过半日路程，长沙城里的消息总是能够很快传到益阳，国家大事自然也不例外。1918 年，毛泽东在长沙发起成立新民学会，益阳人张昆弟、夏曦、欧阳泽、张国基等人加入，把新思想新观念带到了益阳。1919 年五四爱国运动爆发，县内各学校代表召开大会集结声援，开展了游行示威和查禁日货活动。学校是得风气之先的地方，莘莘学子不只是埋头读书，他们更关心民族的命运和国家的前途。底层农民的困苦、社会的不平和国家的积垢，常常压在年轻学子曾士戣的心头，他想知道为什么会这样，更想去改变这一切，创造一个人人无衣食之虞、家家无冻馁之患的太平世界。

1923 年 3 月 27 日，是日本帝国主义租借我国旅顺、大连期满的日子。但日本用各种理由要赖不还。为了收回旅顺、大连，1923 年 3 月，全国反日运动进入高潮。湖南省工团联合会联合教会和商会积极响应，发起游行示威。

1923 年 6 月 1 日，湖南省“中国外交后援会”调查员等各界数十人，在长沙小西门外西湖码头、大金码头，例行检查由汉口开来的日本货轮“武陵丸”上的日货。市民纷纷前来助威，人越聚越多，日本船员用棍棒打伤数人，激起民众愤怒，千余人围上来与日轮船员抗争。下午，又有日轮“金陵丸”从汉口开到长沙大金码头，继续与民众对抗。中国民众越聚越多，日轮船员眼看招架不住，鸣哨呼来湘江中日本军舰“伏见号”上的水兵 20 余名。日本水兵上岸开枪弹压群众，当场打死中国木工王绍元和小学生黄汉卿两人、重伤九人、轻伤数十人，酿成了震惊全国的长沙六一惨案。

消息传出，长沙人民义愤填膺。当日傍晚，有 2 万多群众参加了由外交后援会郭亮、夏明翰（郭、夏均为共产党人）等在省教育会坪组织召开的声讨大会。大会提出撤换日本驻湘领事、惩办日本军官、严惩杀人凶手、撤走日本所有驻湘军队、收回日本在湘占用的一切码头、日本驻湘领事公开向人民道歉、抚恤死者、赔偿伤者保险费及医药费等 8 项条件。6 月 2 日，6 万多愤怒的群众抬着被害人遗体沿街游行，并向湖南省省长赵恒惕请愿，要求省政府向日本领事馆交涉。自此，湖南出现了对日经济绝交高潮，平江、岳阳等地也相继爆发了群众性的反帝爱国斗争。

曾士峩和同学们很快获此消息，恨得咬牙切齿，纷纷表示要去声援。稍后赶上放暑假，他就急往长沙，住在文星桥的姑妈曾媛秀①家。

第二天，他就到六一惨案发生地大金湾码头等地探看和调查，听当地市民讲述所见所闻。日本帝国主义的累累暴行深深刺痛曾士峩，他义愤填膺、怒不可遏；中国百姓的反抗斗争与流血牺牲，更让他心潮澎湃、热血奔涌。回益阳后他几次对家人和同学谈到六一惨案

① 曾媛秀（1884—1955），辛亥革命将领、反北洋军阀名将周则范遗孀。

时，都气愤地说：“哼！我们将来一定要把这帮强盗赶出中国！”

当时，中国的铁路、公路极为落后。帝国主义者深知要控制湖南经济，必须首先控制湖南航运业。他们依仗其雄厚的经济势力，采取各种卑鄙伎俩，迫使湖南民营船业破产，垄断湖南航运业。例如20世纪20年代初，湖南刚出厂的“新华裕轮”，第一次行驶长沙至津市线时，就被英帝国主义的快艇撞沉，船主在破产后气愤而死。

日本轮船公司在经营航运中，先用低价船票挤压中国轮船公司，后来发展到日本戴生昌公司在长沙开出的某短程班船不但免费乘坐，而且乘客每人白送一个包子，制造轰动效应抢乘客，挤垮了当地相对弱小的中国船运公司。

曾士峩每次去长沙都是坐小轮船，毕竟船票比汽车票便宜。他多次目睹外轮外籍船员对中国老百姓的傲慢和呵斥，气愤至极，上前理论。有一次，船上旅客很挤，他听到一个身材较高、浅棕色皮肤的外籍船员，嫌一位中途上船的乘客放行李挤占了一点过道，就用英语骂了一句很难听的话。曾士峩听出这是骂人，就帮乘客把行李从过道移到自己的座椅边，并用英语对该船员说：“你要觉得他不对，可以好好说话，怎么能骂人？！而且，你有义务为旅客服务，自己动下手，不就行了？！”那外籍船员看看眼前身高近一米八、懂英语的中国学生，一时不便发作，只好悻悻离去。

另有一次，曾士峩在长沙黄兴路闹市街头，看见有个身材矮小的男子，嘴上用墨画着向两边翘起的胡须，头戴纸糊高顶礼帽，肩上斜挎布绶带，脖上挂着相互连接又同时击打的羊皮鼓和钹，边走边击着鼓、钹：“锵咚锵——锵咚锵——”嘴里反复喊道：“嗨——嗨——日本船的，不要钱的。”引起行人注意，许多市民纷纷上前围观。曾士峩看到该男子滑稽可笑的扮相，知道是日本轮船公司雇的推销员。他也不说话，一路跟了几条街，市民们跟着看热闹，渐渐就瞧出端倪，纷纷起哄。后来，这个推销员敌不过曾士峩喷射着怒火的目光，心底发虚，在众目睽睽之下灰溜溜跑开了。曾士峩回校后和同学谈到此事时，不无感慨地说：要是我国能制造轮船，由自己来经营管理多好啊。

1923年8月至11月，谭延闿由广东入湖南举兵讨伐赵恒惕，谭、赵军阀之战爆发，又使百姓遭殃。

曾士峩对时局感到忧虑和无奈，常为此心烦意乱、坐卧不宁。就在这动荡不安的社会环境下，他考上了益阳信义大学。

信义大学是以路德宗瑞典信义会差会为主，德国、挪威、丹麦、美国、芬兰等六国的信义会差会共办的教会大学。校长韦慈曼博士，是挪威人。

信义大学校舍很漂亮。现今尚存教学楼、教师宿舍楼各一幢。教学楼坐北朝南，为砖木结构的两层楼房，大门正厅为花岗岩框架，庑殿顶，盖绿釉筒瓦。教师宿舍楼也大致是这样的风格。

当时信义大学设文理两科共四个系。文科有：欧洲方言系、社会科学系；理科有：数理系、生物系。宗教课仍是必修公共课。

曾士峩在和同学及家人的交流中，多次表示想要当教师，让更多青少年明道理、长知识。可当他看到有的乡亲身患一些小疾却因得不到及时诊治酿成重病而离世，又想过当医生，立志用医术为老百姓治病。

曾士峩敬佩孙中山先生的“天下为公”思想。当他读了《建国方略》的《实业计划》后，非常激动。孙中山提出，为了发展中国经济，应在全国建立东西南北四通八达的水、陆交通运输网，其中铁路可达10万英里。因此，曾士峩也想过当铁道、公路、桥梁工程师，要像詹天佑先生一样，学习工程技术，在中国修筑更多的铁路、公路和桥梁。曾士峩听说孙先生还规划在武汉建造沟通我国南北的长江大桥，兴奋地说：“要在这里建座桥就太好了！我虽然还没去过武汉，但知道那里江面很宽，水流蛮急，修桥很不容易。我以后要学习架大桥的技术。”

关于修路架桥的这些谈话，曾士峩的三哥曾叔彬几十年后仍记忆犹新。当1957年10月武汉长江大桥建成通车后，曾叔彬多次提及：“迪勋过去讲到过武汉可能会搭桥，现在真的建成了，应该去看看。”

所以，入学初始，曾士峩曾在信义大学数理系、生物系之间犹豫过，最后他选择了自己认为对国家更重要的数理系学习。这期间，曾士峩的同窗好友有：廖福全（安化人）、贺其炽（宁乡人，贺耀祖的堂弟）、陈开源（益阳人，后为信义中学校长）、曾岳钟（桃江人）、朱芝仙（益阳人）、丁竹如（益阳人）、聂觐龙（益阳人）等。

信义大学的学费约90块光洋一年，而当时长沙、武汉、上海等地的大学要100—300块光洋一年，甚至更高。但即使只要90块光洋，对曾士峩家来讲，仍是个难以承受的负担。

为了能继续学业，曾士峩一方面节省，一个铜钱一个铜钱地计算着用；另一方面决定勤工俭学，他向学校申请到信义小学代课。学校看他学习成绩和人品均不错，毛笔字和黑板字也写得好，经济上又确实困难，就批准了他的申请，与信义小学联系后，让他每周在小学代几次课，并批改几个班的作业。曾士峩得到了一些报酬，勉强可以支付学费，继续安心学习。

曾士峩的求知欲特别强，此时除认真学好数理课外，还挤时间借阅、浏览社会科学系和生物系的部分课本和讲义。当遇到暂时理解不了的问题，他便在课余或星期天到教师宿舍登门求教，这种认真学习的精神，受到老师的称赞。

1983年10月10日，聂觐龙老先生告诉作者：曾士峩学习成绩好，同时，又和许许多多热血青年一样，有着“读书、爱国”和“天下兴亡，匹夫有责”的理念，盼望国富民强。他常与几个要好的同学，如廖福全、贺其炽、陈开源等，就当时的社会现实，中国历史特别是近代史、宗教课问题等，进行热烈讨论。

在一次讨论中，曾士峩很激动地提出：“我国有5000年文明史，在长达1000多年的时间内，是世界上最先进繁荣、最富强的大国。

从科学技术到社会经济总量，再到人民生活水平都是当时世界第一流的。但为什么近百年之内就被西欧、日本超越，从此一蹶不振，受尽侮辱，割地赔款?！”

陈开源、丁竹如、聂觐龙等几位同学也都很激动地各抒己见，大家谈得十分热烈。

曾士峩又说：“这个题目有点大，很难几句话讲清。但我认为，大官们在压榨百姓的同时，思想保守落后，关起门来自我陶醉、不思进取，导致生产技术落后，武器也落后，打不过敌人，是一个最重要的直接原因。”

陈开源接话道：“是啊。1860年，英、法联军从天津进攻北京，清军在北京通县八里桥进行阻击，当时可以说士兵个个激昂勇敢，而且大多练就了一身好武艺。但大刀和弓箭怎么能胜过敌人的枪炮呢?战斗极为惨烈，伤亡约50倍于敌！”

聂觐龙补充道：“中日甲午海战时，我国的经济总量超过日本好几倍，北洋水师战舰都是从德、英等国专门订制的，舰队当时在亚洲排名第一，指挥官和水兵都训练有素，士气高昂。但听说，清廷大员沉醉于‘海宇升平’，‘不以倭人为意’，将海军经费挪作他用，致北洋水师武器装备更新不快。举全国之力拼命发展的日本海军迅速由劣变强，总吨位很快超过我北洋水师。”

曾士峩说：“甲午战争的失败，带来奇耻大辱，其原因多种多样，但技术落后就得挨打，是一个极惨痛的教训。可是从甲午战争至今，我国还是军阀割据，国家不统一，生产技术仍然落后，外侮乘虚涌入，使我中华民族灾难更日益深重，这种状况必须改变！”

曾士峩在和同学们纵谈中国历史、中华历史人物时，对内圣外王、文武合一、智勇双全的岳飞敬佩不已，说岳飞是精忠报国的英雄，是我中华后人的楷模。同时，曾士峩对《三国演义》中在曹营中杀得七进七出、单骑救主的赵子龙也非常佩服，认为他忠诚、勇敢、武艺好。

信义中学、信义大学在教授现代科技知识的同时，还极力宣传西方价值观，例如宣传“自由、平等、博爱”思想。

曾士峩对此有自己的理解，他曾说：“若每个国家、每个人都遵循‘自由、平等、博爱’精神待人待事，当然很好。但历史和现实均并非如此，不然世界怎么会是今天这样不公？人们应该努力创建一个不管是强国、弱国，富人、穷人都真正平等的社会。只有平等了，彼此才可能有爱，才有真正的自由。”

令曾士峩更加气愤的是：那些宣扬和标榜着“自由、平等、博爱”的西方列强，往往欺侮弱小国家，奴役、屠杀其人民，掠夺其资源财产。他们用坚船利炮轰开中国大门后，抢夺中国的市场与资源，送来亡国灭种的“福寿膏”（鸦片），在中国领土上划出一块块“租界”，驻扎军队，欺压、凌辱中国人民，哪里有半点“自由、平等、博爱”？

曾士峩认识到西方列强的说教，是典型的“照我所说的去做，但不要做我所做的（Do as I say, not as I do）”，太虚伪。他认为：人们本应平等、互爱、互助，和睦相处，只有这样，才能安居乐业，社会才能安定。但当一些人已经或正在无端欺凌、压迫、剥削、伤害另一些人，强国正在侵略弱国、掠夺其财富、屠杀其人民的时候，还应要求受害者继续忍受、为施害者祈祷而不去记恨施害者、反抗施害者吗？受侵略的弱国人民还应爱这些闯入自家的强盗，而不应赶走这些强盗吗？如果世间不公得不到矫正，邪恶得不到惩罚，弱者、善良得不到保护，正义得不到弘扬，世界怎么能真正实现“平等、博爱、自由”呢？

曾士峩时常和几个同学谈论时事。每当此时，几个激情四射的热血青年都激动不已，于国于民，每人都有大量说不完、道不清的理想和抱负要彼此倾吐。学子们反复探讨的问题，都深深地印在他们心中，希望在现实中能得到解答。曾士峩更从心灵深处立志为父老乡亲、全国百姓富裕安康，为祖国日益强大贡献一份力量，以“不枉此生”。

第二章

热血青春

一、投身革命洪流

1924年1月下旬，在中国共产党人的努力和具体帮助下，中国国民党第一次全国代表大会在广州召开，确定了“联俄、联共、扶助农工”三大政策，接受了中国共产党提出的反帝反封建的口号，国共两党合作领导下的国内革命先声夺人。虽因当时粤汉铁路尚未修通，但已有电报通讯，来自广州的大消息很快就会传到湖南、抵达益阳，山雨欲来之势，是每个关心时事的民众都能感受得到的。

1924年2月初，还未开学，曾士峩为见识元宵节长沙舞龙的盛况，来到长沙文星街姑妈家。正月十五当天，长沙大街小巷鞭炮齐鸣，在欢庆的锣鼓声中，一条条巨龙上下翻腾，热闹非凡。曾士峩从街边的人群中得知，现在广州街头有不少关于要在黄埔筹办军官学校的招生广告，要招思想进步、有中学以上文化的25岁以下青年入校，培养新的革命军官。曾士峩听了非常高兴，立即找人询问详细情况和报名途径及地点等，但这个人并不知道细节。第二天，曾士峩继续四处询问，仍无结果。他只得遗憾地赶回益阳读书，并继续打听和努力争取报考黄埔军校。

当年3月，在资江下游距信义大学仅15公里处的兰溪镇金家堤，欧阳笛渔建立了社会主义青年团益阳特别支部。6月，中共金家堤支部成立，欧阳笛渔任支部书记，这是共产党人在湖南省内建立的第一个农村党支部，革命思潮向四方辐射。一些思想活跃的进步学生，把信义学校外的情况带回校内，大家非常兴奋。革命的思潮如一股汹涌澎湃的洪流，冲击着曾士峩等青年学生的思想和心灵。

当年，湖南全境发大水，洪患成灾。7月，资水泛滥，两岸房舍田禾尽毁，益阳几成泽国。益阳、沅江两县溃垸120余处，受灾人口30余万。

放暑假时，曾士峩在回家的路上遇到许多衣衫褴褛、面黄肌瘦的灾民挨村沿途乞讨，心灵受到了强烈的冲击。回到家后，哥嫂也会讲起他们听到谁家遭灾了，房倒屋塌；谁家鬻儿卖女，骨肉分离。这刺痛了他的心，联想到国家的积弱和民族的哀伤，他想：只要还是这样的社会，这种人间惨剧就会重演。个人的力量是渺小的，只有动员全体民众起来斗争，打倒军阀，统一全中国，建立一个为民办事的政府，人们在灾难和饥馑中才能得到有力的救护和帮助。

这年夏天，曾士峩家即使按农闲每天仅喝两顿稀饭的习惯，也不时出现了断粮状况。曾士峩在家里依旧帮着上山下田做农活，闲时就看书练字，但话语比过去少了许多，有时会静静地坐着，望向窗外沉思。卧室的土墙上，有他稍早饱蘸浓墨写下的十个拳头大的字——“猛志虽常在，悠然见南山”，现在却不能完全表达他的志向了。他把从学校带回来的旧报纸拿出来，找在厨房忙碌的三嫂钟贵娥要了些米汤，糊上去盖住了自己的墨迹。

转眼秋收在即，信义大学的暑假也快要结束。有一天近午，刺眼的阳光下的屋檐阴影，已快移到台阶。连续多日一直在田间、菜地干活的士峩，满头大汗地跑回家对父亲说：“爹爹，我今年不帮家里打禾了，想去学校提前复习功课。”

父亲感到有些突然，但知道儿子是个有主见的人，只是委婉地说：“现在太热了，晚几天走要凉快点。”

“我要马上走。”曾士峩见父亲没反对，边说着边收拾书本和衣物。

“总要吃了午饭才走吧。”三嫂说，“今朝中饭的粥已经煮好了，里面还放了点绿豆，挺香的。”

“我现在不饿，不吃了。”曾士峩回答很干脆。

面对士峩的反常举止，家人们不免有些意外，却又不好多问。

母亲已于前一年去世，曾士峩到坟前磕了头，回屋提起那只常用的皮革包面小木箱，告别父亲和哥嫂，踏上了前往学校的路。

曾士峩和家里人都没想到，这是他最后一次离家。

秋季开学，士峩依然认真地准备他的学业，但心思更多地飞向了外面的世界，思想斗争特别激烈：是继续念书，将来当个教师或医生、工程师，用知识为社会服务，同时成家立业，回报父母养育之恩？还是立即投身到现实社会的火热斗争中去，以毕生精力为国家、为劳苦大众利益而努力奋斗？他常常为此陷入激烈的思想斗争，寝食难安。

曾士峩多年身处教会学校信义中学、信义大学，一方面对学校讲授较多的自然科学感到高兴，另一方面也切身感受到该类学校的教学方针和指导思想存在明显的偏颇。比如，曾士峩认为，教会学校的教学内容安排中，虽也有中华文化课程，但课时相对偏少，历史悠久、博大精深的中华文明和中华民族的优秀传统，明显地被淡化；而对西方近代文明讲授得深入细致，对其在人类历史长河中所起的作用亦有拔高之处。总之授课中渗透着某种西方近代文明至上的思想，亦似喻白种人至上，这是曾士峩所反感和不能接受的。

1924 年 11 月，信义中学学校当局出言侮辱中国学生，学生群起向学校当局申诉和抗议，得到的却是狡辩和训斥。消息立即传到信义大学，曾士峩听了非常气愤。他对高毅、丁竹如等同学说：“学校洋人是做了些有益社会的事，一般待人也友善，大部分时间都表面彬彬有礼，但我通过很多细节看到他们内心中于中国人、中国学生，向来傲慢，似乎他们是来拯救我们的，高人一等，所以一切都得听他们的，他们做错了事也不认错，毫无平等可言。我辈必为中国学生争人格争自尊！”丁竹如等人亦慷慨激昂地说：“这是我中华之土地，绝无任凭外人污辱而沉默不语之可能！”

曾士峩等人遂联合信义学生群起抗议学校当局，罢课、罢学。由于教会拥有对信义中学和信义大学的绝对控制权，罢课学生得不到有力援助。12月下旬，曾士峩等数十名学生愤然从信义中学、信义大学退学。他决定先去长沙，再作打算。

曾士峩毅然告别了他从幼年起一直在苦苦为之求索、曾特别珍爱的课堂，放弃了当教师、医生或建筑工程师的梦想追求，离开待了5年有余的信义校园来到长沙，开始了他人生道路上的崭新历程。

曾士峩先在姑妈家住了几天，后在姑妈和朋友的介绍下，寻了一个书店帮工的差事，找到了自己的落脚点。他特别满意这份差事，因为可以看到许多书籍，遇到喜欢的书，可插空阅读。

工作之余，他和长沙的共产党人交往密切，参加了雪耻会领导的抗议日本帝国主义在上海、青岛屠杀中国工人和学生造成惨案的爱国救亡运动。

曾士峩还在上学期间开始，就在益阳县城和长沙阅读了《向导》《救国周刊》等书刊和大量宣传革命的文章，思想进步很快。有一次，曾士峩还读到了一张早几年毛泽东在长沙出版的《湘江评论》，他被那种宏阔的眼界、雄辩的论证、磅礴的气势深深地吸引了。很多长期在脑中翻腾的社会问题，似乎有了答案：要使国家摆脱贫穷落后面貌，必须在一种新的观念、新的思想理论指导下，动员全国广大民众起来斗争，打倒军阀，统一全中国，以全新的体制建立起一个为民办事的高效中央政府，用全国人力物力建设一个繁荣富强的崭新中国。

曾士峩通过在长沙参加各种社会活动和如火如荼的革命实践，思想理论得到进一步提高，革命热情也日益高涨。

1925年初，曾士峩在长沙加入了中国共产主义青年团。就在这年秋天，曾士峩经共青团组织推荐介绍，准备赴广州报考黄埔军校。

二、赴广州途中滞留江华县

黄埔军校是大革命时期孙中山先生在中国共产党和苏联帮助下建立的以“创造革命军，来挽救中国的危亡”为办校宗旨，以“亲爱精诚”为校训，旨在培养军事干部的新型军官学校。

关于黄埔军校，曾士峩早在上年年初就有所耳闻，曾一度让他心动如雀，跃跃欲试。他在信义大学就悄悄地与另一位同具报效中华壮志的同学，为报考该校忙碌了一阵，终因当时还不是党、团员，更不了解报考程序等原因，错过了报考期。1924 年 6 月 16 日，黄埔军校第一期开学了。

因为黄埔军校的革命性，当时凡是北洋军阀或排斥革命的军阀主政的省份，都不支持甚至反对这一新生军事学校，有的省份竟下令学生不得出省一步。所以，除了广州的招生比较公开外，其他省基本是秘密进行。为了严格保证学员政治质量，起初，每一名学员录取时需有两名担保人；很快修改为，报考者一般要经过三步：第一步，全国 19 个省区各自初试；第二步，初试合格后再介绍到上海、重庆等地复试；第三步，复试合格后再送到广州参加总考试。当时，任国民党上海执行部组织部秘书兼文书科主任的毛泽东，就全面负责黄埔军校上海地区考生复试工作；中共一大代表何叔衡也曾负责过湖南长沙地区的黄埔军校第一期秘密招生事宜。当时还规定，国民党、共产党下属党团基层组织，可以直接报送考生去广州参加总考；而其他社会进步青年报考，还需要有国民党员或共产党员作为推荐人或介绍人，这样才能进入初试。曾士峩和他的同学都是教会大学学生，仅参加过两党组织的一些学生运动，尚未加入任何党团组织，只得找人推荐介绍。曾士峩和他一同报考的同学，找到另一位同学的亲戚愿意当介绍、推荐人。可惜的是，这位亲戚在即将动身从武汉回长沙时，突然生病住院。不知情的曾士峩和这位同学等待数日而无消息，最终错过报考军校的时间，真是十分遗憾。

现在，机会再一次给了这位年轻人。

而这次，曾士峩已是一名共青团员，是由党团组织直接推荐前往广州参加入学总考的。可这一回，曾士峩再度阴差阳错地与黄埔军校失之交臂。

当时的粤汉铁路尚未修通，从长沙到广州走陆路是一路崇山峻岭，除少数县乡有一段段不连贯的初级公路相通，更多地方仍为乡间小道，交通十分不便。当时湖南人去广州，大都是先从长沙乘火车到武汉，然后由武汉乘船往上海，再从上海乘船到香港转广州。由于基层党组织经费紧张，曾士峩靠自己平日在一书店帮工攒了一些零钱，除去生活费，要凑足走武汉、上海那条线的路费显然不够。于是他从长沙乘船先到了衡阳，再与几位小商做伴步行越过湘粤交界的山区前往广州。此时正值深秋，绵绵秋雨连续多日不停，路途上走走停停，等到了江华县境内时，曾士峩身上的盘缠已全部用完。幸好临出发前他所在支部负责人有过专门交代，在万不得已的情况下，可与沿途党组织联系。于是，曾士峩经细访、出示介绍信找到当地党团组织联系后，奉命暂时“歇脚”，这其实就是待命，等待长沙党组织的下一步安排。那时，一个相貌堂堂、孤身年轻文化人跑到一个偏僻县城啥也不干，无所事事，是会遭人怀疑的。碰巧曾士峩在街头看到县政府出的告示，要招收几名公职人员，便以求职者的身份跑去应试，没想到被一眼看中，上午才去面试，下午就成了江华县时任县长杨定远的县长办公室“书记”即秘书。这突然间的变化让曾士峩真有点措手不及，心想反正早晚是要走的，先干几天再说，人家也不让你白干，顺便筹措些经费，毕竟以后再往广州走还是需要花钱的啊。

江华县地处湘、粤、桂三省交界处，境内为五岭山脉萌渚岭山系所盘亘，放眼望去，山岭相连、峰峦起伏、人烟稀少。这里自然风景虽美，但因交通不便，经济不发达，属天高皇帝远的穷乡僻壤，当地绝大多数百姓的生活过得苦，县府也留不住人。这下也好，让曾士峩一接手就是一个重要的职位。

由于县府人手很少，凡告示行文、公文收发、会议记录、抄录文书等，甚至部分日常生活琐事，曾士峩样样都得干，件件少不了。他是一个干事既认真也讲究的人，所以桩桩件件都干得很不错，杨定远县长自然满意，对曾士峩写得一手相当有水平的字，更是大加赞赏，也有心提携。仅干了三个月，曾士峩就被任命为县府科员，这意味着以后可以在县长的授意下，独自办理某些具体事务。这对曾士峩来说无疑是件好事，相对宽松的工作环境，可让他利用身份在本县或借公务出差机会，按党团组织指示要求开展革命活动。

1926年春，曾士峩由中国共产主义青年团员转为中国共产党党员。他的革命热情进一步高涨，曾按党组织指示，几次找借口挤时间，往返江华、常宁水口山一带，到城镇和工厂进行革命思想宣传、发动群众参加革命斗争。

曾士峩常为自己未能为父母分忧而自责。他在江华县府期间，曾将自己节省下来的十元光洋，寄往益阳县城吴升泰绸缎店的一位熟人，请他转交父亲曾保臣，以表思念亲人之情，尽杯水车薪之意。这是他生平唯一一次寄钱回家，但并无书信相随。家里收到钱之后，仍然不知他在何处。

此时的曾士峩一边应付着县府的日常工作，一边耐心等待党组织新的指令。他隐约觉得，一定是时局发生了什么变故，而且可能是个大事。

辛亥革命失败后，北洋政府腐败无能，各路军阀割据一方，军阀内部派系林立，为争夺地盘连年混战，有的地区甚至兵匪不分，民不聊生。北洋军阀窃据了北京中央政权和中国经济比较发达的十多个省份，在政治、经济和军事等方面都拥有强大的实力。

进行北伐战争，打倒帝国主义支持下的北洋军阀的反动统治，对外废除不平等条约，对内消灭军阀势力，完成国民革命，实现国家的独立和统一，是孙中山先生生前提出的口号和确定的革命目标，是民心所向。但是，直到孙中山逝世，这个愿望也没能实现。而这一历史任务，只能由中国共产党人和革命的国民党人在国共合作的旗帜下共同来完成。

第一次国共合作的建立，推动了全国革命形势的发展。1925 年 7 月 1 日，广东革命政府在广州成立，接着以黄埔军校学生为骨干力量，组建了国民革命军。经过东征和南征，广东革命根据地得以统一和巩固，由五卅运动掀起的全国工农运动迅速高涨。这些都为北伐战争准备了条件。

1926 年 2 月，中共中央特别会议在北京召开，会议指出："党在现时政治上的主要的职任，是从各方面准备广东政府的北伐；而北伐的政纲必须是以解决农民问题作主干。"会议还决定建立中央军事委员会，以便加强党的军事工作。随后，中共中央建立了军事部。

时局变化如此之迅猛，身处远僻县城的曾士峩最初当然不知晓；其实，就在他翘首等盼前往广州报考黄埔军校的那几个月中，北伐的号角已在华南大地吹响，北伐军由南向北开始挺进，各种消息不胫而走，甚至传闻战火不日将波及处于湘粤接壤的几个小县，一时间人心惶惶，江华县府职员们也不知如何是好。

很快，曾士峩得到党组织指示：原地待命，安稳地守在县府办公，并密切关注时局的变化，必要时配合北伐军做工作。

1926 年 5 月上旬，国民革命军第七军的两个旅进入湖南，协同第八军唐生智部同北洋军阀吴佩孚作战。5 月下旬，广州国民政府又派第四军第十师、第十二师和叶挺独立团为北伐先遣队，从广东肇庆出发，入湘增援，拉开北伐战争的序幕。

叶挺独立团是中国共产党直接领导的部队，是第四军的开路先锋，共有 2000 余人，连以上干部全部为共产党员。该团 6 月 5 日攻占攸县，取得了入湘作战的首次大捷。

7 月 1 日，广东国民政府发出《北伐宣言》，誓师北伐。参加北伐的国民革命军共 8 个军，约 10 万人，蒋介石为总司令。在北伐军中，一大批共产党员担任各级党代表或基层指挥员、战斗员。同时，中共各级组织还组织和武装了大批农民自卫军、工人纠察队，以策应和支援北伐军的行动。

6 月 16 日至 18 日，江华县立国民学校第八班王和吟等学生毕业试验（即毕业考试），应该校吴中杰校长呈求县署派员监试，杨定远县长遂签发委任令："令委曾士峩为县国立国民学校毕业试监试委员"。

16 日这天，曾士峩早早来到考场，迎接考生陆续到来。他在考场看到同学们全心伏案疾书完成试题的情景，油然而生一种说不出的亲切感，脑子里浮现着自己几年前那些记不清有多少次的考试过程。

监试完后，曾士峩对考试现场秩序等状况很满意。一直在走廊徘徊的吴校长随后与各科教职员走进考场，看上去都非常高兴。吴校长简单讲了几句后，便很客气地请县派监试委员曾士峩讲话。同学们望着眼前这位年纪轻轻的县派监试委员走上讲台，好些人心想这人比自己也大不了几岁嘛。谁知曾士峩不急不慢的一番话，让大家看出了他的老成、练达以及语言感染力。曾士峩首先祝贺同学们顺利完成本阶段学习，接着引向人生追求、国家前途，做了一次生动、热情洋溢的讲话。曾士峩最后说："爱祖国、爱父母，是人生两大最崇高、最根本的爱。愿大家敢于面对长大过程中的各种困难，成长为为社会大众服务的栋梁之材。现中国正处在地覆天翻的变革年代，为了打倒军阀、实现祖国完全统一的北伐战争正在进行，而且最终必将胜利，落后的祖国将变得日益繁荣昌盛。请同学们回家后，也把这些道理告诉家长和邻居们，让全国老百姓都起来，为北伐胜利出把力！"

年轻的学子们听了曾士峩一番话后深受鼓舞，个个目光闪烁、神采飞扬。曾士峩望着笑容满面的校长、老师和对人生充满无限憧憬的同学们，自己也很激动，感到刚才的讲话首先是对自己说的。此时，曾士峩更加坚信自己原先报考黄埔军校，走军事救国的道路是非常正确的，他决心立即奔赴北伐的前线。

既然决心已定，曾士峩便无意再停留在江华，他的想法也正好与党组织的考虑相吻合。党组织很快秘密通知曾士峩和其他几位工人、学生党团员，尽快加入北伐军。

说走就走，事不宜迟。曾士峩去向杨县长告假，委婉地告知家中有急事，要马上回去。谁知杨县长早就把他的心思看明白了，说上次派你去当监试委员，吴校长后来说从你的讲话中可看出你堪当大才，将来定能干大事。江华这地方还是太小，是大鹏须往高处飞，你如果一定要走，尽管放心走好了。

三、投身北伐

6月下旬，曾士峩得知北伐军的一支部队已打到衡阳、攸县一带，就迅疾离开江华县公署，直奔北伐革命军。

报名参军比曾士峩想象的要简单得多。在喧闹的街头，一位看上去非常年轻精干的营级政工军官接待了曾士峩，听完曾士峩的自我介绍和参军的迫切愿望后，这位张姓军官简单了解曾士峩的家庭状况、所受教育等情况后，高兴地对他说："欢迎你参加国民革命军！"他还向曾士峩介绍和宣传国民革命军"不要钱，不要命，爱国家，爱百姓"的口号，曾士峩听后，抿了抿嘴，平静地说："就应该这样。"

换上军装，曾士峩在国民革命军第八军第三师中临时当了一名文书。由于他有资历，又是共产党员，仅三天后即任某连指导员。

这时，北伐军刚打了几个胜仗，正抓紧休整。部队充满着打倒北洋军阀、统一全中国的热烈气氛和必胜决心，天天进行操练，开政治宣讲会、讨论会，进一步提高官兵战斗意志；还召开各种规模的军民大会，会场群情激昂。军民高唱着刚从广东教育厅颁发的《国民革命歌》："打倒列强，打倒列强，除军阀！除军阀！……国民革命成功，国民革命成功，齐欢唱！齐欢唱！”

这边歌声刚停，那边又响起“打倒列强，除军阀！”“打倒吴佩孚！”“打倒孙传芳！”“国民革命胜利万岁！”等革命口号，震天撼地。

终于投身到为国为民而贡献自己力量的洪流中来了，曾士峩感受到前所未有的振奋，浑身有着使不完的劲。他在部队的活动中，处处均显露出血气方刚的朝气蓬勃。他努力阅读和消化军内宣传资料，深入学习如何做好连队政治思想工作。同时，因自己此前从未摸过枪，不熟悉军旅生活，所以也迫切希望尽快成为一名合格的战斗员。他凭着一股激情，每天抓紧一切可能机会，急切地学习使用武器，练习卧倒、匍匐前进、跃起、扔手榴弹、冲锋、格斗等。他这时感到，从幼年开始在父亲严格要求下习武对部队的体能锻炼和军事术科动作掌握均有莫大帮助。

7月上旬，国民革命军第四军、第七军和第八军在安仁、衡阳、永丰（今双峰）地区完成集结后，分三路向长沙进攻。其左路，由第八军第二、第四师和第七军第八旅相继克娄底、谷水、潭市，向宁乡推进；右路，由第四军第十二师指向沈潭（醴陵南），叶挺独立团进攻泗汾，第十师在皇图岭策应，迫敌向浏阳退却，不战而占领醴陵；中路，由曾士峩所在的第八军第三师及教导师、鄂军第一师组成，直指长沙。

7月9日，曾士峩随中路第三师渡过涟水，急速前进，10日参加攻占湘乡、湘潭的战斗。这是他平生第一次上战场，却表现得十分勇敢。他虽然缺乏各种战斗动作要领及简单战术一类的基本军事知识，但一听到冲锋号，就不顾身旁呼啸的子弹，挥枪杀向敌阵。在这次战斗中，曾士峩飞奔于山坡时，敌人的几颗子弹击中一块大石头，掀起一团团灰尘，而一颗已被砸扁的弹头减速射进曾士峩的小腿皮下。他摔倒了，但双手往地一撑，站起来持枪继续射击，呐喊着往前冲锋。这一连贯、敏捷的动作，给周围战友和连营长们留下了深刻印象。这次战斗进展比曾士峩预想的要顺利得多，他觉得子弹还没射够，敌人就溃退了，战斗结束。

正义之师，势如破竹。左路军9日攻占湘潭后，高歌猛进，向宁乡、益阳出击；右路军在中共醴陵地委所组织领导的“平民救国团”的支持下，于10日冲过泗汾桥，渡过渌水，一举占领醴陵。11日，得到工农群众支持的第八军第三师，进占长沙，俘敌2000余人。军阀叶开鑫残部退守汨罗江北岸。北伐军占领长沙，标志着北伐第一期作战计划胜利完成。它壮大了北伐军的军威，进一步增强了广州革命政府的胜利信心。

曾士峩随所在的第八军第三师攻占长沙后，与广大市民一起欢庆北伐军的胜利。他还请短假去文星桥看望了姑妈，询问家人的近况，高兴地谈了第一次打仗的体会，并说自己已做好充分准备，期待着部队早日继续往北挺进。姑妈听了也很高兴。

有一天，那位接待曾士峩入伍的张姓军官专门来找曾士峩，把他拽向一旁，非常神秘地告诉他：参加正在打仗的国民革命军，并要在军中担当基层指挥员，仅有革命激情和文化水平还是不够的，还要有军事知识和相应的实际本领。他建议曾士峩先去学习一段时间，再回来参加战斗部队，发挥更大作用。

四、在国民革命军学生队

北伐军前锋其时已抵近湖南与湖北边境，部队也很快全面推进展开攻势，形势迫切需要大量的军事和政治干部充实基层指挥。考虑到曾士峩尚无正规军事受训经历，第八军内共产党党团组织决定让他先行进入国民革命军第八军干部学校（学生队）学习，全面、系统地提高军事才能，并在该校从事内部革命工作。

国民革命军第八军军长为唐生智。第八军干部学校校址设在长沙市藩后街。不久该校改名为国民革命军第八军独立一师第一旅学生队，旅长熊震。学生队后来的总队长，是唐生智的胞弟唐生明，他是黄埔军校第四期毕业生；学生队后任政治委员是共产党员苏先骏，也毕业于黄埔军校第四期。据开国中将郭化若回忆，苏先骏在同期学员中毕业成绩全校第一；盛德卿是副政委之一，他原是湖南省立第一师范学校摇铃的职员，后入学黄埔军校第三期毕业。唐生明实际并不常驻学生队，只是隔段时间来学生队看看问问，仅认识分队长以上的干部，对其他许多具体工作很少过问，主要由苏先骏负责领导，这使得苏在学生队中的威信一直不错。学生队学员近200人，分为九个分队（班）。上过大学、身材魁伟的曾士峩任分队长（即班长），佩上士军衔。学生队员们身着国民革命军草绿色军服，戴国民党帽徽，队长和少数长官配毛瑟枪，学员一人一支汉阳兵工厂或巩县兵工厂制造的步枪。学生队课时安排非常紧张，白天操练和学习政治、军事诸种课程，晚上多为开会讨论如何进一步提高军事技术和革命觉悟。

据同在该队学习的贾焕章、杨步梯等回忆："曾士峩对各种军事知识的接受领会能力特别强，为人也豪爽，肯帮助人，群众关系不错。"

不久，该学生队又改称"湖南省防军第一师第一旅学生队"，曾士峩仍任原职。在第八军内共产党组织领导下，经苏先骏、曾士峩等共产党员的努力工作，该队大部分学员都秘密加入了中国共产党。

1926年8月至12月，北伐军一路高歌北进，湖南各县农民协会也纷纷成立，广泛开展起政治经济斗争。

深秋时节，曾士峩所在学生队应湖南省农民协会负责人柳直荀等要求，赴桃源积极参加支持农民革命运动。学生队先从长沙开到常德"训练"了一段时间，后开到桃源驻扎，共约两个月。该队名义上是参与剿匪，也确实抓捕过一个作恶多年的女土匪，实际上更多时间是在帮助建立农民协会，打倒土豪劣绅。当时所到之处都贴有标语："反工农，就是反革命。"每次开群众大会时，学员队就派一个班去"弹压"，即维持会场秩序和警卫。在一次群众大会上，愤怒的农民纷纷上台控诉一个有多起血债的大恶霸地主的罪行，最后，在震天动地的口号声中，这个大恶霸被处决。

轰轰烈烈的农民运动和学生队的行动，引起了反动势力的恐惧和仇恨，他们骂农民是“暴徒”，骂学生队都是“共产党崽子”，是“赤子”“赤孙”。这时，以熊震旅下属的一个坚决反共的周团长为代表的国民党右派，扬言说学生队“要闹事”，极力主张“解决”学生队。开始，熊震因怕不好向已回长沙的唐生明交代，影响和唐生智的关系，对是否要解散学生队态度并不坚决。后看到周团长等人的激烈反应，加上自己骨子里同样反共，就同意了。

正当学生队在乡村帮助打土豪劣绅进入高潮时，一天突然接到紧急命令：速调学生队到熊震旅部（也为第一师师部）所在地常德府坪。接着命令学生队全副武装在场地上紧急集合，周团长指挥一团人将学生队紧紧包围起来说：“师长要训话。”同时一声令下：“架枪！”“退后三步——走！”

还没明白发生了什么事，学生队就被莫名其妙地缴了械，并被宣布立即解散。学生队顿时哗然，学员们十分气愤，群起而抗议。然而手中没了武器的学员在他人的枪口下有理也无处说，何况此时不知什么原因，师长根本就没露面。学员们在常德城到处写大字报、贴标语，抗议了几天后，不了了之。见大势已去，少部分学员只好各自选择回家，大部分学员则乘轮船前往长沙等地去寻找出路。

曾士峩先从常德回到益阳县城，离家两年，他真想回家看望亲人。可作为共产党员的他，此时突然间离开了党组织，如同断了线的风筝，心里没着没落的。看看天色已晚，他决定暂不回杨家坪老家，而是立即购买了一张次日凌晨去长沙的船票。接着前往离益阳县城只有40余里的马头冲的姐姐曾桂友家。大姐见到离家两年多的小弟，非常高兴，一面忙着张罗做饭，一面问长问短。

大姐说：“迪满，一两年了，你到哪里做事去了呢？你也不往家写一封信，听说你往益阳吴升泰绸缎店寄回的十块光洋爹爹倒是收到了，但你也没写信，爹爹和全家人都很挂念你，到处打听你。”

曾士峩问了爹爹和哥嫂们的情况后，说："我前一段在江华县政府等地做事，后来到了军队学校。我也想家，但我比较忙，很多情况下不方便写信，写了信也怕在邮递过程中丢失。另外，有些事很难写清楚。"

大姐也就不再问是什么事情难写清楚，只是说："这次回来了就好，莫要再走了，外面乱哄哄的，不安全；家里虽不富裕，但不管是吃饱饭还是喝稀粥，一家人在一起互相照应，总还是要好些。你应该回到家乡来做事，你过去说过要做架桥的工程师，我搞不清如何做，但你讲过的教书、当医生也都不错嘛。"

曾士峩原来讲过要当教师，他不是以教学作为个人的谋生方式，而是要让更多的青少年受教育，让他们懂知识、开眼界，主动为社会为国家着想，从内心到行动明白"天下兴亡，匹夫有责"。现在社会剧烈动荡，革命斗争激烈，他要继续投身到这一激烈变革中去，为国为民做一些切切实实的有益事情。

他不愿让家人为自己的安全担心，说："大姐，请你告诉爹爹和哥哥嫂嫂，我在外各方面都不错，很安全，身体也很好，我有不少朋友，有困难时会互相帮助的，所以，请你们放心。"

曾士峩草草填了肚子，起身告辞："大姐啊，我还有要事，已买好明早去长沙的轮船票，马上要走，就拜托姐姐和哥嫂们照顾好爹爹。"

姐姐感到很突然，但也知道无法劝阻一贯很有主见的弟弟，就凑了几块光洋给士峩作盘缠，含着热泪道："迪满，那你多注意保护自己，要常写信回来呀！"

曾士峩点头答应，将随身携带的两只用薄木板作框、皮革包面的小手提箱及部分衣物用品留下，只拎包袱和雨伞，连夜就赶往益阳大码头。次日凌晨，搭乘小火轮到了长沙，把行李搁在长沙文星桥姑妈家后，曾士峩就急忙去找党组织。让他没有想到的是，不但跟组织顺利接上了头，而且得到一个好消息——黄埔军校要在长沙开办分校。

五、考取黄埔军校长沙分校

此时，正值北伐军节节胜利，革命势力向长江中游发展，不断扩充的国民革命军急需大量的政治和军事干部充实部队。1926 年 12 月，广州国民政府决定黄埔军校（1927 年改称中央军事政治学校）在长沙开办第三分校。由唐生智任总负责人，并在长沙和武汉两地设立了招生处。爱国民主人士蔡杞材曾回忆：“当分校招生的消息传出之后，湘、鄂、赣、川、黔、皖、鲁、豫、粤、桂各地的青年，为向往黄埔军校的名声和奔向革命的征途，都纷纷投奔长沙参加应考。报名人数之众竟达一万多人，而取录学生仅一千人左右。由于择优选录，学生的思想素质和文化程度都比较高。”

曾士峩欣闻黄埔军校在长沙开办分校，心想以前两次报考不顺，如今军校就办在家门口，绝不可再错失良机，便再度报考，以实现继续学习军事的强烈愿望。1927 年 1 月底，经过严格考试，第三分校从万余名报名者中录取了 1200 名思想质素好、文化程度高的青年学生。曾士峩顺利考入。同时，分校还从国民革命军第八、第十七、第十八（后改为十二军）、第三十五、第三十六军中抽调 800 名连、排级军官入学受训。

分校校址设在长沙小吴门外教厂坪原湖南陆军讲武堂旧址（今校正街），当时一般俗称“三分校”，在长沙名盛一时。在黄埔军校历史初期，它与潮州分校、南宁分校、武汉分校是影响最大的四个分校。

分校校务委员会常务委员为汪精卫（时任武汉国民政府主席）、唐生智、石醉六。校务委员有刘兴、何建、李品仙、叶琪、周澜；教务委员有张国威、廖磊、范宿钟、刘健绪、熊震、何萱等。石醉六为校长，余范传为教育长，谢煜焘为总队长，夏曦为政治部主任。

分校正式招入新生 1200 余人，分步兵科、工兵科、炮兵科、政治科4科。编为6个大队，其中步兵、政治科各2个大队，工兵、炮兵科各1个大队，每大队辖4个中队，每中队辖3个区队。从军队调来的800名连排军官，则编为带职第一、二大队。带职大队每大队辖2个中队，每中队辖3个区队。全校共分8个大队，实则每个大队学员只有1个中队的人数，约为120至140人。大队长均系上校衔。

曾士峩因入学前曾为第八军学生队分队长（相当于分校的区队），特殊情况特殊对待，被破格从新生学员队抽出，编入步兵带职大队，并升任中队副中队长。

分校学生的深灰色服装分为两种：带职学习的军官，外出佩武装带（斜挎皮带），着军官军装；新招学生，穿新兵军服，扎横腰皮带。帽徽均为青天白日的国民党党徽。

分校学制为：带职队学期定为半年毕业，学生队学期定为一年毕业。

分校主要课程分政治和军事两种，即学科和术科。学科包括政治、军事、经济、社会科学理论。如历史唯物论、经济学、工人运动，以及三民主义、建国方略、建国大纲等。术科是根据步兵操典上的军事基本知识，如战术、兵器、筑城、地形、军制、通信等，进行基本训练。每天上午是学科，下午是术科，晚上多为就某个具体政治、军事问题进行讨论，提高思想认识。军事教官大多是保定军官学校毕业的，术科战斗教练到连级，均采用日本式教授方法。

分校对政治教育十分重视，所有政治教官，都由分校政治部委派，绝大多数系共产党员或国民党左派。不少共产党著名人物前来讲政治课或作专题讲演。分校政治部主任、共产党员夏曦在学生中的威信很高，讲演很生动，作报告从不用讲稿，每次讲话都长达几小时，学生站着听讲毫无倦容；郭亮也经常到校讲政治课；李达来校演讲《三民主义》；著名政治理论家恽代英、高语罕等已在校本部公布委派为政治教官的命令，但因后来马日事变的发生而未到校。

分校政治部的革命刊物《火花》，每周出刊一期，宣传国民革命理论，短小精干、文采泼辣，最受学生欢迎。

第三国际代表团的代表也先后来校讲演无产阶级革命的重大意义，他们特别强调要打倒帝国主义。每位代表讲演后，都以不太标准的汉语高呼口号，如讲演代表是英国人，他就呼喊：“打倒英帝国主义！”来自其他国家的代表发言也是一样，会场气氛非常热烈。

长沙三分校开办时，正值国民革命军打败了军阀吴佩孚、孙传芳，席卷东南各省，准备继续北伐中原，湖南国民革命开展得轰轰烈烈，共产党和国民党左派势力占据优势，共产主义思想和工农革命运动蓬勃发展，革命形势不断高涨。所以当时分校的政治口号是强调孙中山先生倡导的“联俄、联共、扶助农工”三大政策，以及“革命的向左转，不革命的滚出去”。分校内外贴满了五颜六色的革命标语，到处红旗飘扬，政治气氛十分浓厚。当年在黄埔军校的大门口贴着的对联“升官发财莫入此门，贪生怕死请走他路”深入不少分校学员的内心，而“爱国家，爱百姓，不要钱，不要命”同样是在分校学员中叫得很响的一句口号。

校长石醉六后来回忆说：长沙分校“规模颇宏大，但在湖南的政治环境上，共派过于优势的操纵，国共已失去了平衡”，因此作为校长的他，在处理一些事情时感觉很棘手。

分校2000名学员，每天早晨在军号声中快速起床洗漱后，集合出早操，列队高唱《中央军事政治学校校歌》：“怒潮澎湃，党旗飞舞，这是革命的黄埔……，预备作奋斗的先锋。打条血路，引导被压迫民众。携着手，向前行……”接着是跑步、队列训练，由长官训话，吃早餐。然后开始一天的上课、操练、讨论等，校内一派朝气蓬勃。

曾士峩满怀革命激情和强烈求知欲，在长沙分校坚持发扬自己一贯勤于思考、刻苦认真的习惯。已确立了人生目标的他，更以分校《学生生活公约》严格要求和激励自己：“立志成为允文允武、术德兼备的军事领导人才。”他专心聆听每一堂政治和军事课，积极参加政治学习和讨论，对于军事技术科目学习，一丝不苟，除认真领会教官的讲授外，凡感到有不明、不顺之处，就用笔记下来，课后和同学讨论，或择时请教教官。同时还回顾对照原来在国民革命军第八军学生队所学相应科目的理论，直至融会贯通。通过课堂听讲和操练及野外实习，曾士峩领会了较系统的军事理论知识，对单兵战术和格斗要领的掌握程度也得到进一步提高，各科成绩优异，几次受到教官和学校的表扬。

这期间，曾士峩曾穿着姑妈帮他浆洗平整的军装，高高兴兴地到长沙紫光照相馆拍了张半身像，请姑妈转给在家乡的父亲曾保臣。但一心专注学习的他仍然没有给家中写书信，因为这个难得的学习机会对他来说太宝贵了。他准备军校毕业后，找时间回家几天去看望父亲、哥嫂。

六、亲历马日事变

然而，就在曾士峩努力学习，心中常涌现北伐军不断胜利的情景时，一个巨大的阴谋正向着中国民主革命扑来，不久就波及南方数省，上海、武汉、长沙等地首当其冲。这就是，蒋介石叛变革命了。

在经过国共两党第一次合作，中国民主革命取得重大胜利的形势下，1927 年 4 月 12 日，蒋介石在上海突然撕下伪装，发动了反革命政变。

5 月 21 日，长沙又发生了反革命的马日事变。当晚 11 时许，1000 多名荷枪实弹的叛军，在第 35 军 33 团团长许克祥的指挥下，分途向长沙城内各革命机关进行突然袭击。省总工会、省农民协会和国民党湖南省党校是叛敌攻击的主要目标，其他革命机关，如中央军事政治学校长沙第三分校、省特别法庭、国民党省市党部及工运训练班、党员训练班等，均遭叛军疯狂袭击。至 22 日上午，被捣毁和袭击的革命机构达 70 余个。叛军在长沙整整捕杀一夜，被杀害的共产党员、国民党左派人士和革命群众达100余人，被捕40余人，被临时拘押的则无法计算。与此同时，在押的土豪劣绅则全部被开狱释放。工人纠察队和农民自卫总队奋起抵抗，同敌人展开激烈的战斗，但由于大部分队员已下班回家，敌我力量悬殊，没有能够击退敌人的进攻。因 21 日当天的电报代日韵目为“马”字，所以这次长沙反革命事变称为马日事变。

事变发生后，白色恐怖笼罩长沙。国民党右派一方面改组省政府，召开所谓各界联席会议，成立中国国民党湖南救党委员会，篡夺了湖南省的党政大权；另一方面，采取贼喊捉贼的手法，声称此次事变是因省工人纠察队要缴军队的枪械，军队被迫自卫引起的；与此同时通电攻击共产党领导的工农运动和反帝反封建的国民革命，到处张贴“铲除暴徒”“拥护劳苦功高的蒋总司令”等标语，大造反革命舆论，以此为掩护，在戒严的幌子下，继续在长沙进行反革命屠杀。一时间，不仅共产党人和革命群众惨死于屠刀下，就连毫无关系的平常路人也身遭横祸。如北门外油铺街一木匠早晨出去做工，衣服溅了些泥水，顺手从墙上揭下一块即将脱落且破损的反革命标语揩拭，被正在巡街的叛军发现，即被指责为“共产党撕毁标语”，就地砍头示众，血流满地，惨不忍睹。

反动军官指挥的血腥叛乱不仅仅发生在长沙，湖南其他各地也发生了同样的血腥屠杀。常德、溆浦、湘潭、湘乡、浏阳、衡阳、益阳等 20 余地，都先后发生了反革命大屠杀事件。据统计，马日事变后的半个月中，全省被屠杀的革命群众在 1 万人以上。

革命的长沙三分校受到马日事变的严重摧残，分校内早有预谋的反动师生也配合叛军一起对革命师生开火，实行了血腥的清洗，多名进步学生被杀、被捕，100 多名学生被迫离校。校长石醉六、教育长余范传不久离开，夏曦和一些政治教官和政治部工作干部等共产党人和学生中的共产党员也紧急转移，学校一度处于无人负责的白色恐怖状态。

曾士峩对眼前所发生的白色恐怖事件，感到突然、震惊和迷惑不解。为什么国民革命进展顺利时，孙中山先生往日的得力支持者、黄埔军校校长、北伐军总司令蒋介石，和国民革命军团长许克祥要杀共产党人？为什么还要攻击国民党自己的湖南省党部和中央军事政治学校长沙三分校？难道真的是自己人打自己人？这背后究竟隐藏着什么样的阴谋和背景？虽然仅作为一名军校学员的曾士峩暂时无法理解这一切，但眼前血淋淋的事实告诉他和所有共产党人及进步学生，这是国民党右派所代表的少数剥削阶级利益的反革命分子对人民群众的疯狂报复，是对孙中山先生所倡导的“联俄、联共、扶助农工”政治主张的彻底背叛。难道轰轰烈烈的大革命运动就此被扼杀在摇篮中？不，曾士峩绝不相信！他决心为中国劳苦大众利益继续战斗。

马日事变发生时，曾士峩先与一批同学在进步教官的指挥下，顽强抵抗反动学生，后接到命令迅速转移，撤离出长沙三分校。他在文星桥姑妈家待了两天后，和一批北伐后援干部秘密会合，到长沙北郊一个相对安全的小站搭乘上火车，赶往当时北伐的前沿阵地、国民革命力量的新中心——武汉。几经打听后，他们进入驻扎在汉口西园附近大成里的国民革命军第四集团军总司令部警卫团即“警卫二团”。第四集团军总司令是唐生智。警卫二团团长是唐生明，曾任国民革命军第八军学生队总队长，和时任分队长的曾士峩彼此熟知，加上又是湖南老乡，于是请示上级直接任命曾士峩为该团某连连长。

第三章

参加武装起义

一、亲人的挂念

1927 年 7 月初，进入夏季的武汉城天气异常闷热，政治斗争形势也正处在暴风雨到来的前夜。此时，街头呈现的革命气氛仍很浓烈。江岸码头、大街两旁、高大建筑物上，到处可见革命的大幅标语。街上不时走过群众游行队伍，那是不明斗争内部真相的群众，在欢呼北伐军出征河南打败张作霖所取得的胜利，或号召东征讨伐蒋介石的背叛罪行。然而，各派政治力量均已明显感到了某种事变到来前的沉闷和压抑。有迹象表明，南京国民党和武汉国民党合流的倾向十分明显。

果不其然，7 月 14 日晚，汪精卫秘密召开会议，确定“分共”和大屠杀计划，革命形势急转直下。

7 月 15 日，接汪精卫的指令，35 军军长兼武汉卫戍司令何键终于按捺不住，向共产党员和革命群众举起罪恶的屠刀。共产党及国民党左派与国民党右派彻底决裂。

在反动派逆流中开始警醒的共产党人及国民党左派，已开始做好应对各种不测的准备。不久，警卫二团内的政治气氛发生改变，开始清理共产党人。曾士峩和部分共产党员、国民党左派军人，为不坐以待毙，在共产党和国民党左派组织安排下，于一个傍晚分批悄悄离开警卫二团营地，乘轮渡到武昌，一起转入驻扎在原武昌督军府内的国民革命军第四集团军第二方面军总指挥部警卫团，受到热烈欢迎。由于督军府当时是武汉国民政府所在地，所以人们习惯称该团为“武汉国民政府警卫团”。曾士峩在该团仍任某连连长，不久又被任命为连长兼政治指导员。

武汉国民政府警卫团原是中国共产党协助张发奎于1927年6月底至7月初在武昌组建的，其骨干力量为叶挺独立团的部队，另由安源工人、湘鄂赣豫陕等省工农运动的干部积极分子补充而成。团长是黄埔一期的共产党员卢德铭，团、营主要干部均为共产党员与黄埔军校毕业生。在士兵中，共产党员和共青团员占有很大比例，全团3个营，是中共直接掌握的武装力量之一。

该警卫团当时主要负责控制武昌至长沙的铁路交通线，及警卫汉阳兵工厂和银行的任务。部队每天开出去进行训练和野外巡逻，任务十分繁忙和紧张。

警卫团有共产党一个总支部，国共分裂后，在紧急召开的秘密支部会议上，曾士峩认识了何挺颖、伍中豪、蔡宪民、何长工、欧阳健等人。因为当时革命斗争激烈，即使出席的都是共产党员，如果原来不认识，说话仍很注意；随着谈到各自家乡的革命斗争情况，也顺便谈到来警卫团前的经历后，彼此才慢慢畅谈起来。越接触越熟悉，共同的理想与信念，让几位年轻的革命者越来越接近，也为他们在以后的艰苦斗争中共事，互相鼓励、勇敢地并肩浴血奋战，植下了牢固的革命友谊。

1981年12月，何长工谈到曾士峩时回忆说：“他中等偏高身材、条条子脸，身体特别结实，行礼很利索，不像有的人，手一举，身体还摇摇晃晃的，他行动起来，确实像一个正规军人。他是从哪里去警卫团的，我不知道，总之比我先到警卫团。他原来当连长，1930年当上师长，这在我们这些武汉警卫团参加秋收起义的人中间，是非常拔尖的。他的政治品质非常好，对革命坚定不移。记得有一次，我和他谈到干革命可能随时牺牲时，我们彼此互相鼓励：

为了劳苦大众能过好日子，即使死了也值得。”

后来，大家谈的话题，也不时涉及各自的家乡父老和亲人。何长工记得，曾士峩不止一次说过：“真想找个机会回家看看，看望爹爹和兄嫂们。我能上学走到今天，全靠他们的帮助和悉心照顾啊。”

7月下旬的一天上午，曾士峩随警卫团部队外出执行任务，返回时队伍行进在武昌的大街上，引起不少市民观看。这时，站在路旁看热闹的家乡远房堂兄曾喜元，老远就一眼发现了身材高大的曾士峩。他喜出望外，赶紧快步朝着队伍走去，还不停地朝曾士峩招手。这时曾士峩也看到了曾喜元，队伍走近后，满头大汗的曾士峩向曾喜元微笑了一下，互相对视了几秒钟，来不及交谈一句话就挥手告别了。

曾喜元比曾士峩大20多岁，从小看着曾士峩长大。曾士峩从记事起就一直管他叫“喜哥”，彼此非常熟悉。这次，曾喜元是从益阳驾木船装载当地大桥村土产陶瓦器到武汉来销售，谁知路上竟能巧遇离家几年没有音讯的曾士峩。曾喜元回到益阳大桥村后，急忙将这个消息告诉曾保臣一家人。这让曾保臣既惊喜又意外，惊喜的是总算听到了小儿子的消息，意外的是儿子转来转去又跑到了武汉。原先听说在江华县府做事，想不到现在又跑到武汉城穿上军装扛起了枪。这些年来，曾保臣越来越感到儿子心中有不少主张和想法，思想有点早熟，又不愿意多和家人谈，显得既听话又倔强。这让曾保臣特别放心不下，更增加了他对儿子的思念，常为此久久不能入睡。现在听到这个消息，曾保臣五味杂陈、喜中有忧，终归还是放心不下，把家里的事交代给几个儿子后，便迫不及待地动身乘船赶往武汉去寻找曾士峩。

曾保臣到了武汉，这才发现武汉比长沙要大得多，隔江分成三个城市，想要找人，谈何容易。曾保臣在武汉待了两个多月，辗转托人打听曾士峩的去向。当时社会秩序混乱，加上部队行动保密，费了好大的劲仍一无所获。后来，他就成天到街上和人员密集的公共场所去碰运气。只要看到哪里有部队出现，不论多少人，都要等着军人们走过来，或赶上去，瞪大眼睛看个究竟，生怕漏掉了体形与曾士峩相当的每一个军人，但每次都是强忍热泪失望而归。无奈之下，他只得于9月底垂头丧气地启程回乡，途中在武汉轮船码头上不慎摔了一跤，回家后患上偏瘫症，从此一病不起，于次年农历二月二十七日忧郁而逝。曾保臣临终前对家人低声慢慢念叨："迪勋是个好伢子咧！有上进心，心眼好，自己有主意，很要强，做什么事都舍得干。现在兵荒马乱，找不到，他可能不在世了，但你们还要继续找啊。如果晓得他真的死了，应该给他过继后嗣。"

此时此刻，曾士峩究竟在哪里呢？

二、随军准备武装暴动

1927年4月12日，蒋介石在上海发动反革命政变。国民党反动集团大肆屠杀共产党和革命群众，提出"宁可枉杀千人，不可使一人漏网"的极其血腥的反动口号，在全国各地屠杀革命群众无数，其中共产党员2万多人。四一二反革命政变、马日事变、七一五反革命政变的相继发生，导致1925年至1927年的大革命遭到惨重失败。

7月下旬，中共中央政治局临时常委会正式决定在南昌发动武装起义。27日，成立由周恩来、李立三、恽代英、彭湃组成的中共前敌委员会。8月1日，中国共产党领导部分国民革命军在江西南昌举行武装起义，打响了武装反抗国民党反动派的第一枪。

8月2日凌晨，曾士峩所在的国民政府警卫团收到南昌二十军政治部主任周逸群以前敌委员会名义发来的电报，急令警卫团立即赶赴南昌参加起义；紧接着又收到张发奎从九江发来的电报，命令警卫团迅速赶到九江待命。很显然，张发奎的目的是要利用警卫团来对付南昌起义部队。

警卫团团长卢德铭与政治指导员辛焕文、参谋长韩浚收到两份电报后，仔细研究分析认为，如果公开违抗张发奎的电令，会引起不少麻烦甚至冲突，于行动不利。不如利用张发奎命令调防九江的名义，乘船东下，但船到九江时不停，直驶南昌参加起义。三人统一意见后，又调整了三个营的营长，任命余洒度为一营长，钟文璋为二营长，陈浩为三营长。当天以演习名义将队伍带出了国民政府院子。

8 月 2 日下午，警卫团少校团副兼辎重队长范树德通过张发奎留守处调来招商局“德兴号”轮船，当晚全团乘船离开武汉。“德兴号”行驶途中，在例行检查军械时，发现新兵连的武器被人有意更换，有的连枪栓也拉不动。卢德铭等感到其中必有蹊跷，判断张发奎早已注意警卫团的一举一动，船如果经过九江，定会凶多吉少。于是立即决定船到黄石港靠岸，停止东下。3 日晨天刚大亮，船抵达黄石港的吴王庙（阳新县黄颡口镇），警卫团弃船登岸，准备再经武宁、靖安、涂家埠到南昌。

就在此时，卢德铭从望远镜里发现有几艘轮船由远驶来，船头红旗飘扬，判定是兄弟部队二方面军总指挥部教导团。该团也是共产党领导的一支部队，比警卫团晚出发，所以跟随在后。

卢德铭急命号兵奋力吹号，下属几名军官还向该船反复挥动军帽，想阻止教导团的船东下前进。由于江面宽阔、风大浪急，又处下风，号声难以到达船上，彼此看到的人影也太小、观察不清楚，眼见着教导团的船继续远去。不出卢德铭所料，教导团的船到达九江时，在太古码头中了张发奎的埋伏，全团被缴械，只有陈毅等七八人逃出虎口，继续追随南昌起义部队而去。

警卫团从黄石港上岸后，取道山路向南昌开进。走了两天，部队开到阳新县地界，士兵们又累又饿，经过一个村子，想弄点食物吃，却找不到村民，很多百姓家大门紧锁，人已跑光。卢德铭传令，凡民房加锁者，不论何人，不准开锁进门，只准到未加锁家借厨房灶具，烧水解渴；另外，同意采摘正在成熟的南瓜煮熟充饥，而将按价买瓜的大洋或铜钱，放在瓜地显目处，并找个石块压在旁边。当天傍晚，部队进到阳新县城，卢德铭向县政府筹集到一批钱款，于第二天中午率部向南昌进发。

此时，在南昌的周逸群根据起义前委安排，派人赶赴永修，迎接卢德铭警卫团，结果未联系上。警卫团于7日上午抵达武宁县城，与余贲民率领的平江工农义勇队相遇。从余贲民处得知，南昌起义部队已于8月5日撤离南昌南下广东，张发奎的部队于两天前进驻南昌城，并完全控制了南昌局势。于是卢德铭改变由涂家埠直驱南昌的计划，于8日取道靖安、奉新，以期抄近路赶上起义大军。到达奉新时，侦察得知起义部队已经远去。此时天气炎热，官兵病者甚多，不宜长途跋涉，警卫团决定改变行动计划：卢德铭与辛焕文、韩浚赴武汉找党中央汇报，请示警卫团下步行动方向；将部队交给一营营长、共产党员余洒渡指挥，让他暂时将部队拉到工农运动基础较好的修水县，在这个湘鄂赣“三不管”的山区待命，以求发展。

曾士峩随警卫团离开武汉时，仍任某连连长兼政治指导员。为稳定部队，他坚持与战士打成一片，吃住同甘共苦，还从亲身经历出发，谈自己对当前时局和一些社会现象的看法，和大家讨论问题、聊天谈心，做了大量政治思想工作，让该连始终气氛活跃、情绪高涨而稳定。

警卫团与平江工农义勇队进驻修水后，纪律严明，秋毫无犯，深受群众爱戴，修水各界民众杀猪宰羊，献酒送菜慰劳部队。菜农看见警卫团司务人员上街买菜，把菜硬塞进他们的篮里，不收分文。各群众组织、各姓氏祠堂，自动开仓捐粮，以应部队急需。县城各界还组织了几十名裁缝师傅和街坊妇女，用平江蓝布为部队日夜赶制了1000套军衣。渣津、马坳一带农民协会协助部队筹粮筹款，解决急需。

警卫团和平江工农义勇队在修水人民支持下，厉兵秣马，养精蓄锐。很快，他们与中共江西省委派来的联络员取得联系，在得到中共湖南省委关于“保存这支部队，暂时接受朱培德改编”，及筹组工农革命军的指示后，联系驻铜鼓的浏阳工农义勇队，一起在江西修水山口镇开会，决定将三支部队合编为一个师；警卫团为第一团，团长钟文璋，驻修水；浏阳工农义勇队等为第三团，团长苏先骏，驻铜鼓；平江工农义勇队分别补入一、三团。因为卢德铭已去武汉向中共中央报告工作，由余洒度任师长。此外，还拟将安源铁路煤矿工人纠察队、矿警队和安福、莲花等地农民自卫军，合编为一个团。为了找到一个“合法的”立足点，以便筹集军需，使部队有休整机会，便与朱培德达成原则协议，以江西省防军暂编第一师的名义，受江西省国民党政府的节制。这样，部队就以灰色面貌“合法”地保存下来，对外称“江西省防军暂编第一师”。在此期间，曾士峩被提升为第一团三营参谋长。

8 月中旬，中央紧锣密鼓地组织发动秋收起义。曾士峩所在的部队打出了“工农革命军第一军第一师”旗号，成立了师委会。为随时准备暴动，按前委指示精神，师委会决定派第一团三营副营长、共产党员伍中豪，和营参谋长、共产党员曾士峩等率近一个营兵员补充第三团，以进一步增强该团战斗力。

当曾士峩随部队从修水第一团来到铜鼓第三团时，三团团长苏先骏高兴异常，大声说道：“曾士峩，没想到我们分别不到一年后又见面啦！好家伙，这段时间你到哪里去了？”

曾士峩也十分兴奋地说：“是啊，苏团长，我们又见面啦！从常德分开后，我去了长沙三分校学习，马日事变后辗转到武汉，又从唐团长的警卫二团转到第二方面军总指挥部警卫团。”

“太好了，这下子我们再不怕别人骂我们‘赤子、赤孙’‘要闹事’了。可以在一起打开窗户说亮话地干革命啰！”苏先骏拍拍腰间的枪说。

曾士峩也深有感触：“对！现在有了我们共产党自己的军队，不怕蒋介石‘清共’砍我们脑壳了，和他来个枪对枪、刀对刀地拼！”

曾士峩还见到了曾在中央军事政治学校长沙三分校当过政治教

官的张子清，两人是益阳县同乡，当时曾士峩是带职大队的副中队长，彼此认识，但接触不多。今日在异地相见，倍感亲切，互相问长问短，现场气氛十分热烈。

为扩充兵力，第一师在修水县城和渣津等地设立招兵站，招募兵员。修水党组织积极动员城乡青年参军，在西乡农军中挑选100多名青壮年，又从各地动员一批青壮年陆续参军。国民党修水县政府一支20余人的法警队，通过做工作也参加了部队。除一团3个营充实了兵员，还另外扩充了1个营，师直特务连、卫生队、爆破队等均有了齐全的建制。

第一师一边扩军，一边对部队进行整顿训练，每日三操两讲，在修水城内紫花墩、马家洲等地厉兵秣马，一片繁忙的练兵景象。随着队伍不断壮大，参加起义的第一师3个团及收编国民党军阀夏斗寅部邱国轩团编成的第四团，兵力达到5000余人。

三、初见毛委员

1927年8月7日，毛泽东出席在汉口秘密举行的中共中央紧急会议（史称“八七会议”），当选为中共中央临时政治局候补委员，8月9日出席中共中央临时政治局第一次会议。会议决定毛泽东以中央特派员身份回湖南传达八七会议精神，改组省委，领导秋收起义。

8月12日，毛泽东秘密回到长沙。8月31日，毛泽东离开长沙去了安源。当时安源产业工人力量很强，还有一个实际上已由共产党掌握的路矿矿警队，和聚集了马日事变后来自全省各地参加过十万农军攻长沙后的部分农民自卫军等，到8月下旬，已形成一支力量不小的武装，具体包括：安源工人纠察队约400人、安源矿警队约500人、醴陵农民自卫军200余人、萍乡农民自卫军100余人、安福农民自卫军200余人、衡山农民自军100余人、莲花农民自卫军90余人，可随时武装起来的安源工人1000余人。

9月2日，毛泽东以前敌委员会书记的身份，在安源张家湾工人子弟学校主持召开了军事会议，传达了党的八七会议精神和中共湖南省委关于组建工农革命军的决定。根据中共中央“军事方面，乡村用农民革命军，城市用工人革命军名义，简称农军、工军，合称工农革命军”的指示，成立由湘赣边界地区的革命士兵、农民、工人组成的中国工农革命军第一军第一师。

安源张家湾军事会议确定的起义具体部署是：拟定分三路行动，分别从修水、铜鼓和安源三地起义，进击湘东，会攻长沙；同时布置了湘赣边界各县的农民暴动，以配合军事行动。

9月9日，湘赣边界秋收起义按预定计划爆发。参加起义的铁路工人和农民，首先破坏了岳阳至黄沙街、长沙至株洲两段铁路，切断了敌人的交通运输。

当日早晨，工农革命军第一师师部与第一团和邱国轩第四团在渣津会合后，上午召开有千余群众参加的大会，向工农民众宣传中国共产党的主张和秋收暴动的目的，号召工农团结起来，与国民党反动派和土豪劣绅作拼死的斗争。会后，部队镇压了从修水押来的群众最为痛恨的几个恶霸后，在余洒度率领下，于江西修水起兵出发。起义官兵颈系红领带，臂佩红领章，高举工农革命军第一军第一师鲜艳的红旗，引吭高歌：“红色领带系在颈，只顾死来不顾生……”浩浩荡荡进发。部队没有到铜鼓同第三团会合，而是单独向平江县推进。行至修水以西约20余公里处，巧遇去武汉向中共中央报告工作的卢德铭只身返回。大家很高兴，并按上级指示，欢迎卢德铭就任湘赣边界秋收起义总指挥。

9月10日，第一、第四团占领了平江县龙门厂，初战告捷，缴获一批现大洋。不料收编不久的第四团邱国轩部，见财起意，突然反戈。9月11日，当第一团路过离长寿街七八公里的金坪圩时，突遭邱部袭击，致使该团在毫无准备的情况下腹背受敌，损失惨重。待师部人员赶来收集整理部队时，已损失200多人、步枪200多支，现款光洋和军需物资均被抢夺一空。师长余洒度、总指挥卢德铭只得率部被迫先退回修水，决定向第二、第三团靠拢，同时派人向前委书记毛泽东汇报，请示下步行动计划。

第二团10日从安源张家祠出发起义后，先进攻萍乡。攻城一天未克，加之宜春之敌赶来增援，遂改攻并占领老关，12日下午攻占醴陵。起义军在醴陵的胜利，使敌震惊。敌派重兵从三面赶来，二团撤出醴陵，16日攻克浏阳县城，17日又陷入敌人包围，损失大部分兵力，余部在中途溃散。

毛泽东在安源张家湾主持军事会议后，装扮成安源煤矿的采购员，前往铜鼓直接指挥曾士峩所在的第三团起义。行至浏阳张坊村夜宿，被民团巡逻查房队团丁当作共党嫌疑分子抓住，还被脱去了鞋子。在被押送途中，毛泽东机智地成功脱险。他赤脚彻夜急行，双脚多处擦伤，后用身上仅有的7块钱买了一双鞋、一把雨伞等，继续赶路。等他一瘸一拐地赶到铜鼓县城时，已是9月10日上午。

毛泽东刚到第三团团部外，就看见前来迎接的第三团团长苏先骏、党代表徐骐，以及汤米之、张子清、伍中豪、曾士峩等人。苏先骏向毛泽东逐一做了介绍后，毛泽东和大家一一握手，气氛热烈。这是曾士峩第一次见到毛泽东。

进屋后，大家都关切地问毛泽东，为什么没有陪同人，脚伤是怎么回事等。毛泽东微笑道："反动派到处抓人杀人，我能一个人活着到达三团，已是万福啰！"接着向大家简单讲述了自己被抓和逃脱的过程。曾士峩望着遇险不惊、置生死于度外的毛委员，敬意油然而生。

毛泽东坐在竹椅上，吃力地脱下那双不合脚的鞋。他脚上伤痕累累，鞋里多处粘着血污。徐骐见状，赶忙出门，叫卫生兵打了一盆温水给毛泽东洗脚，并做了简单的处理。曾士峩回到宿舍找来自己一双八成新的布鞋，递给毛泽东。一穿，正合适。一旁的苏先骏见了不禁点头说："还是曾参谋长心细。"毛泽东满意地笑笑，抬头看了曾士峩一眼，诙谐地说："尺码正好呢。你是雪中送炭，我是暗室逢灯了！"说得大家都笑了。曾士峩也笑着说："我看您的脚磨破了好几处，现在穿新鞋肯定会打脚。咱们的个子差不多，估计鞋码也差不了多少。"

当天晚上，毛泽东召开排以上干部会议，传达八七会议精神，并以中共湖南省委前敌委员会书记名义，宣布中国工农革命军第一军第一师第三团正式成立，明确了建制，下辖三个营。三营营长伍中豪，曾士峩任三营参谋长兼团部直属机枪连连长。会议还部署了有关起义的其他工作。

曾士峩非常拥护八七会议精神，他说："国民党反动派把共产党人和革命群众当作敌人，一批批枪杀、砍头。抗议、声讨没有用，求饶、讲和更没有用。唯一的出路，就是共产党也拿起武器和它拼！"说到后面，曾士峩稍稍提高了嗓门。这一席满口益阳腔、缓慢而坚定的话语，获得了毛泽东的赞许。

曾士峩回想起自己北伐、与国民党右派反动势力作斗争的经历，得出了一个结论：国民党右派口称的革命并不是为了劳苦大众的利益，而是为了大地主和大资本家的利益。而要让国家强大起来，唯有共产党领导全国人民起来夺取和掌握政权。他激动地对毛泽东说："只要还有很多百姓还在挨饿，很多小孩没钱上不了学，穷人看不起病，我们就应该为建立一个对外能保护百姓、对内随时想着广大普通百姓冷暖的政府而战斗！"

接下来，举行营团干部小会。苏先骏、徐骐又召集汤采之、张子清、伍中豪、曾士峩等，讨论部队举行什么样的仪式以鼓舞士气、振奋军威。讨论结果是一致同意举行阅兵式。随即，苏先骏和徐骐将阅兵式设想向毛泽东进行了汇报。

11 日清晨，第三团在铜鼓城郊举行阅兵式，为攻打浏阳壮行。毛泽东在苏先骏等人陪同下来到检阅台。1600 多名身穿蓝色、灰色服装的战士列队走过。在军旗导引下，曾士峩率团部直属机枪连为第一梯队，走在最前面，接着是学兵连，然后是一营、二营、三营的队伍。这是毛泽东革命军事生涯中第一次阅兵。从此，工农革命军第一军第一师第三团在毛泽东的亲自率领下，开始了伟大而艰苦卓绝的革命征程。

下午 4 时左右，第三团攻打浏阳白沙镇。战斗中，机枪连和团部直属兵力担任主攻，曾士峩带领战士抢占有利地形，用机枪扫射压住敌人火力，打得守敌溃不成军。12 日，第三团向东门市挺进，击溃从白沙仓皇逃窜的残敌，连战皆捷。毛泽东闻讯十分高兴，称赞第三团“旗开得胜”“马到成功”。

此时，浏阳守敌张国威紧急调遣两个团兵马，以钳形攻势，从两个方向向东门市袭来，而第三团尚未获悉第二团在浏阳方向战斗失利的消息，也不清楚敌方的重兵已经逼近，陷入了重围。

第四章

在血与火中淬炼

一、在羊牯垴战斗中负伤

1927 年 9 月 14 日上午，毛泽东正在浏阳东门市第三团团部召开会议，研究下步作战部署，突然接报在东门市西南面的羊牯垴山上发现敌人。敌人来势凶猛，以一个加强营的兵力占领了羊牯垴的制高点，在其火力射程之内，封锁住东门市东、西两个通往外界的路口；很快，另一股敌人也赶到，并迅即从西南、西北两面夹击，向第三团发起猛烈进攻。

羊牯垴被敌占领，等于被牢牢卡住脖子。军情不容迟缓，一营长汤采之亲率两个连，迂回从羊牯垴右侧偷袭，准备抢占山头。谁知才到半山腰，被敌发现，子弹和石块顿时飞泻而下，战士们一个个倒在血泊中。此时已没有退路，只有强攻。汤采之冒着枪林弹雨带头往上冲，战士们紧跟营长，边射击边猛冲……战斗激烈地进行着，一路上不断有人倒下。

这时，曾士峩带领机枪连跑步赶来增援，但发现我方处于仰攻，机枪一下子找不到合适的射击位置，他在一土丘后趴下，快速打了几梭子弹，却根本无法压制住敌人火力。眼见战友们不断倒下牺牲。曾士峩怒不可遏，大喝一声，和几名战士一道扛起一挺重机枪，“唰”地站起来，飞奔到一个很容易遭到敌人射击但也能更有效打击敌人的危险地段，迅速卧倒，机枪还未架稳，敌人的子弹就在身旁掀起一股股尘土。曾士峩和战士迅速架好机枪朝敌射击，子弹倾吐而出，敌人火力明显被压制住；此刻另两挺机枪也迅速占据有利地形，集中火力压向敌人，羊牯垴制高点终于被第三团拿下，城内的起义部队和几百名群众，得以安全撤出。

接着，双方仍是不断地争夺、反扑、再争夺、再反扑……由于敌众我寡，敌人火力强大，经过 6 个多小时的激战，部队被迫撤出战场。此战第三团伤亡很大。团党代表徐骐、一营营长汤采之、九连连长罗芳来、排长卢世康等 200 多名官兵壮烈牺牲。

关于第三团东门市羊牯垴战斗的失利，有不少史料记载。曾任中共浏阳县委宣传部部长的张启龙回忆说："由于敌情不明，我军又处于不利地形仓促应战，加之病号多，激战一阵之后，便向上坪方向转移。后来苏区群众证实，这路敌军就是被我军在东门市击溃逃到达浒的一个营，由一个熟悉道路的反动分子带着他们抄小路来的。这次战斗，我部受了相当大的损失。主要教训是由于团领导疏忽大意，在初战胜利之后有些轻敌，警戒只放在东门通往达浒的大路上，山上的瞭望哨也只注意大路，致使敌人乘隙进行袭击。"

原工农革命军第一师第三团战士吴士熏回忆说："东门战斗没有取胜的原因，主要是战斗时间长，从上午早饭后打到下午 4 时左右，秋天天气，时间不早了。毛委员当时决策叫我们撤退，撤出东门时候，仍是很有次序的。"①

曾士峩在这次战斗中负伤，右手掌外侧被子弹斜穿，小指骨破裂，连手枪把都打坏了。战斗正处于最激烈时刻，战士们几次催连长撤离，但他坚决不离开火线，简单做了包扎后，忍住剧痛，仍吃力地用左手握着枪把受损的枪继续射击。战后，他还风趣地说："这个家伙（敌兵）的枪法还真不赖，打掉了我正在开火的枪，但我想，

---

① 吴振录、邱恒聪著:《秋收起义纪实》，解放军文艺出版社 1997 年版，第 102 页。

他极可能是碰巧。”

关于曾士峩这次负伤，消息秘密传到益阳老家时成了：迪勋的右手被打断了，后来只好左手打枪、写字。现在看，这传闻走了样，但受伤是确切的。

曾士峩此次负伤后，不再兼任团直属机枪连连长。养伤期间，他顽强地练习左手提枪射击、写字，待后来伤愈，射击和写字均能“左右开弓”，但还是右手更利索。吴德华回忆说：“曾师长练习左手打枪、写字的刻苦精神和毅力，感染着战友们，并得到他们的真心佩服。”对曾士峩此战留下的手部伤痕，尔后与曾士峩朝夕相处、一起浴血奋战过的杨得志同志，在时隔五十余年后仍记忆犹新：“他那只压在我肩上的手虽然有点残废，但分量是很重的。”①

9 月 14 日当天傍晚，毛泽东、苏先骏率第三团撤出东门市，经长溪山区往东北方向行进，抵达浏阳县东乡上坪村宿营。苏先骏吸取了在东门市岗哨布置不当的教训，在村周围制高点和村内外主要路口都设置了哨岗，反复严肃强调，不得有任何闪失。

晚上，曾士峩带伤参加了毛泽东主持的第三团连以上干部会议。会议在上坪村陈锡虞家的堂屋召开，陈锡虞是毛泽东在湖南第一师范时的同学、新民学会会员。因部队刚打了败仗，大家情绪有些低落，都急切地想知道下步如何行动。此时，由师长余洒度派来向毛泽东请示汇报的第一团军需股股长陈毅安，也赶到参加了会议。他向毛泽东汇报说，自己在路上听说第二团也失败了，但确切情况还不太清楚。

此时，敌我双方的情况已经发生很大变化。长沙守军已增兵至 9000 人，6500 余枪；还有江西的朱培德也已向萍乡增兵。长沙周围的铁路，虽被破坏，但破坏不彻底，最近两天又被修复了，这也有利于敌人的调动和增援。而工农革命军第一师已由原来的 5000 人，

①《杨得志回忆录》，解放军出版社 1993 年版，第 73 页。

锐减至可能不到2000人了，在这种情况下，如果我们还要以少对多、以弱对强，硬着头皮去打长沙，可能遭致全军覆没的危险。

接着，毛泽东分析了战场形势，并发动大家讨论：16日到底还应不应该打长沙？若该打，如何打？不打，又怎么办？干部们立即七嘴八舌地争相发言。有的说，我军勇敢，找好要害位置来个突击猛攻，完全可能以少胜多，占领长沙；有的认为，打长沙是省委命令，能不执行吗？但苏先骏、张子清等大部分干部都认为不应打，因为情况变了。

曾士峩发言说："我对长沙市郊大致地形地貌稍微了解一点，去年我参加北伐军攻占长沙时，对敌是三面包围，绝对优势兵力，还有革命群众声势浩大的有力支持，对敌人造成震撼性的心理和军事压力。现在我军兵力远远少于敌人，我们不是胆小怕死，而是军事常识指明取胜无望，就不要作无谓牺牲。所以，我支持为了保存革命力量，以利部队发展壮大，应暂停进攻长沙。"

这晚，分析和争论持续了好长时间，最后大家把目光还是投向了毛泽东。

毛泽东决定：暂时放弃原定攻打长沙的计划，各路起义部队停止进攻，先退至浏阳文家市集结，再研究以后部队的行动计划。这一决定，获得了与会同志的赞同，而他的勇气与担当更是赢得了大家的钦佩。

曾士峩望着眼前虽才认识几天的前委书记，发自内心的敬意更增几分。后来他对伍中豪、何长工等人说过：毛委员对事态的发展，总是走一步看数步、深谋远虑，而且有种敢于决胜困难和强敌的霸气。我佩服毛委员！

会后，毛泽东又以前委书记的名义，用五倍子水写了两封密信。一封给正跟随一团行动的师长余洒度，通知一团赶赴排埠集合，然后一道退往萍乡。另一封写给湖南省委负责人彭公达，向省委汇报了工农革命军主力三个团分别在平江县金坪、浏阳县东门市及浏阳县县城严重受挫概况，和前委的下步计划，建议立即停止省城长沙暴动。

事实是，因联络不畅，部分起义部队已抵近长沙，并按既定方案分路发起进攻。9 月 15 日，分路进攻长沙的农民自卫军失利。

第三团从浏阳上坪出发，向江西铜鼓转移。由于山区道路崎岖，整个部队十分疲惫，伤病员很多且不断增加，加上疟疾横行，缺医少药，有的伤员走着走着就倒下了。同时部队边走边等第一团，所以行军速度缓慢，一天仅走 15 公里左右。

一路上，曾士峩因右手枪伤感染开始发作，疼痛不已。途中休息查看伤口，因没有消炎止疼药，卫生兵急得团团转，就差眼泪没掉下来。曾士峩却笑笑安慰道："你莫急，眼跟前遍地都是药，我告诉你有几种野草能治伤止痛的……"他就指导着卫生兵采摘路旁的蒲公英、茜草、白花蛇舌草等，放在嘴里嚼着，再要了点盐末撒在伤口上，完后把嚼烂的药草敷住伤口。卫生兵眼看着参谋长开始满头大汗，到后来脸上慢慢舒展露出笑容，完全像没事人一般，佩服之余感到很是惊讶。

"这是我少年时跟父亲练武学到的方法。"曾士峩对卫生员说，"若不是参加革命，我说不定会成为一名江湖郎中呢。"一席话把围在一旁的战士们都逗笑了。曾士峩又把这个方法教给大家，许多伤员都照着这方法去采草药治伤，果然缓解了伤痛。

曾士峩深知如何稳定战士们的情绪，时时给大家鼓劲。只要部队行军，他总是打头走在最前端，且时常问候、照顾其他伤病员。一位腿部受伤、满脸稚气的年轻战士，一跛一跛非常艰难地行进，不时地掉队。曾士峩就走过去摘下这位战士的长枪往自己肩上背。这位战士看到也已受伤的参谋长要帮自己背枪，死活不同意。曾士峩说："你看，我手上受伤，但腰腿还蛮好，背的又是短枪，很轻；你走不动，给你减轻点负担，你好跟上队伍呀！"战士十分感动，咬紧牙关表示："没问题的，参谋长请放心，我会挺住的！"曾士峩听了很高兴，但还是摘下这位战士的长枪背在自己的肩头继续往前走。这一路上，曾士峩不时地与行进中的战士们说些鼓劲打气的话，用自己饱满的精神和热情感染鼓励着部下，给许多战士留下深刻印象。

16 日早晨，第三团在等待一夜未见第一团到来后，迅速离开排埠，经血树坳进入浏阳的双坑（今双溪）、上洪、石坊一带。17 日，部队在小珠江枪决了反动团总钟某庭，在火厂镇压了劣绅欧某，赶跑了张某村为首的浏阳西乡反动武装。接着部队经蒋埠江、豆田到孙家塅驻扎，这时师部和第一团终于赶到与第三团会合。18 日，大部队在孙家塅休息一天。当天，派张子清率一个连打掉了文家市团防局，打死团丁 20 余人，俘虏约 50 名。文家市有个大土豪彭伯棠，他除了每年收田租谷 1600 担外，还有土租、渔租、油租、高利贷剥削等，巧立名目，压榨贫苦农民，手段非常毒辣。张子清根据当地群众的控诉和要求，率领数百军民涌进彭伯棠的宅院，打开谷仓和钱库，夺回了属于群众自己的劳动果实。

二、参加文家市会师

9 月 19 日晨，伍中豪、曾士峩率三营随第三团和第一团一起从孙家塅出发，当天上午先到达文家市。从浏阳县城突围出来的第二团“二营营长吴杰带了四五十人，六连连长熊坤带了六七个人，得知一、三团消息后，才向文家市会集”[1]，也于下午到达文家市。此外还有第二团的安源爆破队 60 多人，在队长杨明和分队长王耀南带领下，于 9 月 17 日在铜鼓县排埠石古山得知去文家市集合的通知，星夜疾驰，18 日夜到达文家市。这是秋收起义军事失利后，工农革命军第一军第一师第一、第三团和第二团余部的第一次会师。

①《井冈山斗争大事介绍》，解放军出版社 1985 年版，第 11 页。

文家市是湖南浏阳与江西的万载县、宜春市、上栗县交界的一个山区小镇，距省会长沙市约100公里。这个叫作“市”的小镇，相传明代开始有文姓聚居于此，逐步形成圩场集市，文家市由此得名。这里敌人统治力量薄弱，群众基础较好。

当晚，在文家市里仁学校后栋的一间教室，召开了前敌委员会，讨论进军方向问题。这是前敌委员会组成后的第一次会议。

自起义暴动以来，各团均分头战斗，现在第一、第三两个团会合了，虽各自有不小损失，但主要领导均在、指挥机制均健全，大家都感到整体力量比分散时增强了。所以与会者虽身体疲惫但心情都很高兴，会议气氛也显得轻松活跃。会上大家简单回顾交流了三路起义部队十天来的战斗及失利情况，大家都感到在敌强我弱情况下，分兵作战是失败的一个重要原因；另外也认识到我军虽失利，但沉重地打击了国民党反动派及其维护的土豪劣绅势力，在农村中造成了土地革命的强大声势。

会议最后决定部队向萍乡方向运动，向湘、赣、粤三省交界的罗霄山脉中段转移，因为那里崇山峻岭，交通不便，部分地方敌人“三不管”，有利于暂时占山割据，再图发展。

9月20日吃过早饭，在嘹亮的集合号声中，第一、第三团和第二团余部约1500名工农革命军官兵迅速来到里仁学校的操场列队集合，举行会师大会。

毛泽东站在操场前的台阶上，向全体指战员宣布了前委关于部队下步行动方向的决定。他针对部队一时的低落消极情绪，鼓舞大家统一认识、坚定信心，继续勇敢顽强地战斗。

毛泽东打了个比喻：我们好比一块小石头，蒋介石好比一口大水缸；但只要我们团结紧、打仗勇，我们这块小石头总有一天要打烂蒋介石那口大水缸的。中国有句老话，万事开头难，要革命就不能怕困难，只要我们咬咬牙，挺过开头这一关，革命总有出头的一天！

毛泽东一番话，大大鼓舞了刚刚受到严重挫折的起义军干部战士，让官兵们情不自禁热烈鼓掌，很多人面露喜色点头称是，一股笼罩在这支队伍头上的迷雾，被顿时吹散。

曾士峩看到会场一派朝气蓬勃的情景，心中充满无限喜悦。他高兴地对站在三营队伍前面的张子清和伍中豪说："嘿，你们看！大家的劲又鼓起来了。"

张子清说："士气又鼓起来了。士气是军队的灵魂，看部队现在的精神，我们一定能战胜貌似强大的敌人！"

会后，部队从文家市出发南下。因湘军战斗力强，赣军战斗力弱，工农革命军就沿江西一侧前进。沿途都是崎岖起伏的山路，非常难走，大家克服困难，跟上部队行进。

21 日，起义部队到达萍乡境内桐木。22 日，到达萍乡所属的上栗。原打算经过萍乡去安源，这样既可以收集第二团攻打浏阳城溃散回安源的士兵，又可以再发动一部分安源工人参军，继续南下。但到了上栗，部队得知萍乡有敌重兵把守，不能通过，只能绕道往芦溪，因而临时决定折回到小枧宿营。23 日部队从小枧出发，24 日到达芦溪。

芦溪是萍乡与宜春交界处的一个小镇。当天傍晚部队在镇上宿营，后指挥部临时决定，部队转移到镇外东南侧的一个村庄扎营。大家在黑暗中前进，互相呼喊，不慎暴露了目标。宿营时，师部只警戒了几条通道，未对周围敌情侦察清楚，甚至发现远处山上有一长溜火把在移动，也未引起警惕。当晚，江西反动军阀朱培德部两个团和地主武装保安团，在工农革命军的前进路上设下了埋伏。

25 日早晨，按前委部署，苏先骏率第三团为前卫，师部和第一团及第二团余部随后，相继从芦溪出发，朝莲花方向前进。第三团中了埋伏，遭到敌人袭击，仓促应战。张子清、伍中豪、曾士峩等果断组织几个战斗小组，阻击、牵制敌人，以掩护部队撤出被伏击地段。

这时，卢德铭总指挥率第一团第二营赶来支援，与敌人激战。

敌援兵赶来夹击，战斗场面非常复杂。紧急关头，卢德铭率一个营强攻，抢占了左前方一个叫鹰嘴岩的山头后，集中机枪射击，终于将敌火力压下去，击退敌人，掩护部队撤出了战场。但在撤离阵地时，卢德铭不幸中弹牺牲。芦溪一仗，工农革命军损失数百人，剩下不到 1000 人。

卢德铭，1905 年生，四川人。19 岁时入黄埔军校第二期学习。在校学习期间加入中国共产党。毕业后到叶挺独立团任连长、营长，在北伐战争中数次立战功，后任国民革命军第二方面军总指挥部警卫团团长。卢德铭的牺牲，是革命的一个重大损失。毛泽东十分痛惜这位年轻将才的牺牲，悲伤地仰天大呼："还我卢德铭！"

芦溪战斗后，部队继续南下，改道武功山，向敌人防守薄弱的莲花县进发。9 月 26 日中午，在当地工农群众配合下，不到半小时，我军一举攻占莲花县城，将敌保安队 100 多人缴械，活捉了敌保安队长和国民党县党部书记官，打开监狱，救出被关押的共产党员、起义农军革命群众 100 余名，并吸收其中的骨干分子加入部队，使部队得到了加强；同时打开县政府谷仓，将粮食分给贫苦群众，整个县城顿时一片欢腾。这是从文家市南下后攻下的第一个县城，这个小胜仗，使连遭挫折的工农革命军指战员又增添了活力。

当天，部队又迅速从莲花县城出发。9 月 29 日，到达江西永新县西部的三湾村。

三湾村地处湘赣边界的九陇山区，是茶陵、莲花、永新、宁冈 4 县交界的地方，由陈家、钟家、上李家、下李家和三湾街组成，合称三湾村，50 多户人家，在山区是较大的村庄。村南有 3 棵几抱粗的大树：两棵樟树、一棵枫香树，虽有年头，仍郁郁葱葱，遮天蔽日，很有气派，树下是一块坪。

这里群山环抱，敌人追兵已被摆脱，附近也无地主反动武装，相对比较安全。部队要在村里住几天，这是工农革命军自秋收起义以来，第一次得到从容休整的机会。

三、一起吃大灶

工农革命军刚到三湾村时，几乎家家关门闭户，大部分村民上山躲避，家中仅剩老人、小孩及部分妇女。

这时我军旗号虽已改为工农革命军，打的是五角星加镰刀斧头的红旗，但部队的服装样式与国民党军队没有显著区别。旧军队给老百姓最深刻的印象是抓夫挑东西，拿东西不给钱，动不动就骂人、打人。因此，老百姓见到军队是非常害怕和痛恨的。我军每到一处，老百姓也往往都躲起来。所以，在这种情况下，特别注意向群众宣传我军的性质、主张和宗旨，显得非常重要。

此时，起义部队也存在诸多问题亟待解决。主要是：部队已由原来5000人减至不足千人，战斗人员700多名、18匹马，但仍保留起义前的编制，有的团、营官多兵少，有的班只有一个人，甚至有的排、连仅几名战士；枪多人少，有的单位一个人要背两三支枪，还要由骡马驮一部分枪支，若仍保留这样的建制，显然不利于作战。

伤员多，且缺医少药，不少人分别患了打摆子（疟疾）、拉痢疾、烂腿等疾病，一些人掉了队，曾有少数伤病员因缺医少药、得不到及时救治而死在路旁。及时安顿好伤病员，使部队轻装前进，是刻不容缓的重要大事。

部队思想混乱，组织纪律性差，部队成员中多数是各地工农运动中的骨干分子，到部队后经过艰苦考验，斗志更坚强了，这是主流；但也有一些人，特别是行伍出身的军人，在战斗失利、艰苦环境面前易悲观动摇。对革命前途悲观的人，会“请假”离队、开小差。当时在这支队伍里行进的赖毅回忆说：“那时，逃跑变成了公开的事，投机分子竟然互相询问：‘你走不走？’‘你准备往哪儿去？’这真是一次严重的考验。”[①] 个别连队中还存在长官打骂士兵、侮辱士兵的军阀主义恶劣作风，严重影响官兵团结，削弱部队战斗力。另外，轻视政治工作的思想较普遍。尤其是一些行伍出身的军人，看不起政工干部。显然，不改变这种状况，部队不仅不能适应当前艰苦的生存环境，更无法完成艰巨的革命任务，甚至有可能进一步被削弱和瓦解。

这也让许多带兵指挥员看在眼里，急在心头。特别是在党的培养教育下成长起来，又经过战火考验的不少团、营、连指挥员，更加忧心忡忡。在第三团，何挺颖、宛希先、张子清、伍中豪、曾士峩、何长工等干部，时常在一起议论探讨，急切希望找到一条属于工农武装的正确建军道路。

恰在此时，发生了一件事，不仅让官兵们很受触动，而且促进了我军历史上著名的“三湾改编”。

一天晚餐，因条件限制，第三团团部炊事班没有做够四菜一汤，几位军官很不高兴，有位姓史的副连长骂骂咧咧来到炊事班，要找杨班长责问为什么不做四菜一汤。杨班长不在，一位炊事员出来解释。姓史的副连长与炊事员发生争执，还打了炊事员一耳光。炊事员委屈极了，眼泪立即涌出，差点哭出声来，身旁几位炊事员目睹这一幕，对史副连长虽有意见，但都敢怒不敢言。曾士峩对史副连长的行为非常不满，毫不客气地进行了批评。

这事引起了曾士峩的深思。他想起几天前部队在文家市宿营时，自己偶然经过炊事班，听到战士们在议论买菜的事。一位炊事员说：“现在部队不是打仗，就是在急行军，经过有的地方时，因太偏僻，买不到足够的菜，即使有，品种也少，顿顿饭都要做军官的四菜一汤真是困难。”另一位湖南籍战士说：“没得办法哟，要做军官饭，这是规定，只能尽力去搞啰！另外，当兵的吃得差远了，也都不高

① 黄允升著：《毛泽东三落三起》，中央文献出版社 2006 年版，第 27 页。

兴，对我们有怨言，可我们炊事班的困难哪个晓得呢？”曾士峩体会到，这实际反映出战士们对官兵伙食差距大有意见，也在一定程度上影响官兵关系、影响部队士气和战斗力。加上这回史副连长打炊事员的事，使曾士峩产生了一个想法：找机会向领导建议取消军官吃小灶的规定。

曾士峩越想越坐不住，他立即找毛泽东、余洒度等前委领导谈了自己的想法。毛泽东正有此意，他高兴地说：“这个建议很好，本来就应该这样！取消小灶，吃大锅做的饭菜，明天我先带个头。”

第二天早晨，毛泽东和曾士峩约好一起来到一间旧油榨房，第三团的一个连队正准备在这里吃早饭。毛泽东和曾士峩的到来使战士们感到非常意外，一个个瞪大眼望着，想立即探出个究竟。

曾士峩笑眯眯地对大家说：“毛委员和大家一起吃大灶来了！”战士们立即欢笑起来：“好啊！”不知哪位战士使劲鼓起了掌，很多战士跟着放下饭碗，热烈地鼓起掌来。

菜是水煮白菜和南瓜汤，饭是红糙米饭。毛泽东和曾士峩从竹篓里一人拿起一个土陶碗，舀上了饭菜。“唔，很香嘛！”毛泽东边嚼着红米饭边对大家说：“我们要取消干部小灶，以后官兵一起吃大灶。”战士们再次鼓掌。

有人曾问曾士峩为什么建议取消干部小灶。曾士峩回答道：“我没想得多么复杂。我们都是革命军人，参加革命不是为了个人吃好穿好。现在斗争很激烈，各方面条件很艰苦，部队很困难，很多人思想不稳定，取消军官小灶，官兵同甘共苦，可消除一些官兵间隔阂，只有当官兵一条心，心甘情愿地一起拼命战斗，才能打胜仗嘛。”

很快，取消军官小灶，官兵同吃一锅饭、一样菜，穿一样衣，正式作为制度规定，在红军中实行并坚持下来，受到广大干部战士欢迎，进一步密切了官兵关系。这一制度的实施，在艰苦的战争年代，对建设、巩固、发展红军，进一步提高红军部队的战斗力，发挥了巨大的促进作用。

当时红军部队中流传着这样一副联语："红军中官兵夫薪饷穿吃一样，军阀里将校尉起居饮食不同。"此语一针见血，泾渭分明，对被俘敌人做思想宣传工作，特别是对士兵俘虏，吸收他们参加工农革命军，起了重要作用。斗争实践证明："红军的物质生活如此菲薄，战斗如此频繁，仍能维持不敝，除党的作用外，就是靠实行军队内的民主主义。"①

四、迎来三湾改编

在三湾村，部队迎来了改编。因部队减员，不足千人，工农革命军第一军第一师缩编为工农革命军第一军第一师第一团。第一团辖第一营和第三营（因兵力不足，缺第二营），每营编三个连，另单独编有一个特务连。团的最高领导机关，仍然是秋收起义开始时中共湖南省委任命的前敌委员会，书记毛泽东。

团的编制和主要干部名单是：

团　长：陈　浩　党代表：何挺颖

团　副：徐　恕　参谋长：韩庄剑（原名韩毅）

政治部主任：宛希先

团部直属：特务连、卫生队、军官队、辎重队

第一营：第一连、第二连、第三连

第三营：第七连、第八连、第九连

曾士峩被任命为团部直属特务连连长，罗荣桓和他搭档，任党代表。

改编时，采取自愿原则，愿留的留，不愿留的根据路途远近，发三至五元返家路费。

部队缩编的同时，部队中的党的组织结构也相应地进行了调

---

①《毛泽东选集》第一卷，人民出版社 1991 年版，第 65 页。

整，决定把支部建在连上，整个部队归前敌委员会领导。这彻底改变了党组织薄弱、思想混乱、战斗力不强的弊病。毛泽东曾指出："红军所以艰难奋战而不溃散，'支部建在连上'是一个重要原因。"[①]

改编的另一项重要内容是在军队内实行民主主义，规定"官长不打士兵，官兵待遇平等，士兵有开会说话的自由，废除烦琐的礼节，经济公开"[②]。吃一样的饭，穿一样的衣。为了保障士兵的民主权利，在连以上建立士兵委员会，士兵委员会的主席和委员由全体士兵民主选举产生。士兵委员会在同级党代表指导下进行宣传和组织群众工作，组织领导士兵的文娱生活，监督部队的经济开支和伙食管理等。士兵委员会对军官有监督权，军官做错了事，士兵委员会可以提出批评甚至予以制裁处分。

当天下午，特务连举行第一次集合操练。

曾士峩首先用洪亮的声音讲话："同志们！上午我们听了前委的整编决定和毛委员的讲话，大家都很高兴，进一步增强了革命必胜的信心。我们特务连的任务是多方面的，要打前站探敌情，要当尖兵随时准备投入战斗，要当警卫保卫前委领导和团领导机关；我们应有以一当十的战斗力；我们必须有保持同前委高度一致的政治觉悟，即坚定地从无产阶级和广大劳苦大众的立场出发看一切问题，坚决执行前委的命令；我们应该坚持整体革命利益第一，忠诚于革命，要勇敢面对一切敌人、战胜敌人，要准备随时牺牲；我们要严守纪律、一切行动听指挥，要团结友爱。誓将特务连建设成工农革命军第一军第一师第一团的尖刀和铁锤。"

曾士峩铿锵有力的话让官兵们感到振奋，大家情绪顿时高涨起来。

曾士峩接着道："我们特务连的同志们，主要来自原第二团，其中有安源路矿矿警队的，有工人纠察队的，有的来自农民自卫军，

① 《毛泽东选集》第一卷，人民出版社 1991 年版，第 65—66 页。
② 《毛泽东选集》第一卷，人民出版社 1991 年版，第 65 页。

大家都有着强烈的革命热情，现在我们已都是革命军人，希望同志们继续拿出革命军人的朝气和勇气，团结一致，努力奋斗，出色完成前委交给我们特务连的各项战斗任务，打倒国民党新军阀，推翻旧制度，建设美好的新生活！”

罗荣桓党代表接着讲话。他着重强调了革命军队和旧军队根本的区别在于，我们是为广大人民切身利益而打仗。这也是我们要永远牢记的宗旨。工农革命军第一军第一师第一团是中国共产党领导的人民军队，所以，必须绝对服从党的领导，否则就可能迷失斗争的方向。他希望同志们个个都能成为伟大革命洪流中的斗争勇士，为百姓幸福、为国家强盛贡献自己的力量。

连长和党代表一席话，把战士们的斗志鼓得足足的，个个精神抖擞，与前几天相比，仿佛变成了另一批人似的。

曾士峩、罗荣桓，这两位投笔从戎的大学生，从此走到一起工作。经过秋收起义初期血雨腥风的共同战斗经历后，他们多次共事，互相信任、互相尊重、互相帮助，并肩浴血战斗在一起，为红军初创期建设、井冈山革命根据地及中央苏区的创建和保卫发展，作出了重大贡献。

三湾改编开始改变了旧式军队的习气和农民的自由散漫作风，是建设新型人民军队的重要开端，在人民军队的建军史上有着十分重大的意义。

三湾改编取得了预期的效果，部队下一步的行动方向成了关键。毛泽东综合考虑各种条件，提出将部队开往井冈山地区。

湘赣边界罗霄山脉中段的井冈山，地处湖南酃县（今炎陵县）和江西宁冈、遂川、永新四县交界处，总面积约4000平方公里。大革命时期，江西、湖南各县农民运动风起云涌，这几个县受党的影响大，先后都建立了党的组织、农民自卫军和农会组织，群众基础好，其中遂川的入会农民最多时达到20000户。井冈山群山叠嶂，森林茂密，地势险要，周边只有五条狭窄的崎岖小路通往山内，易守难攻；山上的茨坪、大小五井等虽然面积不大，但都有少量耕地和丰富的山货出产，周围各县农业经济可供部队筹措给养；加上地处偏僻，交通不便，国民党统治力量薄弱。因此，井冈山非常适合弱小的工农革命军在此落脚。

特殊的地理环境造就了井冈山周边独特而复杂的社会生态。当时山上除了胡亚春等“山大王”盘踞，还有袁文才、王佐两支农民自卫军武装，他们各有一百五六十人、六七十支枪。袁文才部驻扎井冈山北麓的宁冈茅坪，王佐部驻扎在山上的茨坪和大小五井等处，两支武装山上山下互为呼应。

袁文才、王佐早年参加过绿林组织，但在大革命时期都经受过革命风暴的洗礼。1926 年，袁文才担任宁冈县农民自卫军总指挥，同年加入中国共产党；王佐同袁文才是拜把兄弟，也将所部改为遂川县农民自卫军。1927 年 7 月，袁文才、王佐所部组成赣西农民自卫军。自卫军占领了永新县城 20 多天，后国民党军队有 5 个团来围攻，袁、王为保存实力，率部上了井冈山。

很快，工农革命军与袁文才取得联系，决定开拔到三湾和井冈山之间的宁冈县古城。宁冈县是深山之中的偏僻小县，宁冈的古城，旧称升乡，又名老三街，是一个仅十多家店铺、百余住户的小集镇。它位于大山深处，右边靠山，左边临河，只有一条狭窄而且很短的石板路小街，荒凉破败，人烟稀少。

10 月 3 日，部队准备离开三湾，出发前集合在大枫树坪进行了动员。

曾士峩看到一支快要散垮的部队终于又振作起来，不由从内心露出了欣慰的笑容，也更叹服毛泽东在三湾对部队进行改编的果敢、睿智和勇气。

部队精神振奋士气昂扬地踏上了新的征程，从三湾出发后，只走了十几公里，就于当天中午到达了宁冈县的古城。

第五章

进军井冈山

一、护卫毛委员会见袁文才

起义部队在古城休息了3天，团部设在古老的联奎书院的文昌宫（现文昌宫小学）。在联奎书院，召开了前委扩大会议，史称“古城会议”。参加会议的有前委委员、工农革命军营以上干部、党的活动分子，以及宁冈县党组织负责人。对这次会议，何长工同志回忆说：“古城会议，是前委扩大会议，有党的活动分子参加，主要是营以上的党员干部，共有三十多人。我记得伍中豪、曾士峩、谭政、龙超清、谢汉昌（他是宁冈县团委的）等都参加了。……这个会是10月4日开的。我只参加了上午半天，上午我听完主席的报告后，下午参谋长韩庄剑要我带一个侦察组到新城侦察敌情。总结未听到，以后张子清给我讲了。”①

会议传达了八七会议精神，初步总结湘赣边界秋收起义的经验教训，研究建立根据地和对井冈山地区农民武装袁文才、王佐采取团结改造方针的问题。这次会议明确了向农村进军的方向，初步确立了在井冈山建立革命根据地的决策。

对怎样说服和争取王佐、袁文才这两支农民武装，毛泽东选定先从已加入中国共产党的袁文才入手，再通过他去做王佐的工作。

---

① 何长工参观古城会议旧址时的讲话，1973年3月23日。

毛泽东事先已了解到，袁、王二人最看重的是枪，人可以少一个，枪却不能少一支，可见枪支是他们的命根子。作为见面礼，枪支最为合适。但送多少支好呢？送10支太少，送20支也解决不了多大问题，从落脚井冈山的大局考虑，准备送枪100支，将袁文才队伍的人全部武装起来，以打开他们的山门。

古城会议后，毛泽东与袁文才见面的护送任务，团里安排下达给了特务连。

这时，团部参谋张宗逊调任特务连副连长，因为他不到20岁，曾士峩、罗荣桓都亲切地叫他“小张”，有时称他“小老弟”。他们三人性格有相似之处，平时说话都不多。一开始，由于曾士峩、罗荣桓两人讲话中偶尔冒出些湖南方言词汇，令张宗逊这位陕西小老弟常常摸不着头脑，每次都要前者笑着解释后才明白。可他们在工作中互相一点即通，配合默契。

曾士峩、罗荣桓和张宗逊三人为了妥善安排好毛泽东与袁文才的见面，反复研究派多少部队护送合适、可能出现的不测情况及如何处理、要不要按当地习俗带些什么礼物等细节。而讨论的重点，是如何保证毛委员的人身安全。三人都希望多带一些人上去，要做到会见过程万无一失。待拿出一个满意的方案，他们便去向毛泽东汇报。

没想到毛泽东听完汇报，哈哈地笑了，连连摆手，说带几名特务连战士牵几匹马驮点枪一起去就行了。

接着，罗荣桓点了几个特务连战士的名字，曾士峩一听：“要得。他们几个人都很不错。”

10月6日，毛泽东命陈浩、何挺颖等在山上指挥部队，自己仅带宛希先、伍中豪、曾士峩等六七个人出发。他们牵着三匹马，一匹由毛泽东骑着，另两匹驮了用麻袋装着的四捆枪，经茶梓冲等地，前往宁冈大仓村去会见袁文才。

原本对工农革命军心存戒备的袁文才，为这次与毛泽东的见面，也做了两手准备。一方面，宰了一头大猪，办了一桌酒席，设宴等着毛泽东；另一方面，他在约定见面地大仓村林家祠堂内外设了埋伏，以应付突发情况。布置妥当后，他带着六名随从在村边横江桥上等候来客。袁文才远远看见毛泽东只来了几个人，且个个神态轻松自然，毫无戒备之意，更没有要来缴自己枪的意思，遂放心下来。

毛泽东一到村边便立即下马，笑着对前来迎接的袁文才等打招呼，表示对主人的尊重。这种谦和有礼的品格，使袁文才深为感动，敬意油然而生。大家说笑着走进村子，来到一户姓林的人家吊楼上正式会晤。会谈中，毛泽东从大革命失败的惨痛教训说明了枪杆子的重要性，他指出，要打倒新军阀蒋介石，不但要扩大工农革命军正规军，还要扩大地方革命武装力量。随后，提出送 100 条长枪。

袁文才不禁一怔，以为是听错了。可从身旁部属惊讶的表情看出，此事千真万确。他万万没想到，毛委员不但不缴他的枪，反倒一下子给他 100 条。毫无疑问，毛泽东已将自己视作革命同志，才对自己有这样的信任。这意外的惊喜，使袁文才这个不轻易动感情的汉子，感动得热泪盈眶。

袁文才当即向毛泽东表示，一定要竭尽全力帮助工农革命军解决各种困难，随即回赠给工农革命军 1000 块银元，并同意革命军在有 60 多户人家的茅坪建立后方医院和留守处，还爽快答应上山去做王佐的工作。

会见完毕，大家一起在大仓村吃了中饭，然后双方在轻松气氛中告别。毛泽东带领曾士峩等人于当天下午由林家屋背后走小路，经雨路石、将军庙等地，平安回到古城。

茅坪一带的群众听到这个消息，人人欢欣鼓舞，奔走相告。井冈山的大门，向工农革命军打开了。

10 月 7 日，部队从古城出发，当天下午，分两路到达井冈山脚下的茅坪。这是一个有 60 多户人家的村子。

由于事先做好了袁文才等人的工作，团结了农民自卫军，又通过他们团结和影响了更多的群众。因此，工农革命军在茅坪受到了农民自卫军和群众的热烈欢迎。当天，中共宁冈县党组织和袁文才在茅坪村口的攀龙书院召开欢迎大会，会场鸣枪、敲锣打鼓、燃放鞭炮，热闹非凡。

部队在茅坪驻扎后，战士们在房主带领下高兴地前往各自的“营房”。几天后，在袁文才、龙超清等帮助下，在象山庵建立了工农革命军留守处，把伤病员和一部分军需物资留在茅坪。同时，在茅坪攀龙书院办起了井冈山革命根据地的第一所医院——茅坪红军医院，曹鑅任院长。

医院开办之初，只有两个中医、一个西医、四个司药兼护士。当时的医生，只是稍稍懂一些医学常识，会治伤风感冒之类的小病。同时，由于敌人严密的经济封锁，药品十分缺乏，西药运不进来，几乎全靠中草药。而井冈山附近一带只有几家药物品种不全的中药铺，即使将它们所有药品全部收购起来，也只够用一两个月。为解决药品不足的困难，医务人员白天医治完伤病员，只要有空，就上山采药，晚上再切药、用碾槽等简陋工具赶制，仅一个多月，就采制了土人参、当归、甘草等数十种中成药。因陋就简，治疗过程中大家还想过各种土办法替代。如用晒过的旧棉花蘸盐水或金银花水消毒；没有医疗器械，就用剃刀做手术，用竹片做镊子，用竹筒装药水。医院人手少，医务人员既看外科又要看内科，既当医师又要当护士，工作非常紧张。就是这个简陋的医院，在医务人员艰苦奋斗下，越办越好，为巩固根据地作出了重要贡献。

为了打下扎实的群众基础，这期间部队除了进行休整，主要分头深入到邻近的村庄做群众工作。通过访贫问苦，密切了军民关系，使广大群众了解到工农革命军是为劳苦百姓打天下的，是他们自己的队伍。

红军到达茅坪三天后，工农革命军在攀龙书院北侧的一片草坪上召开群众大会。坝上、大陇、马源坑等地的农民闻讯纷纷赶来参加。毛泽东在会上作了通俗易懂、激情洋溢的讲话，使到会群众受到很大教育和启发。乡亲们听说工农革命军要在这一带建立革命根据地，领导广大贫苦农民起来革命，打土豪分田地，觉得穷人会有好日子过了，无不感到欢欣鼓舞。

部队在茅坪驻扎稳定下来，很快恢复生机。为了揭穿国民党制造的共产党已被消灭的谎言，扩大工农革命军的影响，并对罗霄山脉中段地区做社会调查，毛泽东与前委委员商讨后，决定将部队拉出山去，沿湘赣边界南下进行游击活动。

二、重温入党誓词

10月10日，工农革命军离开茅坪，轻装开进宁冈县城砻市，准备下步进攻酃县。战士们听说要打酃县，士气很高。部队已好久没发饷了，进入罗霄山中，大家天天都是红米饭南瓜汤；眼见天气已变冷，不少人的单衣破烂不堪，指战员憋着股劲，都想打上一仗，补充些给养，振奋一下军心。

第二天，工农革命军继续向酃县前进。当天下午到达酃县境内的沔都村。黄昏时分，收到袁文才派人送来的一封急信。信中说湖南的敌人已盯上工农革命军的行踪，茶陵县罗定的挨户团已循踪追堵而来。

毛泽东立即找来余洒度和团长陈浩、参谋长徐恕、一营长黄子吉、三营长张子清、特务连连长曾士峩等开紧急会议。会议作出部署：前卫营一营变后卫，后卫营三营变前卫，特务连派一个排警戒酃县方向。

领受任务后，曾士峩立即命特务连一排长率全排断后，同时叮嘱应不断派出两名战士一组着便装侦察，高度警惕罗定人马的动向，并随时报告和准备战斗。

工农革命军经宁冈大陇、湖南酃县十都，10月13日下午到达鄜县水口村。在水口驻扎期间，部队遵照前委指示，在积极进行内部休整的同时，就地展开群众工作。

这期间，曾士峩的手伤一直未痊愈，但他坚持忍着疼痛和罗荣桓一道在行军中提着石灰桶，拿着用砸软砸散了的笋壳和棕毛缠起的大排笔，和战士们一起在墙上书写“打倒蒋介石！”“打倒新军阀！”“打倒土豪劣绅！”“打倒帝国主义！”等标语。曾士峩上学期间练就的书法，在这里充分发挥出作用。特别是他用四个手指拿笋壳写的构架稳正、还带有刚健笔锋的字体，谁见了都夸赞。

在水口村，毛泽东还意外得到几张报纸，从中得知南昌起义部队在广东失败的消息。这引起他的深思，决定放弃退往湘南发展的想法，逐步坚定了在罗霄山脉中段建立革命根据地的主张。

就在这时，部队中出现了不良苗头。一天晚间，平常不查哨的苏先骏突然来到特务连，说想到哨位查看，让曾连长陪同走走。路上，苏先骏对曾士峩说：“咱们从北伐时期就在一起了，如今革命搞成这样，今后恐前途难料，士峩你也应有思想准备才对。”曾士峩觉得苏先骏今晚言行举止有些反常和蹊跷，但也未多想，仅顺口说了句：“万事开头难嘛。”第二天上午，人们纷纷传说苏先骏离开部队了。曾士峩随即向前委打听此事，并汇报了苏先骏来特务连的经过。原来苏先骏对前委说，他虽现无具体职务，但仍为前委委员，想前往省委汇报工作。两天后，余洒度也请假离开。

两名前委委员原团长苏先骏和师长余洒度相继离开部队，对工农革命军又带来一定负面影响。严峻的形势再次考验着这支队伍。

一向喜欢深入基层，随时随地跟战士们打交道的毛泽东发现，中共党员数量多的连队士气就不一样，劲头足、纪律严、讲团结。为了部队的稳定和长远巩固发展，毛泽东与前委委员们研究决定，挑选坚定的骨干分子吸收入党。

10 月 15 日，曾士峩、罗荣桓和各连的党代表及几位优秀战士到团部驻地叶家祠堂的楼上，参加了由毛泽东亲自主持的全团第一批新党员赖毅、陈士榘、李恒、鄢辉、刘炎等六人的入党仪式。

宣誓仪式会场的一侧放着一张方桌，桌沿压着一张红纸，红纸一直垂到地面，上面用毛笔写着 CCP 三个英文字母和入党誓词，在红纸上面压着一盏油灯。在方桌前面放了几张破旧的条凳。会上，各个入党介绍人分别介绍了新党员的出身、简历。然后，由毛泽东带领新党员宣读誓词。

这是曾士峩第一次参加这样庄重肃穆的宣誓仪式。因为曾士峩一年多前入党宣誓时，是在军阀肆虐、革命斗争激烈的恶劣环境下举行的，仪式简单而紧凑，前后几分钟的时间就完成了人生中一个重大的转折，他甚至都来不及品味这种光荣、自豪的喜悦与激动，就立即投身到了北伐革命的滚滚洪流，一路征战走到今天。曾士峩觉得今天的这个仪式同样也属于自己。

在新党员宣读誓言的那一刻，曾士峩心里也默默跟读着入党誓词，他发誓一定要为人类最崇高的事业共产主义奋斗终身。

仪式结束后，部队提出要求，各连党代表都要培养发展新党员，照这种方式给新党员举行入党宣誓。

当时，第一团特务连除曾士峩、罗荣桓和副连长张宗逊外，没有其他党员。为了迅速在连队建立党支部，曾士峩、罗荣桓和张宗逊行军时，常和战士们拉家常，了解情况，发现和培养发展对象。很快，他们熟悉了全连每一名战士的经历、家庭和思想状况，并根据个人实际表现，从中选择了八名发展对象，让他们填写了入党表格。

20 日下午，特务连派出的向酃县方向警戒的一排长回来向曾士峩、罗荣桓报告说，现在酃县敌人正准备会合茶陵县罗定的挨户团，于第二天兵分两路来水口袭击我军，该情报也得到了刚好碰上的酃县党组织派来送信的交通员的证实，情况十分紧急。曾士峩随即向毛委员汇报。

根据敌情，前委立刻召开军事会议，决定分兵两路对敌。右路由团长陈浩等人带领一营的二、三连，迅速从水口出发，经安仁袭击茶陵，扰乱敌人后方，打破敌人的进攻计划，迫使敌人退兵回老巢后，部队经宁冈上井冈山；左路由毛泽东率领，包括三营、一营的一连和团部、特务连沿湘赣边界南下游击，扩大政治影响，解决部队给养问题，并与湖南各县的农军取得联系，绕道遂川县境内沿途做群众工作，然后返回井冈山。

右路的两个连，当夜出发急行百里，于次日清晨一举攻占茶陵县城。罗定大惊，急忙撤军，返往茶陵。陈浩根据毛泽东部署，亦在入城半天后撤出，随后到了潭湾与茶陵的游击队建立了联系，开展群众工作。

第二天一早，左路军撤出水口，向井冈山南麓行进，于10月22日下午来到遂川县西部的大汾镇外。

大汾镇是个古老山村，与部队刚经过的营盘圩、戴家铺相比要大得多，有点中心镇的样子。镇上有一条卵石与青石板相间的街道，街道两边一家家砖墙木门的店铺相互毗邻，店铺门口几乎都有一块大石头，上面刻着“泰山石敢当”五字。这里柴米油盐、南货山货，甚至当铺一应俱全。

张子清、伍中豪率部进入大汾镇途中，未发现任何敌人的岗哨，误认为是敌人畏惧工农革命军已望风而逃。但也感到镇上特别冷清，似乎有点异常，在前进方向布置了岗哨后，立即着手安排团部住处，以及部队炊事地等。

进驻大汾镇的当天晚上，特务连在连宿营地——一家地主的房子阁楼上，举行了第一次连队新党员入党宣誓仪式。罗荣桓早早就来到会场，他招呼八位新党员在条凳上就座。不一会儿，毛泽东在曾士峩、张宗逊陪同下也来到会场。仪式由毛泽东亲自主持，开得严肃而紧凑。

这次入党宣誓仪式的情景，张宗逊记忆极为深刻，终生难忘：

“当天晚上，毛委员来到第四连[①]亲自做发展党员的工作。他先向连党代表罗荣桓询问了新党员的情况，然后，让罗党代表召集新党员举行入党仪式，地点就在第四连宿营地一家地主的房子阁楼上。参加入党仪式的除八名新党员外，还有连党代表罗荣桓、连长曾士峩和我三个党员干部。屋里的气氛很庄严，桌子上点了一盏小煤油灯，光线虽然不很亮，但可以清楚地看到墙上挂着一面党旗，这是一小块红布，上面临时写上‘CCP’三个大英文字母。毛委员亲自主持入党仪式，他先向大家讲解了中国共产党的任务和加入中国共产党的意义。大意是：中国共产党的最低纲领是反帝反封建，领导民主革命，打土豪分田地。最高纲领是为实现没有人剥削人的共产主义社会而奋斗。中国共产党是中国无产阶级的先锋队，共产党员要起先锋模范作用。他讲话后，带领新党员面向党旗宣誓：誓为共产主义奋斗终身，服从党的纪律，保守党的秘密，永不叛党。这次入党宣誓仪式的情景，深深印入我的脑海里，终生难忘。”[②]

散会后，曾士峩、罗荣桓和张宗逊将毛泽东送走，接着分头到各排查铺。这时，地上已经凝结了一层浓重的露水。当天是农历九月二十七日，再过两天就是霜降，山里的气候到晚间已明显有了凉意。他们三人就互靠着躺在铺上稻草的地上，共盖一条栽绒线毯睡觉，还一起议了议这一天的工作，对明天可能遇到的事，和要做的工作又明确分工到位。由于曾士峩、罗荣桓和张宗逊三人的个头都不小，谁若一迷糊翻个身，躺在线毯外侧的人便就“出局”。待他们真正入睡的时候，鸡已经叫了头遍。

---

① 三湾改编后一段时期内，为了在战斗时指挥方便，特务连曾被划归一营战斗序列，因一营已有三个连，所以特务连也称为四连。

②《张宗逊回忆录》，解放军出版社 1990 年版，第 40—41 页。

三、“请曾连长喊口令！”

曾士峩、罗荣桓和张宗逊刚刚睡着，突然被一阵枪声惊醒，三人一跃而起，迅速招呼紧急集合，把部队往村外带。

10月22日当夜，没有月光，四野一片漆黑，却见有成百的松油火把在村外燃烧着晃动，只听得到处枪声和喊杀声不断，从几个方向响起令人心慌的“噹噹”锣声。糟糕的是，我军此时对敌情全然不明。

后来才得知，这些敌人正是昨晚来挑战的反动团总肖家璧率领的遂川靖卫团，三四百名团丁早已悄悄埋伏在村外，将大汾镇团团围住，现正从几个方向对刚刚驻扎在大汾的工农革命军发起突然袭击。

毛泽东令三营营长张子清、营党代表何挺颖和副营长伍中豪率部队到村外往东阻击敌人；他自己亲率团部、特务连和一营一连，绕道另一方向，和三营形成夹击之势共同拒敌。

趁着夜色，曾士峩、罗荣桓、张宗逊迅速指挥部队摸索着占领了附近一个高地，向利用火把照明的敌人射击。

23日天近蒙蒙亮时，工农革命军已分别占领几个山头的局部应战。山下到处都有敌军，松油火把仍在摇晃闪烁，子弹从不同方向射来。工农革命军由于对地形不熟悉，暗夜里又摸不清敌人的部署和进攻阵式，短时间内无法组织有效的反击。团部、特务连和一营一连与三营夹击敌人的部署未能实现，反被敌军拦腰切断，彼此失去了联系。

激战中，毛泽东冷静分析敌情，感到我军仅约700人的队伍已被一分为二，若再同敌人纠缠下去显然不利，便命令部队立即乘天色未明分散突围，到荆竹山集合。

曾士峩和罗荣桓带着特务连两个排随毛泽东及团部直属队向井冈山方向转移。大家艰难而行，后面稀疏的枪声越来越远，不久就将敌人甩掉了。

大汾遭袭是工农革命军三湾改编后遭到的最大挫折，也是三湾改编以来工农革命军最惨烈的战斗。

工农革命军从10月23日拂晓撤离大汾起，一直走到下午三四点钟，才在黄坳的一片较平展地带停下来，一为休息，二为收集失散人员，并担负掩护部队集结的任务。

黄坳在井冈山的南麓，这里山高壑深、层峦叠嶂，是通向井冈山的交通要道。黄坳南有一条小溪，中间是一片开阔草地。坳下便是居住着近百十户人家的黄坳村。

此时，团部和特务连两个排剩下30多人，因一夜未睡好，又连续行军劳累，大家的肚子早已饿得咕咕叫，一个个显得疲惫不堪、无精打采。听到宣布休息，大家分头往地上一坐，稀稀拉拉，情绪十分低落。

曾士峩、罗荣桓把这一切看在眼里，急在心中。两人走到小溪边，胡乱拨水洗了把脸，提了提神后，齐齐望着坳下的村庄，商量寻找食物。

曾士峩和罗荣桓两人凑了几块钱，各带几名战士分开去村中。一个小时后，战士们抬回来一篾箩筐的冷米饭，白的白、黄的黄，还夹带着几块烧得半糊的黄黑色米锅巴，看得出是从不同的老乡家收集过来的；另有几个瓦钵装的是用黄瓜、辣椒、豆角等腌制的泡菜，散发着特殊的气味。

两位战士放好饭箩，曾士峩大声喊道："同志们，开饭啰！"饿了一天的战士们一下子围了过来。

大家看看饭箩，又相互看看，谁也没有动手，原来没有碗筷。这时，毛泽东也来到饭箩前，他看出大家的窘迫，卷起袖口伸出右手，在空中举了举，说："同志们，没有碗算什么事呀，我们人人都有随身带的两双半筷子嘛。我国西北地区有的同胞就习惯用手抓食物。手，最灵活了。"他说着弯腰抓了一把剩饭，在手里握成饭团后，大口吃起来，还吃得特别香甜。战士们笑了，也学着毛泽东的样子用手去抓饭，一个个吃得有滋有味。罗荣桓后来回忆说：“当时四连有两个排随着毛泽东同志跑到黄坳，便停下来收集失散人员，并担负掩护一营集结的任务。”“……四连一共剩下 30 多个人，稀稀落落地散坐在地上。要煮饭吃，炊事担子也跑丢了，肚子饿了，只好向老百姓家里找一点剩饭和泡菜辣椒。没有碗筷，毛泽东同志和大家一起，伸手就从饭箩里抓着吃。”①

看到战士们都吃上了饭，曾士峩也捏了几个饭团走向一处高坡，送给正在警戒的哨兵。他边嚼着饭团，边向四处瞭望。在警惕四周随时发现可疑动静的同时，他更希望发现有部队的零星失散人员跟上来。昨夜的那场窝囊仗让他心里隐隐作痛。

毛泽东也拄着竹棍慢慢跟上来，他看出曾士峩有心思，轻声问：“士峩，你在想什么呢？”

曾士峩沉思着回答：“毛委员，我一想到昨晚的事，就感到很窝火。就因为大家太累了刚睡着，突然四面枪声一响，很多人才从梦中惊醒，一下子懵了，天黑又看不清敌情，部队一下就被敌人冲乱了。”

毛泽东说：“是啊。但这也反映我们指挥上有轻敌麻痹思想。”

曾士峩不甘心地说：“如果是有准备的正式交锋，肖家璧的靖卫团几百团丁，估计不是我们的对手。”曾士峩信心十足地说，“估计咱们部队人员损失不会太大，就是被冲散了，不少物资来不及拿，太可惜。但只要人还在，革命就有成功的希望！”

毛泽东赞许地点点头说：“你说得对！只要我们以后吸取教训，不怕牺牲，继续战斗，革命定会成功。现在最重要的是赶快把失散人员找齐，继续前进。”

两人谈着谈着，讲话声音渐渐大了起来，引起战士们的注意，

---

① 罗荣桓著：《秋收起义与我军初创时期》，载于《星火燎原》选编之一，解放军战士出版社 1977 年版，第 22—31 页。

许多人都转过身来想听个明白。

罗荣桓后来回忆说：“等大家都吃饱了，饭箩已经送还老乡，毛泽东站起身来，向空地走了几步，双脚并拢，身体笔挺，精神抖擞地对大家说：‘现在来站队！我站头一名，请曾连长喊口令！’”①

听到毛泽东的话，曾士峩立即双手握拳，跑步到指挥位置，精神抖擞地下达口令：“全体注意。集合——！”

口令余音未落，罗荣桓已迅速站到了毛泽东身侧紧靠着向他看齐，成为第二名。

战士们纷纷站起身，他们为毛委员和连长、党代表坚强、镇定的情绪所感染，迅速提枪入列。

随着曾士峩洪亮的“立正！向右看——齐！”的声音，两个排的队伍站得笔直，个个斗志昂扬，与饭前完全两样。

曾士峩扫视一下整齐的队伍后，又继续下达了口令：“向前——看！”“向右——转，开步——走！”

毛泽东拄着竹棍，强忍疼痛迈步向前，率领部队继续往荆竹山方向，朝着井冈山进发。

刚走约半里多地，一营一连和张宗逊带着特务连的另一个排也赶了上来，大家见面，都格外高兴。部队原地稍停片刻，重新集结。

再出发时，曾士峩、罗荣桓让张宗逊带一个排掩护毛泽东和团部先走。大队伍随后前进，于当天傍晚到达荆竹山下。荆竹山，坐落在遂川、酃县之交，锯齿形的笔架峰中分江西、湖南两省，荆竹山就横卧在左面的狭长山谷里，山上长满各种竹子，尤以荆竹居多，故名“荆竹山”。当时，荆竹山一带，虽还不完全属王佐部的地盘，但王佐部的影响已经很大。

张宗逊后来回忆道：“在撤离大汾圩时，毛委员跟我们特务连一

① 罗荣桓著：《秋收起义与我军初创时期》，载于《星火燎原》选编之一，解放军战士出版社 1977 年版，第 22—31 页。

道向井冈山前进。曾连长和罗党代表命我带特务连的一个排，负责警卫护送毛委员。由于连续长途行军，毛委员的脚背被草鞋带子磨烂了，行动很困难，战士们都要求绑个担架来抬毛委员，我把战士们的意见报告了毛委员，毛委员坚决不同意，他自己拄着竹棍子坚持和大家一道步行。”①

10 月 24 日一早，曾士峩、罗荣桓和张宗逊率特务连随部队准备开上井冈山。

陈士榘后来回忆：“我们知道今天要上山了，当时心里说不出有种什么味道，一方面感觉到我们原来人数就不多，加上三营被隔断，显得更少了；另一方面，看样子只有上井冈山，能得个地方休息休息，感到高兴。”②

出发前，毛泽东还说服了持有不同意见的人，让部队准备了 70 支枪，准备送给王佐作礼物。

工农革命军部队离开荆竹山，向井冈山前进，随后来到距茨坪西南面 10 公里外、海拔 1200 米的下井坳。这里有个叫双马石的坳口，因此处有两座巨石重叠在一起，远远望去犹如两匹奔驰的骏马，故取名为双马石。双马石下小路的两边生长着无数挺拔的翠竹，大的有碗口粗。坳口很窄，且人为设置了障碍，平时仅能容一人通过。山口两边均是高耸的山峰，山峰的制高点上专门修了工事和瞭望哨。真有“一夫当关，万夫莫开”之势。

毛泽东拄着竹棍边走边对身后的曾士峩、罗荣桓、张宗逊、龙开富等说：“啊，这地方好险，易守难攻。”

曾士峩参加过几次山地战，他习惯性地环视群山后，指着两侧山峰和山下峡谷应道：“对。你们看，山下进攻部队即使再多，也很难展开，很难发挥其优势。”

---

①《张宗逊回忆录》，解放军出版社 1990 年版，第 41 页。

②《井冈山革命根据地》（下），中共党史资料出版社 1987 年版，第 198 页。

工农革命军继续往北，经岭下、大面山、田心等地朝大井方向进发。此行多是崎岖的山谷小路，队伍行进了两个多小时后，才于当日中午到达大井村。进村前，毛泽东命部队暂停下来整理队伍。

大井是王佐农民自卫军的驻地。这里群山环抱，白云缭绕，山山绿树翠竹掩映，潺潺溪水清澈见底；成百户农舍分散坐落于山坡和田边，村中有条横跨全村的大路。

王佐已得知毛泽东要来见他，和他交朋友，还要送枪给他，非常高兴，列队将300多名工农革命军指战员迎进了大井村，大摆宴席。席间，免不了推杯问盏。曾士峩本来酒量就很小，今日是友好相聚，出于礼貌，在众人相互敬酒时，他仅象征性地抿了几口，然后面露微笑安静地听着大家谈话，眼睛则随着每位说话者慢慢地移动，不动声色地留意着厢外来往人员的走动。他是特务连长，警卫工作是他们的任务之一，也算是养成了一种习惯。

在大井几日，工农革命军得到了有效的休整，部队很快恢复到最初的状态，每日坚持操练，严格遵守纪律，让乡亲们看了无不赞赏，王佐的部下们看见，也心生佩服和羡慕。

王佐与毛泽东接触多了，思想进步很快。几天后，他主动邀请工农革命军屯兵自己的大本营茨坪。

10月27日，曾士峩、罗荣桓和张宗逊率特务连，跟随毛泽东和一团团部、一营一连到达井冈山的腹地——茨坪。

茨坪，地处湘赣边界，井冈山的群山之中，地势非常险要，是当时井冈山最大的山村，常有商贾栖身，也有散兵游勇和草莽绿林土匪出没，若从军事上考虑，其战略地位比茅坪还重要。初到茨坪，很多人对这段经历留下了深刻印象。张宗逊后来回忆："十月末，井冈山上的天气已经很冷，战士们还穿着一身单衣，晚上睡在门板上或地上，用禾草当铺盖，我和罗党代表、曾连长三个人挤在一张床上，共盖一条栽绒的老虎毯子。当时，部队的衣着是靠上山前沿途打土豪来补充的，搞到什么穿什么，五花八门。饭食主要是山上出产的红米和南瓜，干部和战士吃的完全一样。生活虽然很艰苦，但由于大家都有一股革命热情，以苦为荣，也就不把它当一回事了。训练、工作之余，罗荣桓从一个土豪家里找到一本《野人记》，我们三个人轮流着看，这是当时唯一的消遣。”① 部队移驻茨坪不久，去茶陵袭扰敌人的右路第一营二连、三连在陈浩、何挺颖率领下，经过酃县、安仁、茶陵等县游击，也到达茨坪归队，工农革命军部队的人一下多了。

工农革命军在茨坪住了几天，又回到北麓的茅坪，开始创建以宁冈为大本营的井冈山革命根据地。

四、攻占茶陵

11月的井冈山，天气越来越冷，工农革命军干部战士们的生活也越来越艰难，吃的顿顿是见不到一点油星、尝不出多少盐味的南瓜汤；身上破旧的单衣早已抵御不住那刺骨的山风；夜里睡觉没有被子，大家都钻到稻草堆里，进了屋，只见稻草不见人。起夜、换岗时，如果不小心，就会踩着别人的脑壳。

后来在根据地军民中，流传着描写工农革命军生活的歌谣：

红米饭，南瓜汤，秋茄子，味好香，餐餐吃得精打光。干稻草来软又黄，金丝被子盖身上，不怕北风和大雪，暖暖和和入梦乡。

歌谣所描述出的，是工农革命军官兵生活的真实写照，可又充满着革命战士积极浪漫的乐观情怀。这一切在曾士峩眼里已不算什么，吃这点苦也只当是农户人家在灾年遇上的困难，咬咬牙谁都能挺得住。倒是大家跟着毛委员上井冈山，让一支不停征战、疲惫不堪的部队有了相对稳定的后勤保障基础，能得以短暂的喘息休整；伤病员们也有了后方医院做依靠，条件虽简陋，但也得到了相应的

---

①《张宗逊回忆录》，解放军出版社1990年版，第42—43页。

医治，许多轻伤号很快康复重新归建，让部队渐渐恢复了生机，革命热情越加高涨起来。这期间，国内政治局势也发生着重大变化。

1927 年 11 月中旬，国民党新军阀李宗仁和唐生智两大集团间争战厮杀，反动统治集团处于暂时破裂状态。唐生智控制的两湖军队全部投入战争；江西的朱培德部也将主力调往赣北；湘赣边界各县敌人兵力空虚，只留下一些地主武装靖卫团和挨户团。前委经过讨论研究，决定利用这个有利时机第二次攻打茶陵，以解决冬装和给养，并扩大部队的影响。

11 月 16 日晨，天上飘着毛毛雨，曾士峩、罗荣桓和张宗逊率特务连和第一营的指战员们，在团长陈浩和第一营党代表宛希先指挥下，斗志昂扬地从大井出发，朝湖南茶陵前进。为在战斗中便于指挥，特务连临时划归第一营建制，改称第四连，但原直属团部特务连的任务不变。所以在一段时间内对该连队的称呼，曾一度“特务连”与“四连”并存。

出发前，毛泽东赶来对部队进行了出征动员。全体指战员听了很受鼓舞，个个斗志昂扬。

工农革命军雄赳赳地往西北进发。由于先前有一打茶陵的经历，部队已熟悉这一带的道路和地形，经宁冈睦村、酃县瑞红，17 日到达茶陵县的坑口镇（圩）宿营。夜间有小股地主武装挨户团来袭扰，被击溃；部队遂夜行军，经带江、马溪洮水，潜进至茶陵城郊。

在坑口与挨户团的战斗中，特务连副连长张宗逊腿部负了伤，伤势虽不太重，但不能行走，行军靠骑牲口，随时都有掉队的危险。秋收起义时的伤病员由于没有随军医疗的条件，多半在行军转移途中因掉队而失踪，只有少数被有计划地安置在群众家中；而有的负伤干部如有条件回家疗养或到城市就医的，就发给足够的费用，设法送出去安置。

曾士峩、罗荣桓考虑到张宗逊是陕西人，离老家太远，近处无亲可投，伤势又可能较快康复，于是就找团长陈浩、一营党代表宛希先商量如何安排好张宗逊的养伤，并请求尽可能给予他较好的照顾。最后，由团部特别批准张宗逊随队医疗。对此，张宗逊回忆道："我负伤后能够随队医疗，这在秋收起义后还是没有先例的。从此时起我离开工作岗位，过了三个月的伤员生活。"①

茶陵县城位于井冈山西北方向，离井冈山约100公里。县城在洣水河的西岸，一面靠山，三面临水，蜿蜒碧透的洣水河，像一条玉带环抱着全城，对东南、东、西北三个方向形成一条天然屏障。在东门外浮桥边的河堤上，伏着一尊生铁铸造的犀牛，牛头昂起，仿佛在引颈哞叫。

团里把突击先锋的任务交给了特务连。

当晚，曾士峩和罗荣桓请示陈浩团长，要求特别从一连调来两名曾参加过第一次攻占茶陵的战士，同时在特务连挑选数名与茶陵一带口音相近的战士，共同组成先锋突击组。他们换上农民服装，借了几担竹编的高提手浅盘大菜筐，将手枪等武器牢牢捆绑在菜筐底部，再在菜筐中放满买来的各种新鲜蔬菜。这样，即使有人偶尔扒开几把蔬菜，在光线暗淡时也很难发现筐底藏着的枪械。曾士峩、罗荣桓跟突击组细致地讨论了行动计划，交代可能遇到的敌情和应对办法等，直至深夜。

11月18日凌晨，特务连派出的突击队员三三两两地混进了城，守城的挨户团毫无戒备，一个个都在睡梦中。

"呯！呯！呯！"一阵急促的枪声划破了清晨的宁静，随着嘹亮的"嘀——哒嘀——嘀嘀——！"军号声，工农革命军乘敌不备，突然发起进攻。

曾士峩、罗荣桓指挥的特务连，在几名参加过一打茶陵的战士引导下，率先飞奔冲上浮桥，承载浮桥的一长串小木船互相碰撞，发出沉闷的"嘭——嘭——"声，水花四溅。部队在颠簸着的

---

①《张宗逊回忆录》，解放军出版社1990年版，第44页。

桥面上边跑边向对岸桥旁守敌射击，并迅速登岸；与此同时，内应突击组战士对敌发起突然攻击；紧接着一营也如潮水般地猛杀过来，直扑伪县府等处，活捉了在伪县政府值班的书记官，各处守敌均狼狈逃窜，湘东清乡司令罗定、伪县长刘拔克弃城而逃。

天亮时，工农革命军全面占领茶陵县城。随后，团部设在洣江书院正厅，部队大部扎营在院子厢房里。

此战之后，工农革命军在茶陵县城待了40多天。

茶陵回到人民手中，军民欢腾。但如何进行城镇管理，对工农革命军来说是个新课题。破城后第三天，在陈浩等人策划安排下，从县城社会各界匆忙找来几位知名人士，组成一个“民众政权”，即“茶陵县人民委员会”。委员会设在旧县衙门，大门上“县长公署”的牌子仍原封不动挂着。陈浩指派曾经做过安徽旌德县县长的谭梓生任县长，原县府各部门人员全部留任。谭梓生也整天忙于升堂审案，颁发布告，通知各界一体交税完粮等，一切按旧政府的样子办，而没有去宣传群众、组织群众。

谭梓生与罗荣桓早就认识，所以他时常得空来特务连连部聊天。一天傍晚，他来和罗荣桓谈事，旁边还有一位当地郎中正在为张宗逊治脚伤。一会儿曾士峩带战士外出执勤回来，见到谭梓生，便开玩笑道：“谭大人，你的县衙门整天那么忙，还缺人手吗？我可以去给你当书记员呀，这个差使我以前在江华县就做过。”

谭梓生赶忙笑应：“曾连长，岂敢，岂敢！那不就屈才了嘛。”说得大家都笑了。

其实，曾士峩这话是有意当玩笑说出来的，他听到街面上群众的一些反映，说县衙依旧威严，原县府留任人员漫不经心地处理事务，毫无效率可言。所以曾士峩试探地问谭梓生，就是想提醒他，工作虽然忙，但一定要忙在点子上。倘若真有机会让曾士峩再到县府办公，他想自己一定要为老百姓认认真真地做点实事。

毛泽东很快了解到茶陵的情况，指示撤销了茶陵县人民委员会。

原县长谭梓生返回部队；部队立即深入县城街巷和城郊农村，分兵发动群众。几天工夫，茶陵城就像吹进了春风，出现了气象万千的革命景象。群众斗争搞得如火如荼，街头巷尾贴满了革命标语，农民协会、赤卫队、儿童团重新组织起来了；长期欺压贫苦百姓的土豪劣绅和恶霸，被捉起来游街示众……群众革命积极性空前高涨。11 月下旬，经过协商和选举，成立了湘赣边界第一个红色政权——茶陵县工农兵政府，由谭震林、李炳荣、陈士榘组成工农兵政府代表会议。工农兵政府成立当天，有近两万人参加了大会，茶陵县城成了一片欢乐的海洋。中共茶陵县委机关也从谭湾迁到县城办公。接着是发动群众，打土豪，平民愤，茶陵刮起了红色风暴。

在此期间，宛希先率一营其他连队，曾士峩、罗荣桓率特务连深入高垅一带宣传发动群众，工作开展得红红火火。

五、严格练兵备战

茶陵短暂无战事，曾士峩、罗荣桓抓住这难得的机会，注重对特务连干部战士进行较系统的教育整训，提高部队的政治思想觉悟和军事技能。每天安排部队上午进行队列、跑步、瞄准射击、投手榴弹、格斗等基础军事训练，下午进行政治学习讨论。

由于特务连干部战士主要来自安源二团，成员中除部分矿警队员有一定军事知识外，大部是工人，他们参加秋收起义前并未受过正规军事训练，以致站立、行走、跑步的姿势五花八门，也缺少一些基本军事知识。

曾士峩有一次在操场上笔挺站立，斩钉截铁地对部队说：“一个军人的行为举止，应体现出军人坚定的意志、克敌制胜的气派。常言道：狭路相逢勇者胜。我们是革命军人，更应体现我们为百姓利益而战、因而必胜的信心！在战场上应不怕牺牲、一往无前，表现出一股令敌丧胆的心理威慑力量，从精神、心理上压垮敌人，在战斗中消灭敌人！我们要战胜敌人，首先要有不怕死的勇敢精神，同时又要有很好的战略、战术和良好的格斗技能。对我们基层连队讲，主要是后面两点。”

在战斗技能和基本战术动作方面，曾士峩尤为强调在战场上应尽量低姿快速前进，随时注意利用地形地物保护自己、打击敌人，越是危险，越要沉着冷静。一旦发起冲锋，就应不惧枪林弹雨，像猛虎一样扑向敌人。不管是战士还是指挥员，要有不惧任何强敌的勇敢精神。

一次给部队讲解单兵战术动作时，曾士峩还就军队中流传的“新兵怕炮，老兵怕机枪”谈了自己的看法，及应如何冷静而果敢应对的做法。他说：“火炮‘轰轰’巨响，惊天动地，一炸一大片，是挺危险，机枪连射也很厉害。但怕是没用的，从某个角度看，在战场上越怕死的，行动越畏畏缩缩、犹犹豫豫，越容易死。你只能冷静地观察和分析敌情，尽量避免和减少伤亡，从而消灭更多的敌人。比如，当第一发炮弹炸开后，第二发炮弹一般是不会落在同一地点的，你就可以立即跳进弹坑中，以此为掩体，射击敌人；而遇到敌人机枪射击时，要仔细观察其射击方向，然后利用敌方换弹夹的短暂时刻，快速猛冲，打击敌人。”

战士们听得非常认真，感到连长讲的内容通俗易懂，很实用，一听就明白，而且记忆深刻。

每当讲完训练课，在曾士峩洪亮干脆的口令声中，三个排的战士就会迅速跑步向前，发出整齐的“嚓嚓嚓”脚步声；他们或分班练习瞄准射击、刺杀，或投手榴弹，操场又响起一片喊杀声。这使得过往群众无不驻足观看，连连喝彩，交口称赞。就连其他连排的战士看到也都不住叫绝，暗暗赞叹特务连训练有方，战士素质提高快。

曾士峩在训练场上从来都严厉有加，绝不留情面。一次，他在讲解单兵战术和格斗动作要领时，一名聪明活泼又有几分调皮的战士懒懒散散，操练动作很不认真。曾士峩非常生气，指着鼻子就训：“你这个鬼崽子、调皮蛋，操练不认真。这些战斗动作不形成习惯，你以后在战场上会吃亏的，甚至丢命！知道吗？！”

曾士峩训斥一番后，一个动作一个动作地给这个战士讲解示范。这个战士马上改变态度，练得有模有样，后来还成长为一名优秀班长，在战场上表现得很出色。

还有一次，曾士峩给全连讲刺杀和徒手搏斗。他让战士准备了几十根小茶杯口粗的杉木棍和竹竿当枪，在顶端用布包捆了一些浸过墨汁的棉花，用来统计刺中点数和刺中部位。他和一位副排长各拿一根杉木棍，先向全连示范和讲解刺杀要领和技巧。然后，挑选出八名刺杀动作突出的战士，按抽签办法进行对刺表演，全连三个排列成“匚”形在旁观看助阵。在曾士峩一声号令下，四对紧握木枪刺、相距约五米的战士，霍地跃步冲上前去刺向对方。在四周一片“杀呀！”“加油！”的呐喊声中，木枪碰撞发出“呯！”“呯！”声，操场上气氛显得异常活跃。经三轮比赛数点，最后由一位身体健壮的张班长夺冠，四周报以热烈掌声。

这时，有几位战士笑着喊道：“连长！和张班长比试一次吧！”这一提议立即引来全连战士的应和。

曾士峩听到后微微一笑，说：“可以呀，等张班长休息一下再说吧。”

刚刚获胜的张班长一面用衣袖擦拭脸上的汗，一面信心满满地说：“连长，不用休息，现在我就向您讨教。”

曾士峩和张班长分别持棍走入场中规定位置，各自伸了伸腰腿，随着一声口令，两人立即敏捷出步向前对刺。张班长一上来就以快速、凌厉、多变枪法刺杀，但都被曾士峩闪避或挡开，最后反被曾士峩瞅准机会刺中两枪。第二局更加激烈，张班长获胜，战成平局。第三局开始后，张班长刺杀更加凶猛，但反被曾士峩刺中三枪；张班长想绝地反击，憋足了劲，一个箭步猛刺过来，曾士峩没躲闪，看准来刺，闪电般地抓住，顺势往身后一带，张班长“扑通”一声向前摔倒，紧接着连长的枪刺已经直顶他的后背……

“哇——”大家都看愣了，谁也没想到连长还有这一手。

曾士峩上前将张班长扶起，帮他拍掉身上泥土，鼓励道：“你的刺杀技术很不错。但我发现你最后一刺时心乱了，只注意上身和手的用力，脚步虚了、飘了，所以导致身子不稳而摔跤。”张班长涨红着脸，服气地点点头。操场上又响起一片掌声。

曾士峩在另一堂徒手搏斗课的示范对抗中，也与一位排长交手十多个回合不分胜负，最后看准对方的破绽，一个扫堂腿将其踢倒。

曾目击曾士峩操练部队并示范动作的一连排长韩伟，时隔50余年后仍记忆犹新：“特务连练刺杀、格斗时，我们连好几次中途停下训练，跑过去观看。听说曾士峩连长是教会学堂的大学生，没想到他手上、脚下的功夫这么棒，几个战士跟他拼刺都不是他的对手！所以曾连长给我的印象很深。”

通过这些现场操练，曾士峩和特务连的威名在部队中慢慢传开，提高了特务连这支队伍的威信。

同样，曾士峩作为罗荣桓的好搭档，积极协助党代表做好战士们的思想政治工作。他俩配合默契，耐心细致，深入队伍，常常从战士们的所见所闻及亲身经历入手，启发战士的政治觉悟，增强革命的自觉性。

通过不断的思想教育和军事训练，特务连（四连）的战斗力进一步得到提高，成为工农革命军第一军第一师第一团刺向敌人的一把利剑。

1927年12月底，工农革命军宣读了新的团领导及营连干部名单，曾士峩仍任特务连（四连）连长，罗荣桓调往第三营九连任党代表。

1928年元旦刚过，曾士峩率特务连暂归第一营建制，和第三营的一个连一起，在毛泽东亲自率领下，下山进攻遂川。遂川县位于井冈山东南面，境内有条奔流不息的遂川江，由西南向东北注入赣江。这里是湘赣边界的一个资源丰富、土地肥沃、盛产稻米较富庶的山乡。当时驻守遂川县城的是江西军阀王均部下属的一个工兵连，四乡虽有相当数量的地主武装靖卫团布防，但并无多少战斗力。

部队从砻市出发，迎着深冬的寒风，踏着崎岖的山路，经茅坪、黄洋界、下庄、朱砂冲等地，向遂川城挺进。

1月4日，工农革命军直捣遂川县靖卫团头子肖家璧的老巢——大坑镇。当天下午战斗打响，两个多小时，就把肖家璧苦心经营多年的三四百人的靖卫团杀得溃不成军。这是肖家璧上年10月22日在大汾镇偷袭工农革命军后，再次与工农革命军交锋，却落得个一败涂地，望风而逃。此战中，特务连表现尤为突出，受到毛泽东赞扬。

担负遂川县城守卫的民团听说肖家璧的靖卫团被打败了，吓得魂飞魄散，连夜弃城而逃。

1月5日下午，工农革命军长驱直入，从北门开进了遂川县城泉江镇。部队一进城，发现街上冷冷清清，家家紧闭大门。偶尔碰上一两位老头老太太，问及原因，原来是遂川的土豪劣绅散布谣言欺骗群众。工农革命军进城，群众不了解这支部队的性质，就躲了起来。针对这一情况，前委决定将少部分部队留在县城外，其余部队分成几路，宣传工农革命军的性质和主张，调查研究，发动群众，打土豪筹款子。

按前委安排，曾士峩派一个排与一营三连一起到遂川县城东北方向的雩田圩开展地方工作；自己带两个排留在遂川县城，执行前委各项任务。

入城后，毛泽东马上着手指导重建遂川各级党组织，成立了遂川县委。

1月14日，毛泽东率曾士峩带特务连一个班，风尘仆仆地来到草林圩。毛泽东听了已在草林圩工作了数天的三营九连党代表罗荣桓、连长陈正春的工作情况汇报后，非常高兴，认为“开了个好头”；并看到草林圩南来北往的商贾、小贩多，影响广，随即决定在草林圩继续深入进行一次崭新的政治、经济斗争。

草林圩，东临遂川县城，南通南康、上犹，西达桂东、沙田，北靠五斗江、黄坳、井冈山，是遂川西北地区土特产品主要集散地和日用品中转站。圩中几条街集中了200多家店铺，住着600多户人家；方圆近百里的老表，每逢农历一、四、七挑着农副产品前来赶圩。一月九次，月中为市。

但长期以来，官府豪绅互相勾结，在通往草林圩的路上层层设卡，敲诈勒索。仅从黄坳到草林的70里路上，遂川靖卫团就要抽五道税，任何农副产品都不能幸免；农民将农副产品挑到圩上，还要受到豪绅手下克斤扣两、任意压价等盘剥，百姓们怨声载道、苦不堪言。

圩上的200多家店铺，多是小本经营或半工半商。但整个草林圩的经济命脉却操纵在黄礼瑞等极少数土豪劣绅手中。黄礼瑞仗着他儿子在遂川靖卫团当队长的势力，占田租7000多担，山林数千亩，房屋50多栋。在草林圩上，他开了鸦片烟馆、糕饼店和当铺等，极力排挤打击工商业者。没几年工夫，圩上200多家店铺就被他挤垮到只剩110家。黄礼瑞表面是商人，背地里却是靖卫团的后台老板。在工农革命军进入草林圩后，他煽动土豪劣绅一面闭门谢市，一面造谣惑众。

三营九连到草林圩后，遵照毛泽东提出的“要针锋相对作斗争”，组织战士到圩场和附近农村，刷写“工农革命军是工农自己的军队”“打倒土豪劣绅”“取消一切苛捐杂税”“保护中小商人”等标语，深入家庭作口头宣传。老百姓听了通俗易懂的宣传，还亲眼看到工农革命军个个和气、友善，纪律严明，很快产生好感和信任，再也不回避部队，中小商店也慢慢开门营业。

毛泽东还特别指示：“要深入群众和每家商店宣传和调查。宣传工农革命军保护工商业的具体政策。要没收的，是少数靠剥削和强取豪夺等斑斑劣迹而起家的土豪劣绅开的大店铺；而对合法经营的中小商人财产，丝毫不动。调查商店资产状况和来源。”

1月16日，丁卯年农历腊月二十四日，南方小年。这天，四面八方来草林圩赶圩的人特别多，挑担的、背篓的、提篮的，川流不息，甚至连50多公里外的南康和上犹等县商人和小贩也来这里赶圩。曾士峩早有所准备，亲自带领战士们执勤巡逻、严格管理，维护街面秩序。中午时分，赶圩者竟达2万人左右，这也是过去从未有过的。

当日，毛泽东在圩上的万寿宫召开了有中小商人参加的群众大会，向广大群众宣讲工农革命军的一系列政策。并再次表示工农革命军保护中小商人，让大家放心做生意。

商人们看到部队买东西都照价给钱，心里的石头落了下来。许多百姓开始主动和部队接触，反映情况；一些受压迫、受剥削最深的群众，还找部队要求参军或参加革命斗争。

1月23日，农历正月初一，毛泽东与大家一起欢度新春佳节。他亲自检查了县工农兵政府成立的准备工作。从拟定大会呼喊的口号到会场张贴的标语，都和工作人员一起讨论，并提出修改意见。

1月24日上午，在遂川县城张家祠堂外大草坪上召开万人大会，热烈庆贺遂川县工农兵政府成立。在一片掌声中，领导人登上主席台。

曾士峩指挥特务连在主席台两侧和会场周围布置了周密的警戒线。他反复检查和调整战士值岗点，不留下视线死角。多次参加这样的大型活动，让他和战士们得以充分历练，也积累了许多经验。因为当时革命斗争环境非常复杂和尖锐，随时可能出现威胁人身安全的各种不测和险情。所以，只要有重大活动，曾士峩从来都是亲自到场，提前安排，反复检查，细致入微。

上午十时，遂川县工农兵政府正式成立，推选出县工农兵政府主席，宣布了《遂川工农兵政府临时政纲》和组织机构，还宣布成立县农民协会、县总工会、县赤卫大队等组织，确定了相应负责人。下午四点多，大会在《暴动歌》声中结束。

春节一过，工农革命军再次分兵深入四乡，深入发动群众，建立区、乡工农政权。

出发前，根据部队在遂川第一次分散下乡活动时出现的个别不良现象，毛泽东特别宣布了“六项注意”：一、上门板，二、捆铺草，三、说话和气，四、买卖公平，五、借东西要还，六、损坏东西要赔。要求部队每到一地，都要随时检查“六项注意”执行情况。这是工农革命军第一次颁布六项注意。

六、新城大捷

南昌起义、秋收起义、广州起义相继受挫失败，国民党当局曾误以为共产党领导的武装力量已被消灭得差不多了，剩下的只是几支无足轻重的小队伍。但万安起义和工农革命军先后攻占茶陵和遂川县城，震惊了国民党江西当局，于是发动了对井冈山革命根据地的第一次“进剿”。

1928 年 2 月，江西军阀朱培德急忙调集重兵，扑向遂川，企图趁工农革命军分散活动时，逐个加以消灭；同时，又派杨如轩第二十七师七十九团的一个营，伙同宁冈县县长张开阳操纵的靖卫团，共五百余人，占据了宁冈县新城。敌人妄图以新城为据点，伺机捣毁井冈山革命根据地。

新城位于宁冈东北部，原为宁冈老县城，是座古城堡。始建于元朝至正十年（1350 年），四周砖砌城墙高约两丈，城墙上每隔三尺筑一城垛，全城设东“朝阳”、西“阜城”、南“近宾”、北“拱城”共四座城门。新城为历代兵家争夺要地。

2 月 17 日上午，红军前委在茅坪攀龙书院召开军事会议，决定以优势兵力出敌不意彻底围歼新城守敌。会上部署了战斗计划：第一团一营担任主攻，进攻新城东门；第一团三营攻打南门和北门；袁文才带第二团一营和教导队在西门外设伏。要迫使敌人从西门逃出，以便在城外聚而歼灭。

战斗任务下达后，指战员们个个摩拳擦掌；大陇、茅坪一带的群众武装把梭镖、大刀磨得雪亮，到处呈现出一派临战气氛。

当天晚上，工农革命军分两路从茅坪奔向新城。

2 月 18 日清晨，毫无防范的敌军照常到南城门外巽峰书院操场操练。睡眼惺忪的敌士兵提枪在操场上跑了两圈后，架枪械、解子弹带，接着懒洋洋地做起徒手操。这时，埋伏在南门外草丛中的工农革命军对敌人一举一动都看得十分清楚，随着指挥员一声“打！”口令下达，突然向敌军开火，步枪、单响枪、九响枪、鸟铳一齐怒射，打得敌人晕头转向，死伤多人。余下之敌有的慌忙抓起枪来不及还击就往城门跑，有的两手空空盲目乱奔，混乱中有的被撞倒，刚想爬起来，又被后来者踩伤，乱哄哄地涌进城后，就闭上了城门。

南门战斗一打响，工农革命军随即于北门外、东门外发起攻击。敌营长听到密集的枪声后大惊，他一面命令用九挺机枪分头还击，一面派人到永新县城求援。可是他哪里知道，被派往永新送信的劣绅吴某乔，刚从城墙脚下阴沟洞里钻出来，就被工农革命军逮个正着。

营长员一民、副营长陈毅安带领的第一团一营，担任主攻任务猛攻东门。曾士峩率四连（特务连）作为一营的突击队冲在最前列。由于敌人倚仗又高又厚的城墙，居高临下射击，几次进攻都未奏效。

战至中午，由第一团三营继续佯攻南、北两门，吸引敌人的火力；同时，东门外的一营派一个班揭开一栋和城墙差不多高的房顶上的瓦片，架起两挺机枪，向下猛烈射击敌人，压制住东门敌人的火力，掩护主力进攻。

曾士峩率特务连和兄弟连一起，就在敌人火力减弱的片刻，携带稻草、煤油和长梯，迅速扑到城墙根下，一边火烧城门，一边分几处架梯爬城。城墙上敌人不停射击，并密集地扔下手榴弹和砖头，用铁叉推开已搭在城墙边缘的梯子。工农革命军指战员毫不畏惧，不怕牺牲。上面的人掉下来，下面的继续上，一手抓梯、一手射击，一级级勇敢往上攀爬。终于，曾士峩率战士第一批冲上了城墙，和敌人展开肉搏战，很快就肃清城墙上的敌人。此时，东门被烈火烧了个大洞。一营其余大队人马穿过浓烟烈火，一拥冲入，东门告破。

攻破东门后，工农革命军又相继攻破南、北门，和前来参战的约两千地方武装及革命群众，从东、南、北三个城门潮水般涌进城，满街敌人被打得狼狈不堪。敌军发现西门枪声较稀疏，纷纷涌向西门。

敌人从西门蜂拥而出，正好钻进工农革命军第二团一营和教导队的伏击圈，遭到迎头痛击，想缩回进城。可是，东、南、北各路工农革命军已追到西门外堵住了他们的后路。敌人如同被赶鸭子一样，赶到西门外的稻田里，很快被四面八方赶来的工农革命军和群众武装团团围在中间。战士们高喊着“打长官，不打士兵”的口号，奋勇冲杀。随着包围圈越缩越小，最后剩下300多名敌人高举双手，在稻田里当了俘虏。稍后，伪县长张开阳也被抓获。

下午三时，新城攻城战斗胜利结束。新城之战，打破了国民党军队对井冈山革命根据地的第一次“进剿”，是开创井冈山革命根据地以来的首次大捷，是工农革命军对国民党正规军的第一个歼灭战，也是我军作战史上的一个漂亮的攻城战。

一下俘虏这么多国民党正规军，如何对待和处理，这对工农革命军是个从没遇到的新问题。当部队将俘虏押回宁冈砻市时，途中出现极个别打骂俘虏、搜俘虏腰包的行为。针对这一问题，部队及时加以说服和批评，并在攀龙书院第一次提出优待俘虏政策，明确宣布：工农革命军不杀、不打、不骂俘虏，不搜俘虏腰包，对伤病俘虏给予治疗；经过教育、治疗后留去自由，留者开欢迎会做革命战士，去者开欢送会并发路费。

在新城之战后管理教育俘虏过程中，发生了一起传播很广影响很大的事。原来，此战中300多个俘虏交由红军教导队看管，便于对他们开展教育工作。一天，俘虏群中有人高唱起了《国际歌》，而且唱得曲调准确，满含感情，使大家都很惊讶。后由教导队值班员陈士榘查问，才知道此人叫谭甫仁，参加过彭湃领导的第二次东江起义，学会了唱《国际歌》。起义失败后落荒逃到江西，在国民党朱培德部当了兵，新城一仗未打一枪，顺势自愿当了俘虏。谭甫仁重新回到革命队伍，并且还带动一批俘虏自愿加入工农革命军。

曾士峩听了这个故事很感动，过了些日子，他向陈士榘问起此事，陈士榘又作了些补充。曾士峩听后感慨地对陈士榘说：看，这就是共产主义理想和信念的威力。而工农革命军优待俘虏的事实，也有力戳穿了国民党散布的“共匪见人就杀”的宣传谎言，赣军的《九师旬刊》对这种做法发出了“毒矣哉”的惊叹！

湘南暴动后不久，国内政局骤变。1928 年 3 月，宁汉战争结束，湘粤军阀据南京国民政府命令纠集 7 个师优势兵力，南北夹击湘南起义部队，形势非常危险。此时，中共湘南特委的代表来到井冈山，传达和贯彻中央 1927 年 11 月 14 日发表的“左”倾盲动政策，批评毛泽东“右倾逃跑”，将毛泽东为书记的前敌委员会取消，改组为师委会，毛泽东任工农革命军第一师师长。毛泽东只好服从湘南特委的命令，与何挺颖率井冈山革命军第一师两个团，去支持配合湘南暴动计划；曾士峩率特务连紧随师部行动。3 月 12 日部队从砻市出发，在酃县、汝城等地作战，给敌重创，为朱德、陈毅率部安全转往宁冈赢得了时间。

第六章

胜利会师

一、欢庆朱毛会师

1928年4月，朱德率部从湘南向井冈山转移，抵达砻市后，住在龙江书院。

毛泽东听闻消息后特别高兴，立刻率何挺颖、伍中豪、毛泽覃、曾士峩等及特务连的一个排，前去会见。曾士峩看到朱德的警卫队穿着整齐的灰蓝色军服、配备清一色花机关枪（即冲锋枪），整齐列队于道路两侧，个个精神抖擞，面露喜色地迎接毛泽东一行，感到特别兴奋和亲切。当他走近警卫队时，特别地向警卫队行了个军礼，兴冲冲地与队长等一一握手，接下来他们共同在龙江书院周围布置了警戒哨。

朱德、毛泽东与众人愉快地走进龙江书院，在文星阁进行了历史性的会见。参加会见的还有当地党组织负责人等。双方互相介绍了各自参加会见人员，再简单回顾了两部会合前经历，交换了最新敌情动向，初步讨论了会师后应如何统一指挥等。

在简短的轻松会见中，个个笑容满面，充满喜悦和激动。会见后，毛泽东又与朱德、陈毅等进一步深谈，研究会师后的重大事项。此时，朱德42岁，毛泽东34岁，两位领袖开始了长时期亲密合作的光辉生涯。

当时的在场者何长工回忆说："我们在酃县的沔渡会见了朱德

同志的部队。然后我们二团先回到砻市，并在古城的文昌宫开了一个会议，袁文才、王佐、刘辉霄、龙超清、肖子南等都参加了，会后分头做筹备工作，准备迎接队伍。当时，我们准备了两万人至少吃半个月的粮食。回到砻市两天，朱德同志的部队就来了，大约是四月底，他们部队住在砻市附近的一个小村子里。过了三天，主席（毛泽东）的队伍也回来了。主席一回来，就去龙江书院会见了朱德同志。当时陈毅、伍中豪、宛希先、曾士峩、何长工、龙超清、袁文才等都在场，还有湘赣边界特委的部分成员。"①

4月29日，曾士峩在龙江书院文星阁参加了由朱德、毛泽东主持召开的两支部队连以上干部会。会议根据前湘南特委指示精神，集中讨论通过了两军合并成立工农革命军第四军的重大决定与人事安排。湘南特委指定提名朱德任军长，毛泽东任党代表。

会议确定部队以罗霄山脉中段为根据地，发动群众，实行土地革命，向北发展、向南游击的方针。

随后，大家提议，趁"五四"纪念日，开个庆祝两支兄弟部队胜利会师的庆祝大会，同时进行军队和井冈山地区群众联欢。紧接着，各方面分头进行相应准备。

曾士峩看到革命队伍迅速壮大和军民一片欢腾，心中特别高兴，激动不已。他要求所部从思想上认识会师的伟大意义，精神百倍地参加大会，与友军和群众见面，互相鼓舞斗志，进一步树立革命必胜的信心。他积极完成庆祝会师的各项准备工作，还和其他干部一同去河滩选择开大会的具体地点，带领战士们和兄弟部队及群众一起去农民家借来不少禾桶和门板等，精心搭建检阅台。

一天，他和伍中豪等人经过第二团时，何长工、袁文才等正在讨论庆祝会主席台布置事宜。何长工看见他们，高兴地说："你们几位来得正好。我们一起来商量一下庆祝大会的准确名称。"大家根据

---

① 访何长工同志记录，1973年4月21日至30日。

干部会的决定，逐字推敲主席台上方悬挂横幅名称为“庆祝朱、毛两军胜利会师暨工农革命军第四军成立大会”，并立即送朱德、毛泽东审阅，得到认可。接着，伍中豪与何长工建议由曾士峩来执笔书写。曾士峩笑着推让说：“朱军长、毛党代表和诸位都是书法大家，且万人之众中高手如云，我的字差远了，不行。”伍中豪说：“朱军长、毛党代表都太忙，你的字我和好多人都看见过，很不错嘛。别客气，来！”曾士峩的手伤已得到一定恢复，但仍还不能伸展自如。他先活动活动手指，把衣袖一卷说：“好，那我就献丑啦！”说完抓起几枝大楷狼毫绑在一起，在约两尺宽的红纸横幅上恭恭敬敬大大方方地写上“庆祝朱、毛两军胜利会师暨工农革命军第四军成立大会”，获得了在场人的齐声称赞。

1928 年 5 月 4 日，井冈山军民庆祝朱、毛两军胜利会师暨工农革命军第四军成立大会召开。大会由陈毅担任执行主席。在一片锣鼓鞭炮声、几十支军号齐奏声、人们欢呼声中，陈毅向全体军民庄严宣布：中国工农革命军第四军已胜利成立。接着，他宣布了工农革命军第四军编制组成及干部名单。该编制在 5 月 2 日前拟定的基础上，经仔细研究，发现把湘南各县农军直接编入第十师、第十一师有许多实际困难，所以又调整增建一个农军师即第十二师，第十二师师长由陈毅兼任。调整后编制和主要干部名单是：

军长朱德、党代表毛泽东、参谋长王尔琢、士兵委员会主任（即政治部主任）陈毅。下辖 3 个师 9 个团。第十师师长由朱德兼任，党代表宛希先，下辖第二十八团、第二十九团、第三十团；第十一师师长、党代表毛泽东，下辖第三十一团、第三十二团、第三十三团；第十二师师长、党代表陈毅，下辖第三十四团、第三十五团、第三十六团。曾士峩任第十一师第三十一团参谋长，该团团长是朱云卿。

朱、毛井冈山会师，及红四军的诞生，使中国共产党领导的两支重要军队聚集在一起，不但大大增强了井冈山革命根据地的军事力量，而且对一支由共产党独立领导的新型人民军队的建设和发展，以及井冈山地区的武装割据都有重大意义。

二、参加草市坳战斗

朱、毛会师不久，根据蒋介石命令，赣军第二十七师以杨池生为总指挥，杨如轩为前线总指挥，集结5个团的兵力，先后占领了永新、吉安、遂川等地；湘军第八军第一师吴尚部3个团占领了茶陵、酃县，配合赣军进攻。此番敌采取“分进合击”的战术，再次向井冈山革命根据地猛扑过来。

4月下旬，赣军杨如轩第二十七师的两个团，兵分两路从永新、遂川向井冈山根据地发动第二次“进剿”。一路从永新城推进到龙源口，企图越过七溪岭深入根据地的中心宁冈；另一路经拿山、五斗江向遂川的黄坳方向进攻，企图楔入茨坪，造成对根据地南北分进合击之势，很快被工农革命军粉碎。

5月13日，部署完毕的赣敌卷土重来，向井冈山根据地发动第三次“进剿”。

5月16日，朱德、毛泽东派第三十一团参谋长曾士峩、营长员一民、党代表匡祖泉、副营长陈毅安率第一营出击湖南茶陵东乡山区重镇高陇。第一营经莲花边境快速抵达高陇后，立即发起攻击，迅速歼灭了有30多人的挨户团，一举占领高陇镇，摆出工农革命军西出湖南的架势，迷惑赣军。

高陇街上店铺成片，生意兴隆，是国民政府主席谭延闿的家乡，人称“小南京”。且高陇镇地处湘、赣两省交界处重要通道上，军事地位十分重要。茶陵的吴尚在得到侥幸逃生的挨户团团员报告后，不敢放弃高陇，立即派一个装备优良的建制团兵力，反攻第三十一团一营。为达引诱永新城内更多敌军出城之目的，我一营顽强抵抗。战斗中，曾士峩、员一民组织了多挺机枪集中火力御敌，重挫敌人的进攻，果然牢牢吸引住来犯之敌。后终因兵力相差悬殊而受挫，一营伤亡数十人，营长员一民光荣牺牲。

朱德得到报告后，一则为继续调虎离山，同时支援第三十一团一营，随即率第二十八团增援高陇，在界首附近同第三十一团一营会合后，立即向守军发起猛烈攻击。经过两小时激战，歼敌一个多连，获枪百余支，并收缴一批报纸、部分文件，得以分析形势、了解敌情。我军很快夺回高陇，并大力张扬战果，宣示我军主力在此。

敌人果然受迷惑中计。在永新县城内的杨如轩判断，既然工农革命军主力已在高陇，宁冈必定空虚，可趁机袭击占领。于是命令七十九团团长刘安华前往澧田、龙田“剿灭小股共匪”；令八十团、八十一团分兵两路杀向宁冈；自己与师部和特务营坐镇永新县城指挥和督战。

此时毛泽东正在宁冈，当他得知赣军主力离开永新后，写信火速急送朱德和陈毅，要他们率部迅速返回，东袭永新，直捣杨如轩师部巢穴，打破敌人进占宁冈之企图。朱德接信后，立即和王尔琢率第二十八团和第三十一团一营离开高陇出发，突然向东袭击。部队冒着连绵阴雨，在满是泥泞和乱石子的道路上急行军130多里，于18日傍晚赶到澧田镇，严密封锁消息，集结待命。澧田与永新城相距30里，是永新西面一个大集镇。第二天一早部队继续往永新进击。上午8时左右，到达离县城15里的草市坳。

草市坳，位于永新县城与澧田之间，是一座东西延绵的小山岭，与草市坳毗邻的是南北横亘的黑栋山，两座山头紧紧相连，呈“T”字形，树木繁茂，地形险要。草市坳右侧是一条与山平行的山涧，叫石螺冲；左侧是水深浪急、由西向东奔流的禾水河，及一大片开阔地。

工农革命军到草市坳后，前哨远远发现敌第七十九团的搜索部队。部队立即抢登黑栋山。不久，敌大部越过草市坳，往黑栋山开过来。朱德命令第二十八团迅速散开，占领山头有利地形后隐蔽起来；命令曾士峩、陈毅安率第三十一团一营由石螺冲快速迂回到敌后，待机出击。

5月19日上午9点多，刘安华带领七十九团大摇大摆地进入我伏击圈。王尔琢一声令下，机枪、步枪子弹和手榴弹如倾盆大雨，泼向敌人，走在前面的敌人来不及举枪，就被我军打死、打伤多人，余下敌兵掉头就往回跑。刘安华躲在山下草市村指挥，挥舞着手枪督战，还当众枪毙了两名逃兵。由于工农革命军火力猛烈，大队敌人被压缩在草市村中，进退不能，处于被动挨打困境。后敌人夺取草市坳的余脉狗尾巴山，用重机枪和火炮攻击我军阵地，开始驱使大队士兵反扑黑栋山。

在此关键时刻，王尔琢组织了几个突击组，在机枪掩护下，如离弦利箭跃进式冲上狗尾巴山。顿时，一颗颗手榴弹在敌阵地爆炸，机枪和迫击炮立即哑火，工农革命军夺取了狗尾巴山，并向逃敌猛烈扫射。随着一声声冲锋号角，守卫黑栋山的工农革命军在朱德指挥下，向敌人发起冲锋。

此刻，朱云卿、曾士峩、陈毅安所率第三十一团一营已从石螺冲迂回到敌右后方，随时准备战斗。当隐约听到我军第二十八团冲锋号声时，立即从背后向敌人发起攻击。突然从草市坳方向响起的激烈枪声，使敌人惊恐不已，阵势大乱，士气全无，往永新县城逃窜，第二十八团则跟在敌后紧追不放。当敌人翻过草市坳，逃往大桥头村时，曾士峩、陈毅安又率第三十一团一营抢先赶到前面，截断敌人逃路，并奋力冲入敌群，猛力冲杀；第二十八团也从后面追上来，将敌团团围住。经过一个多小时激战，毙伤敌数百，刘安华也死于乱枪之下。敌余官兵见团长毙命，纷纷丢枪争做俘虏，七十九团被全歼。

朱德、王尔琢让地方武装抓紧打扫战场，自己率部趁胜继续杀向永新县城。

这时的永新城内，杨如轩正与几名亲信在司令部洋洋得意地边搓麻将边听“唱洋戏”（听留声机），静候“进剿”战报，甚至拟好了向上司朱培德邀功请赏的电文。杨如轩得到的第一次报告说：“接触了。”他很简单地道：“打吧！”隔了一个小时又得报告：“七十九团在草市坳被打垮了！刘团长已为党国殉难。”他仍很镇静：“刘团长可惜了。增兵，继续进攻。”再过约一小时报告说：“敌人已打到城边了！”这时他才慌张起来，留声机也不听了，撒腿就往外跑，刚一出门，迎面一排枪打过来，即被撂倒，随手牵着的洋狗被打死。他受伤部位主要是手，于是马上爬起来就往屋内跑。此时，狭窄的街上士兵、骡马辎重乱成一窝蜂。在一片混乱中杨如轩还想组织抵抗，但部队已失控。他自知不是老上司朱德[①]的对手，更怕被俘，惊恐中急换一身便服，由几名卫兵保护，于人群中挤出一条路，逃到东门。此时东门已被混乱的人车堵死，杨如轩只好爬上城墙，从城墙上系着绳子滑下，带领师部几个随从狼狈逃离永新城，回到吉安。

进犯宁冈的敌八十团、八十一团，得知七十九团被歼，永新失守，师长受伤，吓得急忙退出七溪岭，改道逃向吉安。

草市坳一役，我军主力第二十八团和第三十一团一营在一天之内，歼敌1个团，击毙敌团长，击溃敌师部，击伤师长杨如轩，缴获山炮2门、迫击炮7门、“花边”（银元，又称“光洋”）20余担，以及大量枪支弹药、军需物资，胜利攻占永新县城，打破了赣敌对井冈山根据地的第三次“进剿”。

三、恶战七溪岭

1928年5月底，杨如轩奉江西军阀朱培德命令，先后向井冈山

① 朱德在护国军当团长时，杨如轩、杨池生是该团连长；后朱德在四川当旅长，二杨又是朱德手下团长。参见《朱德自述》，解放军文艺出版社2007年版，第128页。

革命根据地发动两次“进剿”都惨遭失败后，蒋介石十分恐慌，急忙命令江西、湖南两省军阀对井冈山革命根据地再次进行大规模联合“会剿”。

6月中旬，湘、赣两省军阀经过一番讨价还价，最后达成协议：湘敌吴尚第八军出兵一个师，从安仁经茶陵、酃县向宁冈推进；赣敌第三军第九师杨池生部三个团，从南昌经吉安向永新推进，与赣敌第二十七师杨如轩部两个团会合，由杨池生为总指挥，杨如轩为前线总指挥，妄图“分进合击”一举摧毁井冈山革命根据地。

红四军得到情报后，朱德、毛泽东主持召开军事会议，分析敌情，确定对策。通过分析研究，会议认为：由于驻扎在江西的敌人正规部队主要是朱培德的云南军队，他们对江西情况不熟，和江西土豪劣绅的利益结合相对不太紧，战斗力较弱，且多次败于我军手下，江西反动民团的力量也相对较弱；而湖南的敌军不仅数量多，也会打仗，同时，湖南敌军大多土生土长，和地主豪绅的利益紧密相联，比较难打。另外，从战场选择出发，我军在江西境内群众基础较好。因此，会议决定：总体采取对统治势力较强的湘敌取守势，对统治力量较弱的赣敌取攻势的策略原则。会议还决定，利用湘赣两省敌军“联而不合，剿而难会”的矛盾，趁“会剿”军尚未集中，赣敌第九师杨池生部还没有逼近永新的有利时机，仅留下第三十二团、军部特务营等守卫井冈山，并牵制住永新的杨如轩部两个团；而以红军主力第二十八团、第三十一团一营、第二十九团出击湖南酃县，打乱湘敌步伐，声东击西，迷惑敌人，引赣敌出洞，然后回兵宁冈，集中力量痛击江西两只“羊”（杨）。

会议结束后，红军主力分两路摆出进攻湖南酃县的架势。毛泽东率领第三十一团三营从茅坪出发，经大陇、砻市、睦村，进入酃县的沔渡、十都。朱德、陈毅率领第二十八、第二十九两个团，由茅坪西南方向走小路，直插酃县十都。两路红军于酃县十都附近会合后，在酃县虎爪、云凤仙两地一举歼灭了吴尚部两个连，顺利占领酃县县城。

当红军主力正在湖南酃县作战的消息传来，赣敌杨池生、杨如轩误以为有机可乘，迫不及待地部署对根据地的进攻。杨如轩带领二十七师两个团及第九师一个团，从永新县城出发，往新、老七溪岭方向进犯根据地；杨池生带领第九师一个团驻守永新县城，一个团在永新、宁冈之间作为机动。

得知赣敌即将从永新出动，毛泽东、朱德、陈毅率领红四军主力急速返回宁冈，稍作休整，准备迎接新的战斗。

6 月 20 日，曾士峩出席了在古城联奎书院由毛泽东、朱德主持召开的连以上干部和永新、宁冈两县地方党、地方武装负责人参加的军事会议。

会议详细制定了歼敌方案：第二十八团、第二十九团和第三十一团第一营担任主力，由朱德、陈毅、王尔琢率领，在永新、宁冈交界的新、老七溪岭阻击敌人；毛泽东率领第三十一团第三营在永新龙田、潞田一带扰乱赣敌，并监视湘敌；袁文才、王佐带领第三十二团一部和永新赤卫大队，在宁冈、酃县边境活动，对遂川、酃县方向采取佯动，牵制湘敌第八军吴尚部；湘南农军第三十团及第三十三团，因仅有很少的枪支，配合地方武装民兵，担负后方勤务工作。会议还决定广泛动员根据地人民支前参战，协助红军歼敌。

新七溪岭、老七溪岭是连绵山体的两座高峰，矗立在永新与宁冈之间，相距不到 10 里，仿佛两扇大门，拱卫着井冈山根据地，从这儿往东，都是长满松林的小山包，敌人要进攻我根据地，必然要翻过这两座高岭。新七溪岭为连接宁冈、永新、吉安三县的大道，虽是山路，却比较平坦宽阔。自从这条山道修成以后，老七溪岭就很少有人行走，已经破败不堪的狭窄山路完全湮没在杂草乱荆之中。敌人判断红军会加强新七溪岭的防御，而老七溪岭防御较弱，便使用主要兵力进攻老七溪岭，妄图乘虚而入，插到龙冈与宁冈之间，直袭我根据地中心。

6 月 22 日这天是端午节，赣敌开始行动，抵达龙源口一线。敌人兵分两路向宁冈进犯，杨如轩带领两个团由白口向老七溪岭进击，杨池生部由龙源口向新七溪岭进击。他们原是云南的队伍，装备好，受过正规训练，战斗力较强，特别是杨池生部的二十六团，是主力团，团长叫李文彬，很有一套作战指挥经验，曾和红军打过几次仗，自吹怎么怎么厉害。如在红军第二次占领永新的战斗中，红军把整体敌人都打垮，正四处追击的时候，李文彬却把他的一个团集结起来，按兵不动，企图以逸待劳，以整对零，待我军追向前去，然后以整团力量突袭我军侧背。但这如意算盘被红军及时识破，立刻停止追击，集结队伍，撤出战斗，使他的企图未能得逞。

6 月 23 日，天还没有亮，红军部队便按照部署从宁冈县新城出发，分头奔赴各自作战地点。陈毅、王尔琢指挥第二十八团向老七溪岭进攻。在朱德军长直接指挥下，胡少海率第二十九团，和第三十一团参谋长曾士峩、营长陈毅安率领的第三十一团一营往新七溪岭一带迎击敌人。

曾士峩紧握大匣子驳壳枪，在昏暗的晨曦中，与两位熟悉当地山路的向导，带领部队走在最前面。部队迅速上了"吊谷上仓"，穿过"五鼠进洞"，通过"蛤蟆湖"，抄近道赶在敌人前面，搜索着快速登上新七溪岭山顶处一个名叫"望月亭"的茶亭，占领了这个制高点；同时占据与附近山路相连的另一较低的山头，部队随即按建制散开。朱德在茶亭附近一块视野较广的平地上设立了指挥所。第三十一团一营的指挥所，也在不远的一个山坳边。

陈伯钧后来回忆说："打新七溪岭时，我是一连连长，另外一个连的连长曾士峩同志[①] 提着枪，走在前面领着队伍分头向山上迂回地前进，包围这座山。因为，一则曾士峩同志是连长；另外，他的

① 据另两位前辈回忆，曾士峩是在该役进行中任团参谋长兼三连连长的。（作者注）

动作特别快，所以就领队在前。”①

很快天已大亮，杨池生第九师下属李文彬二十六团，仗着优良装备由龙源口村向新七溪岭及望月亭猛扑过来。此时朱德也已指挥部队展开行动，由第二十九团担任前卫，沿山道向山脚搜索前进，恰巧和蜂拥而来的敌二十六团正面遭遇。一场激烈的战斗随即在新七溪岭打响。

由于新七溪岭山路是绕山梁而修，崎岖狭窄，两侧都是陡坡或险崖，到处长满繁密的丛竹矮松，双方兵力无法展开，敌人也只能在机枪掩护下沿唯一道路爬坡向上仰攻。第二十九团是由湘南起义农民新组建起来的，枪支很少，多数是梭镖、鸟铳和大刀，更没进行过正规军事训练。当时虽然把枪支和弹药集中起来进行顽强阻击，先后打退敌人几次冲锋，但经过一番苦战，仍压不住敌人的优势火力。山梁上既没有工事可守，也无地形地物可利用，加上走的是下坡路，密集的队形完全暴露在敌人火力之下，部队伤亡很大。抗不住敌人不间断的猛烈冲击，第二十九团只好逐步向后撤退。

在此紧急关头，曾士峩、陈毅安指挥的第三十一团一营从附近山坡赶来增援。一营二连在连长郑立平带领下，原作为预备队跟在第二十九团后面将近两里地远，尚未做好立即迎战部署，连警戒也没派出。当第二十九团支持不住，往后一退时，二连就与敌人顶个正面，仓促投入战斗，伤亡很大，其中二连党代表向大复牺牲，二连副连长谭希林负伤，部队只得往后撤。

见此状况，曾士峩、陈毅安当即命令一营三连迅速顶上。战斗打得非常激烈，才开始不久，三连连长资秉谦牺牲，其他连排干部也都相继负伤，连队当即失去指挥。后负轻伤的一排长挺身而出，指挥全连继续奋勇阻击，但伤亡仍不断增加。由于山梁狭窄，战斗

---

① 陈伯钧同志回忆新七溪岭战斗——和陈毅安烈士之子陈晃明谈话，1959年5月。

无法展开，战士们只能临时依托一些石头作掩护，坚持战斗。敌人欺侮红军没有机枪，干脆排成密集的行军队形，不顾伤亡，蜂拥着向上猛冲，因而三连没能支持多久，也退了下来。三连一垮，曾一度抢占了茶亭下红军前沿阵地风车口的敌人，嗷嗷叫着往上冲，眼看就要冲到山顶上的望月亭。

就在敌人潮水般涌向望月亭时，战场上突然传来了一个熟悉的洪亮喊声："坚决把敌人顶回去，绝不能让他们前进一步！"

随着这一声呐喊，只见朱德军长亲自提着一挺花机关枪，带着三名警卫员从指挥所冲下来。他一到阵地前沿，端起花机关枪，对准风车口的敌人就猛烈扫射起来。红军战士在朱军长大无畏的精神鼓舞下，勇气倍增，个个奋勇当先，从阵地上跃起，奋不顾身地冲向敌群，枪声和喊杀声震天，敌人受到震慑，顶不住，又一窝蜂似的向山下跑，短短几分钟后，红军就夺回了风车口。

几乎在同一时刻，正和陈毅安营长一起指挥一营战斗的曾士莪看到三连失去指挥，队形大乱，部队已开始后撤，就迅速跑到朱德军长处请求亲赴三连指挥。朱德听后大声允准："好！曾参谋长你赶快去兼三连连长，指挥继续战斗！"

曾士莪跑步回到一营指挥所，对陈毅安说了句："陈营长，你继续指挥战斗，我到三连阵地去啦！"随即带上两名战士挥枪拨开灌木林和齐人高的杂草，飞奔进入三连阵地，并向战士们高声而镇静地喊道："同志们！我是曾士莪，现在是你们的新连长。大家不要慌，我们一定要顶住和打退敌人，也一定能打败敌人！"

三连战士们见到他们熟悉的曾参谋长来到连队中指挥和参加战斗，很快镇定下来，并迅速重新集结。

曾士莪看到蜂拥冲上来的敌人，根据地形迅速调整人员配置和战斗方案，重新布置火力群，并低声道："大家沉住气，隐蔽好，不要零乱地射击，各自瞄准目标，听我的命令，等敌人再近点才打！"

当敌人进入我长短枪有效射程时，曾士莪才大喝道："开火！"

一阵密集枪声顿时像晴天霹雳盖住了敌人杂乱的枪声和喊声，冲在最前面的十几个敌兵应声倒下，其余敌人被这突如其来的袭击惊愣了，停住脚步。紧接着，曾士峩再次喊道："瞄准——射击！"又是一排枪，再次击倒一批敌人，迫使敌人放缓推进，重新部署。三连有效的火力阻击，给郑立平率领的二连争取了时间。二连依靠山路转弯地势，集中兵力，顽强抵御凶猛的敌人。敌人看清楚二连的火力点后，吼叫着蜂拥而上，各种火器一齐朝二连阵地轰击，直打得硝烟弥漫，山摇地动。二连伤亡逐渐增加，而敌攻势愈加猛烈，接连组织起多次冲锋。在这危急关头，陈毅安指挥一连连长陈伯钧带着队伍从另一低矮山头跑过来增援，也采取三连的办法，用排子枪射击，大量杀伤敌人，使敌措手不及，一度败下阵去。

这时临近中午，热辣辣的太阳晒得石头发烫，火烤般的气流在山谷间漾动，繁茂的树丛里蒸发着一股股霉湿的气味。在山上找不到水喝，战士们的嗓子里渴得快冒烟，但仍斗志高昂。我军的火力愈打愈猛，战斗力愈打愈强；而敌人冲了半天，死伤遍地，战线拉长，锐气尽挫，攻势逐渐缓慢。敌我双方在距望月亭一百多米的地方处于胶着对峙状态。

陈毅、王尔琢指挥的第二十八团，因路途稍远，赶到老七溪岭时，敌人已抢先占领了制高点白步墩。当大批敌人向山上开来时，正遇上第二十八团。敌人来势凶猛，红军虽组织几次小规模反击，但都被敌人压了下来，加上两边林木茂密，兵力根本无法展开。

这时，阵地上可以听到新七溪岭方向的枪声越打越急，显然敌人正在猛烈进攻，估计人数少于敌人、武器较差的红军形势十分不利。面对强敌当前而友邻阵地不断收缩的情况，战斗是否应该继续？陈毅、王尔琢立刻召集团、营负责干部紧急研究对策。有同志认为：战局将败多胜少，不如迅速撤退，保存有生力量。大多数同志则认为：这一仗关系到井冈山根据地的巩固和根据地人民的安危，必须坚决贯彻前委决定，不管新七溪岭方向情况怎样，我们仍应积极进攻，从侧翼牵制，努力击败敌人；否则，我们在井冈山便站不住脚，甚至丧失艰苦创建的根据地。

陈毅、王尔琢当即决定，根据战场地形限制、不能大量展开兵力的情况，和红军有善于利用短兵器近战肉搏的特点，重新调整战斗部署：由第三营营长肖劲带队，挑选作战勇敢、有战斗经验的党员、班长和老战士，与连排长、党代表编成数个突击队，每队25人。突击队趁骄横的敌人中午在茶亭附近找阴凉处，横七竖八地躺下来纳凉休息时，利用地形地物，以跃进方式，一起一伏隐蔽前进，很快接近敌人。等敌人发现时，我突击队员们猛然跃起身，喊杀着向茶亭冲上去，敌人慌忙组织抵抗，各种武器齐发，我突击队当即牺牲数人，但是大部分队员已一队接一队快速冲到敌人面前，和敌人展开激烈的肉搏战。这时梭镖是最好的短兵相接武器，敌人逐渐支持不住，死伤越来越多，活着的纷纷沿上山时的路溃退下去，红军迅速占领制高点百步墩。

红军紧紧追逼，前面敌人一垮，400多人如同巨石向山下乱滚，后面的敌人挡也挡不住，被他们一冲，也跟着垮了下去，越向下，人越多，乱糟糟地自相冲撞践踏，许多敌人跌下两侧的山崖。红军越战越勇，转眼工夫，就将这两个团的敌人冲得七零八落，敌人被迫退至龙源口一带。

战斗中三营营长肖劲英勇牺牲。

第二十八团没有穷追，而是立即转向龙源口，抄向进攻新七溪岭敌人的后路。

尚在新七溪岭上恋战的赣军李文彬部，听到红军夺取老七溪岭上的百步墩、杨如轩的部队已溃逃的消息后，慌了手脚，准备退走。朱德抓住这一有利时机，命令第三十一团一营和第二十九团，立刻向新七溪岭山腰的敌人发起全面攻击。

刹时间，第二十九团战士们抖动着灵活的梭镖，和第三十一团一营战士一起呐喊着，直向敌阵扑去，双方展开肉搏战。最初敌人还拼命还击，不过午前还是骄横跋扈的敌人，经过与红军半天的拼杀和对峙，大都已精疲力竭，士气低落，节节后退；李文彬虽鸣枪呵斥，但喊破了嗓子也无法挡住其败逃的部队。

正在这时，山下龙源口方向忽然枪声大作，原来是红军第三十二团一营一部和永新赤卫大队从武功潭突然袭击白口敌前指挥所，总指挥杨如轩往永新逃之夭夭。敌失去了指挥，乱成一团，又见退路受到威胁，军心完全动摇，顷刻全线崩溃。李文彬虽心有不甘，但无力回天，只得同溃军一齐滚下山去。

见敌逃跑，我第二十九团和第三十一团一营战士们紧追乱敌。曾士峩身先士卒冲在最前面，在一个长满齐人高荆棘的山坡小路急转弯处，突然撞上一小股敌人边逃边朝后胡乱打枪，曾士峩甩手"叭——叭——"两枪击伤一个敌人后，根本不顾从耳边擦过的"吱——吱——"作响的子弹，大步跳跃地向敌人飞奔过去，大喝一声："缴枪不杀！"并飞速地朝距离最近的一个敌兵猛扑上去。这个敌人身手也相当敏捷，猛然停步转身，端枪就朝曾士峩射击。在这一刹那间，曾士峩闪电般地一抬手，将敌枪口往上一拨，"叭——"的一声，子弹射向天空，曾士峩再一顺势抓住发热烫手的枪管，往回奋力一甩，将敌兵摔了个嘴啃地，当即跪下求饶，成了俘虏。曾参谋长这虎虎生威的勇猛动作，极大激起战士们的斗志和勇气，他们个个像小老虎般冲入敌群拼杀起来。一时间枪声、格斗声、喊杀声、叫骂声混成一片，响彻山谷。

在朱德军长直接指挥下，曾士峩、陈毅安率第三十一团一营和兄弟部队第二十九团、第二十八团前后夹击，全歼敌杨池生部李文彬一个团。

战至当天下午3时左右，红四军各路部队及地方武装胜利会师于龙源口。红军战士们忘了饥渴和疲劳，脸上充满胜利的笑容，四处搜索残敌，打扫战场。

龙源口一仗，歼灭赣军一个团，击溃两个团，缴获步枪400多支，重机枪一挺，取得了井冈山革命根据地创建以来最辉煌的胜利。这一仗以后，我第二十九团、第三十团都换成了步枪，梭镖给了地方游击武装。

此次战斗中，曾士峩侧腰被子弹击伤，鲜血在衣服上浸了一大块。当卫生员给他处理、包扎伤口时，他连自己在激战中是在哪儿负的伤，都记不清。他对生死早就置之度外，认为受伤流血是平常事。有时受轻伤，连卫生员都不找，自己弄块纱布一缠，过些天后就恢复了。曾士峩这如同铁打钢铸般的身体，是许多战友非常佩服的。

6 月 23 日晚，红军部队开进永新县城，进行休整。

26 日，曾士峩参加了毛泽东、朱德在永新县城禾川中学礼堂召集红四军连以上干部、地方党和地方武装负责人出席的大会。会议总结了龙源口大捷的经验与教训，研究了红军分兵发动群众的问题。朱德在会上指出，由于没有先于敌军占领老七溪岭制高点，导致红军开始处于被动地位，造成了较大伤亡；但红军的勇敢，和战术运用得当，取得了最后胜利。

朱德还特别赞扬了战斗过程中几个由被动变主动的关键转折点。其中，包括肖劲带领突击队冲锋；曾士峩在战斗最关键时刻，急奔失去指挥的三连阵地指挥战斗，很快稳定了部队，重新组织好火力，击退并大量杀伤敌人等。他还与大家一起深切悼念了英勇牺牲的第二十八团三营营长肖劲、第三十一团一营一连党代表肖光月、二连党代表向大复、三连长资秉谦等同志。

毛泽东在讲话中着重谈了此战取得胜利的重大意义，指出红军应趁胜分兵深入农村，发动群众，开展土地革命，扩大红军和地方武装。

毕竟部队打了胜仗，直到会议结束，大家仍余兴不减，议论着大前天激烈战斗的某些片段。干部们钦佩朱德军长亲自端枪扫射敌人的威容，也赞誉牺牲的战友们的英雄行为。当听到曾士峩、张宗逊、陈伯钧等在一起谈及各兄弟部队协同作战，及曾士峩在战斗中夺枪抓俘虏的情景时，朱德笑对曾士峩道：“曾参谋长，你这次战斗指挥得不错，临危不惊，很镇静；我看你个人的战术动作也很好，迅速、果断、勇猛，还亲自抓获了俘虏。对嘛！我们红军指战员就应该有这种压倒一切敌人的气魄和胆量！”

“谢谢军长鼓励！”曾士峩说。

朱德还问曾士峩：“你当时为什么想到用排子枪？”

曾士峩回答：“军长，我感到在当时战况下，短时改用排子枪断续射击，可能对敌我都稍微有点心理作用：对处于被动的我军，可快速镇静，以沉着顽强抗击敌人；对敌人也能造成某些疑惑而短暂犹豫，从而短时地阻滞敌人进攻速度。”

朱德不禁点头说：“嗯，有道理，你分析得很细。”

龙源口一战威震敌胆。湖南敌军得知江西敌军惨败，急忙退回茶陵。红军胜利地粉碎了湘赣两省敌军的联合“会剿”，保卫和发展了井冈山革命根据地。这是井冈山时期红军最大的一次战斗，规模之大，歼敌之多，影响之深，前所未有。

此战，红四军乘胜第三次占领了永新城，彻底粉碎了国民党军队对井冈山革命根据地的“进剿”。当时群众用这样一首歌谣来歌颂龙源口战斗的胜利：“不费红军三分力，打败江西两只羊（杨），真好、真好！快畅、快畅！”

当年曾多次领军进犯井冈山革命根据地的杨如轩，50年后刑满释放在云南做文史工作时，回忆了这次惨败，并写过一首诗：“三十余年一梦空，永新附逆妄交锋。那堪旗鼓未成列，已报弹花满市中。飞将白天突兀扑，两杨无计把身容。一团劲旅平中国，豪语铭心服总戎。”①

根据需要，龙源口战斗后，曾士峩仍一直兼任三连连长。

① 杨如轩著：《我所知道的朱德委员长》未刊稿，1977年11月。参见黄允升著：《毛泽东三落三起》，中央文献出版社2009年版，第74页。

在一次干部会结束后，朱德关心地问曾士峩：“曾士峩啊，你在龙源口战斗指挥很不错，对自己从此反而下兼连长有啥子想法吗？”

曾士峩笑了笑，爽快地回答道：“军长，谢谢您的鼓励和关心。我对兼连长一事，从未考虑，当时是战场需要；另外，能在一线拼杀，我非常高兴。”

朱德听了很高兴：“好嘛！这就对了。打仗，人员消耗很大，干部上上下下也是常事。你看，三湾改编和赣南三整都是这样，现在陈毅同志的职务不也是教导大队大队长、师长、政治部主任来回换、时高时低吗，革命工作需要嘛。”

曾士峩挺胸立正回答道：“请军长放心。服从命令是军人天职，另外，作为一革命军人，我更不会计较职务这类事。”

朱德满意地点了点头说：“好，好！”

接下来，曾士峩向朱德请求道：“军长，我感到现在我军兵员还不多，而一个连队在很多局部情况下已能独立作战，所以非常重要，我就继续留在三连工作吧。当然，团参谋长也很重要，请军长另派他人。”

朱德听后思索了片刻说：“你这种想法，有一定道理。好，我和毛委员商量一下后定。”

曾士峩的想法和要求，很快得到前委批准。前委还赞扬了他这种一切以革命利益为重的思想和行为。从这次新老七溪岭、龙源口战斗起，曾士峩请求由团参谋长“越级”兼一营三连连长，到后来继续留任三连连长，前后持续了约五个月时间。

龙源口大捷后，井冈山革命根据地进入全盛时期。红四军第二十八团开往安福边境，第二十九团往莲花，第三十一团往吉安边境，广泛宣传发动群众，组织和武装群众，帮助群众建立革命政权，开展打土豪分田地。

6月下旬，在毛泽东直接指挥下，第三十一团到达夏幽一带，进一步开展土地革命，做群众工作。

此间，曾士峩和党代表李克如及副连长梁华廷带领第三十一团一营三连，奉命开到通向吉安方向的三门开展工作。主要任务是协助地方宣传、组织群众，建立苏维埃政权，打土豪分田地，找富豪筹款。三连先在三门一带活动了一段时间后，转向石桥、高桥等地活动，后来到天河去游击了一下，又转回到里田、夏幽一带开展工作。这时一营一、二连也都在这边活动，有时分开，有时会合。一次，全营会合攻击隐蔽在一个山头的靖卫团，一连连长陈伯钧被靖卫团冷枪击伤，以后不得不较长一段时间在小井红军医院养伤。另一次，一营奉命从新源背经甲蚂湖、茶亭里直攻敌第六军的部队，结果扑个空，只得从小道经林排、麻坡、泮中转回夏幽一带活动。

曾士峩、李克如率三连在夏幽工作期间，部队除每天进行出操等常规训练学习外，还按上级要求组成了连“行动委员会”，由连党代表任行委书记，负责组织地方工作，并按排、班分成若干小组，配合地方干部分头包村、包镇地做宣传组织群众的工作，及筹款扩大红军。当时井冈山周边仍有不少新区，群众基础比较薄弱，有些地方斗争很激烈，很复杂。为详细摸清情况、发动群众，连队要求干部战士们深入群众家中。作为连长，曾士峩处处亲自带头，只要有空就走访群众家庭，帮助孤寡老人挑水砍柴，促膝谈心，进一步密切了军民关系，各项工作开展得颇为顺利。曾士峩、李克如按要求将工作情况写成书面材料或口头及时向上级汇报，请求指示，并为毛泽东写《永新调查》提供了部分素材，受到表扬。但其间发生过副连长梁华廷因在追捕一名带枪脱离部队的红军战士时，误抓了区委书记的事。当时不少湘赣边界的农民“只愿在本县赤卫队当兵，不愿入红军”，这名战士在自愿报名参加红军后，过了一段时间搞明白红军要远离家乡去打仗，于是动摇起来，趁晚上放哨机会，带着武器逃跑了。那天正在值班的副连长梁华廷得到报告后，立即带战士追捕。在追捕过程中，听说该战士是夏幽区委书记刘作述的亲弟弟，在没有弄清事情原委的情况下，误将刘作述也扭送到红军营地。

经曾士峩、李克如对该战士讯问后得知，该战士拖枪离队只是想去有熟人的赤卫队当兵，并不是要叛逃；另外刘作述也对此事毫不知情，根本不知弟弟悄悄离队一事。曾士峩、李克如立即当面向刘作述道歉，请他吃了顿晚饭；同时对该战士进行批评教育，并处禁闭两天的处分。此事虽经善后处理，但仍造成了不良影响。

为此，曾士峩、李克如受到严肃批评，他们诚恳地接受，并表示以此为教训，进一步搞好军队和地方干部配合工作的学习和教育。

此后不久，与曾士峩共事才一个多月的李克如调离了三连，由黄益善继任三连党代表。

四、井冈军民反“会剿”

1928年6月间，井冈山革命根据地形势一派大好，也震撼了敌人，湘赣两省敌军酝酿再次对井冈山进行“会剿”。7月9日，湘敌推进到宁冈县新城，欲与赣敌胡文斗部和杨池生部会合，夹击在永新的红四军主力。

红四军分两路拒敌。一路由朱德、陈毅率第二十八团和第二十九团进攻湘敌的后方基地酃县、茶陵，迫使湘敌回救，以解井冈山之围。另一路由毛泽东率领第三十一团留永新应敌。袁文才、王佐率红三十二团留守井冈山。

7月12日，朱德、陈毅指挥第二十八团、二十九团迅速攻占酃县县城，湘军两个师被迫退出“会剿”，仓皇退回茶陵。朱德、陈毅见目的已达到，即主动撤出酃县，准备回师永新。而酃县正临湘南大门，第二十九团官兵要回湘南发展、帮家秋收，朱德、陈毅劝阻不住。7月17日，因第二十八团担心第二十九团单独行动力薄受损，被迫随第二十九团由沔渡转向湘南进军，不久遭遇湘南失败。

而毛泽东率第三十一团在永新与赣敌周旋，创造了永新困敌25天的奇迹，后主动撤出永新县城，退到永新的小江区。曾士峩率三连随三十一团行动。湘南失败后，毛泽东亲自率三十一团第三营南下迎返第二十八团，同时派朱云卿、何挺颖率三十一团一营和第三十二团坚守井冈山。

8月下旬，第三十一团团长朱云卿、党代表何挺颖，从永新赶到井冈山，同边界特委负责人一起在大井召集山上红军机关、医院负责人及伤病员代表会议，讨论保卫井冈山的策略。会上争论很激烈，主要有两种意见：一种是暂时撤，一种是坚决守。主张暂时撤的人认为，因守山的仅有第三十二团二营、特务连、第三十一团团部机炮连，及酃县赤卫队，人少、武器差；而敌人兵力几乎是红军的10倍，且武器装备好，来势凶猛，要守住井冈山，非常困难。不如避敌锋芒，先把伤病员分散转移到深山里去，部队下山打游击，等红军大部队回来后再打回来。而同意坚守的人认为，井冈山是党和红军扎根了10个月的根据地，山上有许多军队和地方的重要机关，还有几百名伤病员，因此一定要保住。否则，必将影响整个红军部队士气，甚至影响革命斗争全局形势。另外，虽然红军人少、武器差，但有山上山下群众的支持，又占据着有利地势，只要发动群众，坚决和敌人作斗争，守住井冈山虽然困难，但仍有信心。最后，大家一致同意坚守井冈山。

会议决定：紧急命令正在永新的第三十一团一营，留下第二连继续牵制袭扰敌人，第一、三两个连火速赶回井冈山。同时，会议还决定立即动员群众配合作战；并将该决定迅速分送茅坪、桃寮、乔林、大井、茨坪等乡政府，要求赤卫队、暴动队赶制松树炮、土地雷，持各种武器准备同红军并肩战斗；发动身强力壮的革命群众和赤卫队员一起上山帮助修工事，锯3至5尺长短不一的檑木、挖集大石头运往黄洋界哨口，还在地上插竹钉；要求各乡收集薄铁皮煤油桶，准备鞭炮；少先队、儿童团站岗放哨，传递情报；老人和妇女给红军和赤卫队送饭送水，日夜赶削竹钉；发动被服厂赶制红旗等。

会后，各方面紧急行动起来，分头做好迎敌的充分准备。

第三十一团第一营得知敌人已逼近井冈山将大举进攻的消息后，决定留下张宗逊为连长、谭国清为党代表的第二连，继续在山下密切监视和择机袭扰敌人；陈毅安、王良、曾士峩率领一营营部和第一、三连，带着赶做的炒米粉和米锅巴等干粮，日夜兼程急速行军，由永新经宁冈的茅坪上山。从茅坪上井冈山，是五六十里荒无人烟、连续上坡的山路。虽时已立秋，但秋老虎余威未减。一、三连干部战士在崎岖的山路上高一脚低一脚地疾行，脸上汗水不停地往下滴，他们清楚自己是在和时间赛跑、和敌人赛跑，一定要争分夺秒地尽快回到井冈山，保卫用鲜血凝成的革命根据地。

8 月 29 日下午，陈毅安、曾士峩等率一、三连终于在敌人进攻之前回到井冈山。一营回山后，朱云卿、何挺颖等马上在团部所在地大井召开排以上干部会。何挺颖介绍了敌情，传达了前一日会议精神和决定。接着朱云卿谈了具体战斗部署，当场征求陈毅安、曾士峩、王良等及地方武装负责人的意见。朱云卿对曾士峩说：“曾连长，我知道你曾专门去黄洋界勘察过地形，请就应如何坚守哨口和打击敌人谈些意见。”曾士峩胸有成竹地道：“我根据山势判断敌人只能从西面进攻哨口，而哨口地形对我坚守非常有利，只要我们镇静而坚决地坚守，敌人不用炮火密集轰击哨口、仅靠步兵很难破我哨口防御。而迫击炮炮火威力有限，对我们构成不了多大威胁。”众人听了也都觉得有道理，表示同意。朱云卿最后宣布决定：一、三连作为守山主力和大小五井的地方武装扼守黄洋界哨口，抗击已逼近黄洋界的湘赣敌军；其余的八面山、双马石、朱砂冲、桐木岭四个哨口，因暂无紧迫敌情，主要由第三十二团二营、团部特务连把守，地方武装配合红军作战；第三十二团一营在黄洋界下茅坪不断骚扰敌人。

曾士峩听到团部把守卫黄洋界哨口的关键任务交给一连与三连，非常高兴，深感中己下怀。一方面是他习惯有战必请，另一方面是他有信心完成好此次战斗任务。这信心部分来自他对黄洋界地势环境的了解。

原来，曾士峩自从上年9月在羊牯垴战斗中负伤后，又好几次腰腿负轻伤，都是凭着坚强毅力和健壮体魄强忍着，只作简单包扎处理，有的伤口刚结痂又在战斗中被弄破而感染，久久不能愈合。即便这样，他也从未去医院专门治疗，一是小伤小病在他眼里根本不是事，二是连队工作任务繁重，脱不开身。但有一次，曾士峩突感腹部疼痛，便粘带血，畏寒发热，伴随恶心呕吐，导致浑身无力，强挺两天后病情越来越重，就被团长严令逼着到大井医务所（此时小井红军医院尚未建成）治疗。在这治养的十余天中，曾士峩除了配合治病养护旧伤，还做了他一直想做的两件事，一件是看望师长张子清，一件就是勘察黄洋界山口地形。

刚到大井医务所的第二天，曾士峩就在医院看护班长王云霖陪同下，去看望一直在所里养脚伤的张子清。

老战友加老乡见面，彼此非常高兴，张子清从病床上坐起来和曾士峩紧紧握手，好半天都不愿松开。

曾士峩问："张师长，脚伤好了些吗？"

朱、毛会师时，红四军建制设三个师，张子清任十一师师长，不久师级撤销，张子清任团长，但不少同志仍亲切地称他为师长。

张子清没回答自己的脚伤，反而关心曾士峩："啊，士峩你也来住医院了？你身体一直很强壮嘛，今天的样子也不像最近负伤，这次是什么病啰？"

曾士峩乐呵呵地答："我也搞不清是什么原因，肚子痛、发烧、呕吐，搞得浑身没劲。"

王云霖在一旁说："曾连长可能是得了急性痢疾。"

这时曹鏁院长也来了。他告诉曾士峩，张师长4月份在酃县草铺湾战斗中左脚踝骨中弹受伤后，痛得完全无法行走，被抬到医院医治。由于皮肤外面摸探不到，不能准确知道子弹嵌在骨头什么部位，不好开刀将子弹头取出来；又因医院条件极为简陋，连消毒酒精、消炎药都稀缺，伤口只能用中草药敷治，效果不明显，一直红肿，中心部分开始溃烂。如不采取果断治疗措施，将来可能导致需要截肢。实在没办法，只得征求张师长意见。没想到师长就干脆几个字："行，开刀！我忍得住。"在缺少足够麻醉药的情况下，用开水煮沸消毒的剃头刀将伤口肌肉切开，找到牢牢嵌在踝骨中的子弹头，它完全深入踝骨、外不露头，经过王云霖等三位医生近两小时手术，才用钳子将子弹取出。张师长在手术过程中，凭着非凡的毅力，咬紧牙，坚强地忍受着剧痛，浑身都被汗水湿透，痛得几次昏厥过去。现在仍继续治疗。

曾士峩聚精会神听完院长讲述，感慨不已，由衷地对张子清说："真难为您了，令人敬佩！"

张子清忍着伤痛，脸上却挂着笑说："别这样讲，医院条件不好嘛，只能忍着点。我只希望快些好，重返部队。"

曾士峩安慰道："请师长安心休养，脚肯定会慢慢好起来的，到时我们再一起打仗！"

以后几天，曾士峩又多次到张子清病房聊天和回忆、谈论部队战斗情况等，希望这样能缓解师长的伤痛。

当时，医务所伤员很多，不少还是重伤号，而医务人员和药品均奇缺，医务人员既要看内科又要看外科，既要当医师又要当护士，每天工作非常紧张。他们虽然缺少深奥的医学理论和高超的医疗技术，却有着革命的人道主义职业精神，精心地治疗和护理伤病员。

曾士峩目睹这些后很感动，待自己病情稍有好转，医务人员实在忙不开时，就主动帮着做为病房送开水、打扫卫生等杂事，深得医护人员和伤病员的赞扬。

有次检查病情，曹鏻还告诉曾士峩，红军医院不仅是医治红军伤病员的场所，也是党的政策的宣传队。每次战斗后，从山下的茅坪红军医院起，总要收留一些受伤的俘虏。医护人员一面给俘虏治病，一面耐心向他们宣讲革命道理。许多住院的俘虏伤好后，主动要求留下，参加革命队伍，少数回家的也做了革命的义务宣传员。曾士峩听到这些，非常高兴，说："是啊，只要我们全面执行党的一系列政策，团结更多人和我们一起战斗，不愁国民党不垮。"

曾士峩住院一周后，痢疾基本得到控制，体力明显恢复，平常反复发炎的伤口在敷上医务所自制的中药后，开始逐渐愈合。此时曾士峩身在医务所，心已回到部队，脑子整天想的是如何把连队带好带强，如何战胜井冈山周围的来犯之敌。

打仗需要很好地利用地形地貌，这是战场取胜的重要因素。曾士峩对双马石哨口地形比较熟悉，因为秋收起义部队去年10月是从这个哨口上山的；对八面山哨口的哨卡，也因参加过修建和加固工事，印象深刻；只有对黄洋界等其他三个哨口地形尚无任何印象。他觉得这次住在医院，正好机会难得，应该抽时间去勘察，做到心中有数，一旦敌人来犯，面对可能出现的各种情况，可提前建议制定出相应战斗方案。

曾士峩决定先到离大井较近的黄洋界和桐木岭两哨口去看看。为争取一天时间看完这两个哨口，就想到骑马去。一天早餐后，曾士峩向曹鏶院长请了假，带着一位战士来到团部，向团部军需处长范树德提出借马。范树德非常支持，满口答应，立即叫来已年过40岁的四川秀山（现属重庆）籍老兵饲养员罗玉成，要他将团部配给军需处的马牵过来。罗玉成牵来一匹长得膘肥体壮的马，将缰绳递给曾士峩。初见外人，马便欺生，曾士峩牵着它原地转圈可以，可要往上骑时，那马"扑哧——扑哧——"地直打响鼻，连蹦带跳不断踢着后腿死活不让他上。在一旁的范树德、罗玉成赶紧帮忙，反复抚摸马颈、马背，马甩着尾巴很快安静下来；可范、罗一离开，曾士峩想往上骑时，马又故伎重演，又蹦又跳，就是不让人骑。这时周围站了不少人看热闹，连朱云卿团长都被吸引过来，并建议再换一匹马试试。曾士峩将缰绳还给罗玉成，拍了拍手笑道："太不给面子啊！算啦，不骑了，也不换啦。我本来就不会骑马，若是骑到半路上再蹦跳几下，把我摔下来，反倒误事，还是靠腿走吧！”

这话引起大家一阵笑声，弄得曾士峩不好意思。时隔 50 多年后的 1984 年 6 月 8 日，此事亲历者范树德先生在和本传作者谈及此事时，仍忍不住哈哈大笑道：“这事记得太清楚了！那时部队马匹少，连团长、营长都很少有马骑。”

稍后，曾士峩找了两名战士一起徒步上了黄洋界哨口。已经有了丰富战斗经验的他，在山口及附近地带认认真真反复走了几个来回。对外界通往哨口的山路走势、周围山峰高低及视线、哨口地形地貌等等，除了用脑子记，有的还画在纸上，直到太阳落山了才回到医务所。第二天，又花了整整一天时间，去看了桐木岭哨口。

几天后，曾士峩病愈返回连队，一到连队，心中油然涌起一股久别回家的暖流。战士们看到连长身体康复，神采奕奕，更是高兴得很。三连就是如此，大家与曾士峩之间亲如兄弟，生死相依。

五、一线指挥黄洋界保卫战

井冈山主峰五指峰海拔 1586 米，敌人要进犯的黄洋界，是井冈山群峰的北高峰，位于整个山脉西北面，海拔 1343 米，距小井 15 里。黄洋界山峰似剑，绝壁悬崖，一边是千仞高山，另一边是万丈深渊，山路最陡的地方，要扶着岩缝拉着树枝才能攀登。山头上常有浓雾缭绕，迷漫山坳，不时卷起阵阵惊涛骇浪，犹如一片汪洋大海，所以又有“望洋冈”之称。从黄洋界四面看，山峰之间，如万丈深谷，极为险峻。毛泽东有词赞曰：“过了黄洋界，险处不须看。”它与八面山、双马石、朱砂冲、桐木岭合称五大哨口，构成一座高耸入云的绿色围屏，把大小五井和茨坪等十多个村庄包在中间。1928 年四五月间，工农革命军在这里修筑了五大哨口防御工事。

黄洋界哨口只有一条很陡峭、荆棘丛生的小路可通山上大小五井等处。哨口左南侧山峰高 1351 米，与八面山相连；北侧山峰高 1268 米，可连延至茅坪；背面（东边）山峰与桐木岭相连。所以，敌人无法从哨口的南北东三个方向进攻；而哨口西面地势很低，是一片条形缓坡地，由山坡下低处往山上高处延伸约 1500 米至哨口，便成了敌人的进攻方向。

在群山之中，黄洋界哨口又位于三条山间小路的会合点上。一条经宁冈茅坪，与江西永新相通；一条西连宁冈大陇，可去湖南酃县；另一条南接大小五井，直达井冈山的中心茨坪。无疑，黄洋界是井冈山的北大门，守住黄洋界，从酃县、宁冈、永新来犯的敌人，就无法从北面攻上井冈山。所以保卫住黄洋界哨口，是粉碎本次敌人进攻，保卫井冈山的关键。

根据地形地貌，及敌人可能的进攻路线分析研究，黄洋界哨口的红军具体兵力配备是：哨口两侧的主要工事放四个排，阻击从酃县、宁冈大陇方向来犯之敌；哨口北侧的工事放一个排，警戒从茅坪方向来犯的敌人；山顶瞭望哨上放一个排，监视山下敌军，掩护下面的两个工事；大小五井的赤卫队、暴动队隐蔽在附近山头或山腰上，协助红军作战。

8 月 29 日下午干部会后，曾士峩率领三连，同王良任连长率领的一连离开了大井，经中井、小井、五里亭进入黄洋界阵地。到位后，曾士峩立即指挥三连以班为单位展开，和赤卫队员们一起抬滚石、扛檑木、挖壕沟、插竹钉……军民在时隐时现的皎洁月光下奋战大半晚。在原有基础上，修筑加固了哨口全部工事。从哨口通往大陇方向和通往茅坪的小路上，以及两侧敌人可能由此登山攻击的山坡，由下而上再设几道防御：第一道是竹钉阵，分别在通往大陇和茅坪的两条小路上，及小路两旁宽几丈的草丛里，布下几里路长的竹钉；第二道是在小路上间断架起用铁丝或树藤绑固削尖了的竹篱笆；第三道是檑木、滚石；第四道是齐胸深的壕沟，及用泥土和石头筑成的射击掩体，掩体前沿的草丛里也插满竹钉。军民斗志昂扬，严阵以待，时刻准备痛击入侵之敌。

军民们忙至后半夜，部分赤卫队员撤离现场，余下的按派出乡村不同分组，与战士们分别在山坡不同地段或战斗工事中就地休息。当天是农历七月十五日，井冈山虽然白天很热，但到了晚间浓雾和露水将干部战士的单衣弄得潮乎乎的，寒气逼人。曾士峩与党代表黄益善、副连长陈龙鹤，跟着战士们一起收集来落叶和枯枝，在浅沟工事中燃起几堆篝火，让大家围着取暖。战士们边烤火边议论着即将开始的战斗。

战士谭福生围在曾士峩身边问道："连长，敌人现在到了哪里？他们现在在干什么？明天可能什么时候来送死？"

曾士峩笑着回答："据侦察，敌人已到山下乔村一带，明天的仗几点打，可不是由我们定啰。他们现在在做什么，也没有通告我们啊！"

在场的人都笑了，气氛跟着活跃起来。

曾士峩这时不谈打仗的事，反而转向唠家常，说："你们看今晚的月亮多圆啊。今天正好是七月半，也称中元节，民间按例要祭祖，用新米等祭供，向祖先报告秋天收成。传说在中元节当天，故去的亲人会回来，所以民间还有放河灯、烧纸屋和纸包祭祀先人的习俗。"

一番话把大家吸引住了，副连长陈龙鹤听了更觉着新鲜，他插话说："七月十五日还有这么多说道。我们朝鲜有不少节日，比如春节、元宵节、端午祭、秋夕（或称中秋节）和中国基本一样，也讲初伏、冬至等，不过没有中元节。"

黄益善接话道："可不是嘛。两国自古长期交往密切，文化、习俗很多是相同或相近的。"

曾士峩又道："我今晚顺便提到的七月半的民俗，有点与我们今天的环境和气氛不协调。不错，我们要怀念先人，但我们不信神，也不怕鬼，我们更要为当今大众和子孙后代而战。我们今天面对的是要来消灭我们的国民党军队，但我料定他们今晚是没胆量来偷袭的。当然，我们还是要提防他们派来奸细，不能让他们的任何阴谋得逞。”

曾士峩往火中添了点柴后对战士们继续说：“大家连日急行军，今天在大井也没能停下来歇口气，辛苦了。现在也烤暖了，快点休息吧，养精蓄锐，明天狠揍来犯之敌！”

战士们借着身上被烤余温，一个个怀抱着枪、坐靠在工事里很快熟睡。而曾士峩还不能休息，带着一名战士对哨所和岗哨再巡查一遍后，才找了棵松树，在树下侧身而卧。他知道，明天对他和他的战士们意味着什么。

8 月 30 日清晨，黄洋界上一片雾海，能见度不到 100 米。8 时左右，晨雾散去，湘军吴尚部 3 个团为了争得“稳操胜券”的头功，抢在赣敌王均部前面，开始进攻黄洋界。敌人先往山上打了几炮，扫了一阵机枪，看到山上没有动静，就壮着胆子往上攻。由于黄洋界山高路险，西侧仅有一条崎岖不平的山间小路与哨口相通，敌人只能一个接一个地依次鱼贯向上爬，兵力无法展开，队伍呈左右扭动的一字长蛇阵，沿长满杂草的小路和两侧很窄范围的缓坡往上蠕动。尽管屁股后面吹着冲锋号，部队还是走不快。他们小心拆除了横在山路上的竹篱，呐喊着边打枪边往山上冲。由于是仰攻，山坡又陡，为避免后面的人枪伤了前边的人，他们只得前后拉开一定距离；在后面掩护进攻的机枪，虽一个劲“哒哒哒——”“哒哒哒——”响得很激烈，但子弹只是在半空中盲目飞向山上哨口，并不能有效地攻击到红军阵地。尽管如此，敌人求胜心切，仍不停地射击，不断催促进攻。

面对敌人的进攻，红军和赤卫队员以逸待劳，居高临下，凭借山险坚守抗击。随着浓雾渐散，很快，红军一、三连阵地分别在哨口南北两侧山坡上均能远远俯视敌人的集结地，也能看清敌人进攻动态。两个连的工事彼此相距 300 至 400 米，能有效地互相火力支持，两连之间还有联系的简明旗语，以随时配合和统一作战指挥。

为了节省数量有限的子弹，当敌人离红军阵地较远时，红军保持静观不动，并要求步枪必须精确瞄准敌人后才射击；机枪只有在敌群冲近时，才能扫射；加上适时砍断捆系檑木的藤索和掀动滚石打击敌人。

眼看敌人逼近三连哨口阵地，曾士峩一声高喊：“打！”红军阵地上枪声响起，敌兵接二连三被击中，有的滚下山崖，有的伏在草丛中哀号。时而密集时而稀疏的枪声中，伴随着一阵阵“唰——唰——”“咕咚——咕咚——”沉闷的巨响，粗大的檑木和滚石顺山而落，所到之处，成片地卷走杂草，折断小树，砸倒一个个敌人。敌人手忙脚乱地四处躲闪，又被埋在草丛中的竹钉刺穿脚掌，一时间叫骂声、哀号声四起。

曾士峩一边提枪射击，一边密切观察山下敌人的情形，沉着指挥。他往返于三连各个阵地给大家鼓劲：“同志们！沉住气，让敌人靠近点，瞄准了再射击，节约子弹。敌人虽多，但都怕死；敌人武器虽好，但在这个地形下，很难发挥优势。我们要有进行肉搏的思想准备，决不让一个敌人踏上黄洋界，要有坚定的信心：胜利一定是我们的！”战士们听了，信心满怀。有的战士拍着枪说：“连长，没问题。只要我们还有一人一枪在，就不会让敌人越过黄洋界！”

曾士峩满意地说：“对！沉着！狠狠地打！”说着也举枪连续点射。打了一阵，他看到手枪射击杀伤力不大，子弹也不多，便顺手抄起三班战士谭福生的步枪，瞄准山下半藏在小土包后的一个指挥官，“叭”的一枪，军官应声“坐”地，没了动静。谭福生还没来得及叫好，曾士峩就带着他和其他几名战士，跃出掩体，释放檑木。檑木翻滚，呼啸着往山下飞去，冲入敌群。在红军和赤卫队员顽强的抗击下，敌人又一次被击退。

下午4时左右，敌人集结十倍于红军的兵力，再次发动更大规模的进攻，企图在天黑之前攻下黄洋界哨口。敌人先实施炮击，紧接着集中全部轻重机枪、步枪火力向哨口猛烈射击。红军战士和赤卫队员们以静制动，严阵以待，用枪口牢牢地锁定移动的敌人。

就在此时，一营营长陈毅安从小井赶到了黄洋界哨口阵地，还带来了炮手和一门迫击炮。陈毅安上午一直在小井密切注意黄洋界哨口战况，同时与大井守山总指挥部三十一团团长朱云卿、党代表何挺颖等保持密切联系，组织协调指挥井冈山整体保卫战。陈毅安接到上午战况报告，得知进攻黄洋界的敌人兵力十倍于我，左思右想实在派不出增援力量，猛地想到了这门迫击炮，便带着炮手和迫击炮赶了过来。陈毅安听取了曾士峩和黄益善的简单汇报后，指挥战士们将炮迅速架在黄洋界哨口。曾士峩向陈毅安和炮手指出急需要迫击炮打击的几处目标，炮手反复调整校准射击参数刻度后，等待发炮命令。

蜂拥而上的敌人已渐渐靠近我军有效射程，曾士峩将目光投向陈毅安，陈毅安随即向炮手下达开炮命令。当时仅有三发炮弹，前两发都因受潮而成了哑弹，没能打响，第三发炮弹则准确命中敌军设在源头村腰子坑的指挥部，一声爆响，敌人顿时乱成一团。各个山头亮出无数红旗，吹响嘹亮的冲锋号。隐蔽在各山头的地方游击队、赤卫队员、暴动队员齐声呐喊，点燃松树炮，低沉的炮声震彻山谷，并用步枪、火铳等各式武器向敌人开火；前来助战的人民群众，也点燃了放在煤油桶里的鞭炮，就像是密集的枪声，“噼噼——叭叭——”和枪炮声汇集在一起，加上男女老少欢呼呐喊，酷似千军万马在咆哮。

经过一天的进攻，敌人死伤众多，战斗却无任何进展，早已精疲力竭，无心再战。现又听到漫山遍野的密集枪炮声、喊杀声，以为红军主力过来增援，于是仓皇回撤。见敌人退去，军民们赶快吃饭团充饥、加固工事，严阵以待，准备迎击敌人再犯。

可直到第二天清晨，仍不见敌人半点动静。陈毅安、曾士峩等分析战场情况后，命令部队坚守原位，随时应对可能出现的情况。为准确了解敌情，曾士峩派出一个战斗小组，由向导带领下山去源头村等地侦察，得知敌人确实以为红军主力已回到井冈山，怕被围歼，连夜逃走了。据守在其他四个哨口的队伍同样严密监视敌军动向，并故意声张，使敌人未敢进犯一步。

此时，毛泽东、朱德率领红军大队乘虚逼近遂川。赣敌刘士毅部急转回救，敌九师、二十七师警卫团也因遂川告急仅留一营在茅坪，其余退到永新新标坪一带，进攻黄洋界哨口的湘敌随即也退回老巢酃县县城。

张宗逊后来回忆："毛泽东同志在《井冈山的斗争》一文中，讲到黄洋界战斗时，他说：'我守军不足一营，凭险抵抗，将敌击溃'，就是指红三十一团第一营缺我们第二连，将敌人打退。当时防守黄洋界的部队是红三十一团第一营两个步兵连和团部机炮连，机炮连实际上只有二十多人，有两挺旱机关枪，两门迫击炮只有几发炮弹。由团长朱云卿和团党代表何挺颖、第一营营长陈毅安指挥。第一连连长王良，连党代表刘型；第三连连长曾士峩，连党代表黄益善；机炮连连长冯鸣钟，这个连没有党代表。"①

邓华回忆说："我刚到三十一团时，三十一团一营营长是员一民。他1928年5月在高垅战斗中牺牲后，一营营长由陈毅安担任，陈毅安负了伤，没有下山。在陈毅安以后的一营营长是周昉。下山以后曾士峩也担任过一营营长，曾士峩以后，冯明忠也当过一营营长。"

"三十一团一营一连连长是陈伯钧，……一连党代表是刘型，在刘型之前是肖光钺。二连连长张宗逊，张宗逊当连长时，谭希林是二连副连长，二连党代表是朱良才。三连连长是资秉谦，资秉谦在七溪岭战斗中牺牲后，三连连长是曾士峩，三连党代表是向大复，……在向大复牺牲后，三连党代表是李克如。1928年8月30日黄洋界保卫战时，三十一团一营的连级干部还是这些人。二连连长在张宗逊以后是谭希林，谭希林以后是曾刘平，曾刘平后来牺牲

① 《张宗逊回忆录》，解放军出版社1990年版，第60页。

了。三连连长曾士峩以后是陈龙鹤。陈龙鹤是朝鲜人，他是在下山以后接任三连连长的，此人后来牺牲了。”[①]

老红军谭福生在不同时间也多次回忆道：“黄洋界保卫战是三十一团一营打的，指挥是曾士峩……当时参战的是一、三两个连。”[②]

黄洋界保卫战，红军以不足一个营的兵力，与三个团的敌人激战一整天，击退了敌人的进攻，吓阻了正欲进犯的另一个团，保住了革命根据地井冈山，粉碎了湘赣两省敌军的第二次“会剿”，极大地振奋了根据地军民的斗争士气。它对井冈山革命根据地的巩固和发展，有着重要的意义。毛泽东后来指出：“八月三十日敌湘赣两军各一部乘我军欲归未归之际，攻击井冈山。我守军不足一营，凭险抵抗，将敌击溃，保存了这个根据地。”9月1日上午，朱云卿、何挺颖在大井再次召开军事会议，讨论如何继续确保井冈山安全问题。与会者有王佐、陈毅安、曾士峩、王良等军队干部及地方党组织和地方武装负责人共十余人。会议互相通报了前日黄洋界保卫战进程、前一天下山侦察所得敌情，及其余四个哨口动态；议论了敌人是否可能在侦察到红军大队并未回到井冈山时，立即杀个回马枪，再犯井冈山等；及红军对此应继续做好的御敌准备，警惕任何麻痹大意思想，确保井冈山根据地安全，迎接红军大队归来。

9月上旬，为进一步鼓舞斗志，在大井开了一个军民庆祝黄洋界保卫战胜利的文艺演出会。会上，第三十二团一营二连排长龙普霖清唱了一段由谭政、邓华、杨岳彬、龙普林等集体编创的唱词。该唱段套用京剧《空城计》中诸葛亮的唱腔，填入新词，歌颂了井冈山军民御敌的胜利，嘲讽反动军队的失败：

“我站在黄洋界上观山景，忽听得山下人马纷纷。举目抬头来观

---

① 访问邓华同志谈话记录，1971年2月16日上午和17日上午。

② 访问安源敬老院谭福生记录，1967年5月19日、1970年11月10日。

看，原来是蒋贼发来的兵。一来是，农民斗争少经验；二来是，红军主力离开了永新，你既得宁冈、新城多侥幸，为何敢来侵占大小五井？你既来把山来进，为何在山下扎大营？你莫左思右想心计不定。我这里内无埋伏，外无救兵。你来、来、来，请到山上来谈谈革命。……你来、来、来，我准备着南瓜红米——红米南瓜，犒赏你的三军。……你来、来、来，请你到井冈山上领教革命。”

红军战士在黄洋界上唱的这出《空山计》，受到台下观众热烈鼓掌，齐声叫好。

接着，胡世俭表演二胡独奏，他还和彭琦表演了双簧相声，彭儒跳了单人舞。另外，还有湖南花鼓、四川小调、宁冈采茶等节目。尽管舞台简陋、服饰单一、节目编排仓促，有的甚至是即兴上台，但皆由战士们自己表演，人人喜笑颜开，会场充满欢乐热烈气氛。

当时在台下站着观看的朱云卿笑着对旁边的曾士峩说：“老曾啊，你也上台唱几句湖南花鼓戏吧。”朱云卿比曾士峩小三岁，私下交流时他常称曾士峩为“老曾”。

“哈哈，我是真想和大家一道欢庆，可我缺少文艺天赋，确实不会唱啊。”曾士峩笑着回答。按说曾士峩在红军队伍中算是大文化人，受的还是教会学校教育，会唱个歌跳个舞什么的，可他偏偏不会，这大概是受到家庭及武举人父亲的影响，自小只对读书、习武强身充满兴致。即使参加革命到后来成为红军指挥员，除了行军打仗有重要行动外，他都保持着一个习惯，那就是晨起必练，拿起扁担舞上几十圈，抓个石滚子举上十次八次。所以，他接着说：“实在要上，我就给大家献个丑，表演个拳脚功夫吧。”朱云卿听罢一边笑一边连连摇手说：“今天节目多，等下回再搞庆祝，一定请你老曾来个武术表演！”

9月5日，朱云卿率一排部队赶往遂川县大汾镇，向毛泽东、朱德汇报黄洋界保卫战详细情况，同时接受攻打遂川县城的战斗任务。毛泽东听完汇报后，非常高兴，挥毫写下了著名诗词《西江月·井冈山》：

山下旌旗在望，山头鼓角相闻。敌军围困万千重，我自岿然不动。早已森严壁垒，更加众志成城。黄洋界上炮声隆，报道敌军宵遁。

高度赞扬了黄洋界保卫战的胜利。

9月26日，毛泽东、朱德率领红军大队经朱砂冲哨口回到井冈山，见到朱云卿、何挺颖、王佐、陈毅安、曾士峩、王良、朱良才、黄益善、陈士榘、刘型、陈龙鹤等人，称赞他们以不到一个营的兵力打败四个团，堪称奇迹。

六、主力回师捷报传

这时，据守宁冈新城的赣敌第五师周浑元旅第二十七团和靖卫团200余人，并不知道红军主力已返回井冈山，他们企图乘机进攻茅坪，随行还带着大捆浸过煤油的禾草纸，准备先对茅坪进行大烧大杀，进而侵犯大小五井。当时袁文才率第三十二团两个连正驻守茅坪。袁文才得知敌人阴谋后，一面严密监视敌人动向，一面火速派人上山向红四军军部报告。毛泽东、朱德研究后决定，集中兵力在茅坪附近歼灭来犯之敌。当天晚上，第二十八团和第三十一团从茨坪隐蔽出发，经小井、黄洋界，于30日到达茅坪、坝上等集结位置。根据茅坪周围的地形，红四军很快制定了在新城来茅坪的必经之地坳头垅布兵歼敌的作战计划。

坳头垅是茅坪北面一条南北走向的狭长山谷，好像一个长布袋。从坳头垅的长源亭至茅坪约3公里，一条小路直通茅坪，两侧地形险要。红四军的兵力部署是：第二十八团两个营从瓦屋里登高岭，担任正面伏击；第三十一团两个营从牛亚坡占领西山制高点，居高临下打击敌人；第三十二团绕道坝上截断敌人退路，以合力围歼各敌。

10月1日，敌周浑元旅的6个连由营长周宗昌带领，步步逼近坳头垅，不久就进入了“大布袋”，早已埋伏在四周的红四军随着朱德一声令下，枪炮齐鸣，杀声震天。

曾士峩、黄益善率三连在西山顶东侧阵地，隐藏在灌木林和齐人高的杂草丛中，向山谷间道路上的敌人猛烈射击。敌人则依仗武器先进、弹药充足的优势，就地趴在路旁低洼地或土坑，以密集弹雨泼向红军阵地，子弹在干泥上刨起一串串尘土，被打断的树枝树叶和杂草在空中乱飘。战斗打得激烈而胶着。曾士峩发现随着红军攻击力猛增，敌人只顾各自仓促抵抗，指挥已混乱。他抓住这一有利时机，一跃而起，率三连战士边射击边由山上飞奔而下，冲入敌群厮杀，狠打猛攻，很快将敌人部队切成几段，并与兄弟连队一起分别予以歼灭。

曾士峩在战场上的果断指挥及灵活的战术应用，在战后小结及不同场合受到了朱德军长的多次表扬。

坳头垅战斗仅半小时便告结束。全歼敌 1 个营，俘虏敌营长周宗昌 1 人、连长 1 人、排长 3 人、士兵 100 余人，缴枪 110 支。

紧接着，红军乘胜追击占领新城，收复了井冈山根据地的中心区域——宁冈全县。

10 月 13 日，红四军复攻遂川，守城赣敌第七师惧怕红军，不战而逃，红军再次占领遂川县城。

11 月 2 日，赣敌第二十一旅两个团与赣南独立师一部，联合会攻遂川。面对敌我悬殊力量，朱德、陈毅决定避战，遂率红四军撤离遂川，返回井冈山。

11 月 9 日，红四军第二十八团和第三十一团一营由茅坪出发，再度主动攻击新城的守敌。

战斗中，曾士峩根据上级部署，率三连从侧翼迂回突然袭击敌阵，打了敌人一个措手不及。在红军猛烈攻击下，敌二十七团狼狈向龙源口方向溃退。红四军随即占领新城，之后继续追击逃敌，在龙源口与敌再次激战，歼敌 1 个营。一天之内打两仗，缴枪 160 支，击毙敌营长 1 人，俘虏敌副营长 2 人、连长 1 人、士兵 100 余人。

11月10日，曾士峩率三连随红四军主力继续追击逃敌二十七团，在永新城外与敌周浑元旅第二十八团及二十七团一部发生激战，曾一度占领永新县城。这时，敌第三十五旅从吉安、永新交界处的天河赶来增援，由于敌多势大，红四军主动撤向宁冈。

此战后，敌军被迫采取守势，湘赣两省对井冈山的第二次“会剿”被击破。

曾士峩在连续征战中，有胆有谋、勇敢善战，几次得到红四军领导的赞赏。朱德有一次感慨地说：“我几次听人讲：秋收暴动部队中不少是‘学生军’，没有打仗的经验。我看伍中豪、陈毅安、曾士峩、王良等几个人就很不错嘛，对军事的悟性好，提高得很快。”

这时，根据地南至遂川井冈山南麓，北到莲花边界，包括宁冈全县，遂川、酃县、永新各一部分，形成一南北狭长的整块，加上莲花的上西区，永新的天龙区、万年山区等地，范围扩展了许多。

同时，边界根据地各项工作出现了新局面。

在红四军主力从桂东返回井冈山期间，在宣传红军性质的影响和红军宽待俘虏政策的感召下，国民党军队士兵前来投诚的不断增加。

10月26日，湘军营长毕占云率湖南国民党第八军阎仲儒部中的126人在桂东起义，被迎接上井冈山，编为红四军特务营，毕占云被任命为营长。

10月底，张威带领江西国民党军第二十一军96名官兵在袁州宜春起义，不久编入莲花红色独立团，后开到井冈山整训，编为红四军独立营，张威被任命为营长。

这两支起义部队，在红军的直接帮助和指导下，努力逐步克服了国民党军中留下的旧习气，成为优秀的人民子弟兵部队，为革命作出了贡献。

七、艰苦奋斗，破敌封锁

10月间，蒋介石在加紧策划对井冈山革命根据地发动第三次反革命“会剿”的同时，进一步对井冈山根据地实行严密的经济封锁。他们在通往根据地的大路、小道上，层层设置据点、关卡、步哨，盘查来往行人，严格控制货物流通，妄图困死井冈山军民。

这使得根据地与白区之间的交通与贸易几乎完全断绝。根据地内盛产的木材、茶叶、菜油等土特产品运不出去，广大农民无钱购买所需物品；而根据地内军民日常生活必需的食盐、布匹、药材等也无法从白区输入，呈奇缺状态。即使有少数小贩冒着生命危险偷偷运进一点生活必需品，因来之不易，进价很高和供不应求，售价极其昂贵。例如，当时一块银元可购50斤米，但只能买7斤食盐，最贵时只能买到4两。根据地军民生活何等艰苦，可想而知。还因为红军缺乏现金，“从军长到伙夫，除粮食外一律吃五分钱的伙食。发零用钱，两角即一律两角，四角即一律四角。”[①] 每人每天5分大洋的菜金，要用来买盐、买油、买菜等；但有时候，这5分菜金也保证不了，因此买菜只能拣最便宜的买。山上南瓜最多最便宜，保存的时间长，烹饪也简单。于是，煮南瓜汤就成为官兵每顿饭必不可少的食物，但很难在汤里见到几颗油花。至于主食则是当地生长的粗糙的红米饭，有时还得掺点野菜充数。

有一天午餐时，曾士峩一面喝着南瓜汤，一面对身边的黄益善说：“南瓜很好吃。它既可当菜，也可顶粮食，据说常吃南瓜对关节疼等毛病还有点治疗作用呢。我们益阳有个做南瓜饭的吃法，就是将南瓜切成小块放在锅底，把淘过的米盖在南瓜上面，放水煮。最后水干了，饭熟了，又香又甜，很多时候南瓜结起一层薄薄的锅巴，

①《毛泽东选集》第一卷，人民出版社1991年版，第65页。

味道更美。我记得我们家里吃南瓜锅巴，兄弟几个还互相谦让着吃呢。不过我在家最小，兄长和姐姐们都让着我。”黄益善笑道：“听你这么一讲，我好像闻到了这南瓜饭的香味啊！”曾士峩也笑着说：“是啊，想想都有点嘴馋了。咱们部队人多，不可能这样做小锅饭，南瓜汤也不错嘛。”

进入冬季，井冈山山高风大，寒气逼人，还经常伴随雨雪，湿冷刺骨。许多战士没有棉衣穿，只穿着破烂的两层单衣或一层夹衣；有的一时没有草鞋穿，只好打赤脚；谁要是能有一条薄薄的线毯或一床夹被就很不错，但也难抵御风寒。为在夜晚能稍微睡一会儿安稳觉，大家开动脑筋，多铺稻草，还弄些稻草塞在夹被里，有的还在夹被上再盖稻草，效果还真灵。

曾士峩在寒冷冬天的晚上，坚持每天夜里都起来查看战士睡觉情况，关好露缝的门窗，替战士拉盖被子，关心备至。有次他查铺听到一位不到20岁的年轻战士在说梦话：“妈妈，你……”第二天他亲切地对该战士说：“昨夜听见你说梦话，是想妈妈了吧。你妈是不是说‘不用挂念她’，鼓励你为天下穷人勇敢打仗？”这位战士不好意思地微笑着点了点头。曾士峩还仔细询问战士们最近有啥困难或有啥高兴事，问得战士乐呵呵的。这些细小的关心，常使战士们感动，也密切了官兵关系。在许多战士眼中，他们的曾连长既是带兵的长官，又如同家中的兄长，很亲切，大家有些想法也都愿意找他谈。

尽管红军物质生活异常艰苦，但因红军内部实行集中领导下的政治、军事、经济三大民主，官兵一起过着“待遇平等”的军事共产主义生活，广大指战员毫无怨言。

1928年10月中旬起，井冈山军民在黄洋界、八面山、双马石、朱砂冲、桐木岭的隘口继续修筑、加固工事和哨口，在每个哨口的制高点上设了瞭望哨，九陇山的工事也得到加固。

由于有了黄洋界保卫战的经验，加之此前曾士峩对井冈山各哨口先后都做过考察，对如何防守御敌有些整体想法。所以，在此次加固及构筑井冈山和九陇山防御工事的过程中，曾士峩很自然地也多次被特别抽出前往各山头哨口，参加部分规划部署和工事构筑的指导检查工作。这样一来，部队包括农民自卫军的许多指战员都知道了这位大个子的曾连长，并且对他刮目相看。而做事一向认真的曾士峩绝不指手画脚，一到阵地，就和周围的人共同讨论方案，提出自己的意见，还常常亲自动手。比如，他对工事位置的选点原则，工事与工事间的相互火力支持，工事的隐蔽、伪装，土、木、石三种构筑材料如何搭配使用以做到既牢固又不致在遭到攻击而破裂时再生二次杀伤等等，都一一提出建议，得到大家的认同。当时，不少熟悉他的战友都觉得奇怪："这个曾大个子哪里学的这些本事？""若不打仗，他在家乡很可能是位能工巧匠。"曾士峩听到这些议论，笑了笑，半开玩笑道："你们也太小看工匠了，我从上中学时就曾有过愿望当一名既会设计又能动手的高水平工匠、工程师。现在打仗顾不上，等将来革命成功了，我还想再去上学，真正当一个建筑或结构工程师。"

"储备充足的粮食"，这是巩固军事根据地的重要措施。井冈山地势险要，易守难攻，只要根据地给养充足，敌人就很难打进来。但是五大哨口以内的井冈山区，人口不满两千，产谷不到万担，粮食稀缺，仅够群众自用，部队要吃粮、储粮，都得去山下挑。于是在 1928 年 10 月间，井冈山军民掀起了一个下山挑粮、储粮运动。在这一运动中，毛泽东、朱德与战士一样，穿着草鞋，身背斗笠，挑着稻谷，翻山越岭，为根据地军民树立了榜样。

当时挑粮的路线有几条，其中重点是北路，即从红四军司令部及直属机关和部分部队驻在宁冈县的桃寮村，到山下宁冈县东面的柏露村。这条路往返 60 里，均为弯曲不平的盘山小路，一坡更比一坡高，一坎更比一坎陡，中途还要经过黄洋界哨口。挑粮的军民累了，经过黄洋界时，总要在路边一棵大槲树下休息一会儿，然后一鼓作气把粮食挑上山。毛泽东、朱德在挑粮途中也常在此休息，并和红军战士们促膝谈心。

当时，运粮时间具体为哪一天，是根据山下仓库备粮情况，利用备战间隙临时决定的。任务一来，大家踊跃参加并纷纷寻找工具。当时挑粮的箩筐、口袋和扁担等工具奇缺和不配套，动手慢了点的人，可能拿不到相应工具。

一次挑粮的前一天，朱德拿了根扁担和几个布口袋放在屋里。周围干部、战士都觉得朱军长经常和毛委员研究工作到深夜，年岁也较大，不能和咱们20多岁的年轻人一起去挑粮，否则会累坏身体。所以，大家劝他不要参加挑粮。朱德听后微笑着说："我年纪是比你们大一点，但身体好啊，有的工作可移到晚上去做，挑粮是很重要的大事，不能不参加。"见劝阻无效，朱德身边的军部文牍参谋（即秘书）朱良才就叫朱德的警卫员偷偷把那根扁担藏了起来。第二天，朱德找不到扁担，很纳闷，自言自语地说："哪个把我的扁担摸走了？今天挑不成粮了。"他继续找，仍然没找到，非常不高兴。看到此情此景，朱良才等人第二天只好让后勤部门为朱德新削一根竹扁担送上。朱德很高兴，拿起笔墨在扁担凹面写上"朱德的扁担"，并笑眯眯地说："好了，这下我不担心没扁担啰！明天就用上了。"引得在场的人笑声一片。

因挑粮的路程远，往往早晨出发，到下午三四点才回来。道路崎岖，山路难行，俗话说"千里不捎针"，所以大多年轻的红军干部、战士仅挑30多斤。朱德军长年岁较大，理应少挑一点，可他挑粮时，担子一头是行军时背米的3个白布米袋，另一头是一个用粗厚布缝的北方人叫作"捎马子"的米袋，两头共计装40斤，再加上他经常带着一支德国造三号驳壳枪和一条约百发子弹的皮子弹袋，总共有四十六七斤，比不少战士挑得还重些。这使所有看见这些的指战员都非常惊讶和敬佩，纷纷要求从他粮袋中分走些，以减轻军长的负担，但每回都被他拒绝了。

有一次，朱德满头大汗地和警卫员一起挑粮经过黄洋界那株大槲树，碰上几位挑粮战士正坐在树下休息，他们见到军长也挑粮过来，感动不已，立即站起来请军长歇息。朱德放下担子，和大家一起休息、聊天，问大家累不累，老家在哪里，父母亲情况等。战士们齐声回答："不累！"还简单地作自我介绍。一湖南籍战士激动地说："军长都和我们一样担谷，我们后生家还讲累，就太没有出息啦！"大家听后都笑了。

过了一会儿，曾士峩领着十多人挑着粮食过来，见军长正和战士聊天，随即也在槲树下一字排开休息。

朱德注意到曾士峩走路稍微有点一瘸一拐的样子，便关心地问："曾士峩啊，我看你今天走路有点不得劲，是不是你最近又受过伤还没有好完全？"

曾士峩笑着回答："多谢军长关心，我最近没受伤，但肩膀好久没担过担子了，尽管现在担得不重，还是有点不习惯，总想来回换肩。今天回来走到半山坡边走边换肩，不巧踩在一块小石头上，石头一滚，脚脖子崴了一下，没事。"

朱德感慨道："是啊，好久不挑重东西了，我换肩的次数也不少。走山路，脚下就得小心点。"

这时，曾士峩和战士们见军长挑的粮食较重，也都要求给他减少担子上的粮食，但都被笑拒了。朱德看了看曾士峩挑的米担，说："你自己的担子就不轻呢！再要帮我减轻负重，要是把你压趴下了，战士们也要开我的批评会，说朱德不爱惜干部呢。"

朱军长的诙谐话语，逗得周围战士们都乐了。曾士峩更是感激地点着头说："跟军长比，我们年轻，就该多干点！"

朱德颇为感慨地望了一眼他已渐渐熟悉了解的曾士峩，别有深意地说："放心吧，以后需要用你们的地方多着呢。"接着他站起身说："休息好喽，我们再赶路！"说完又挑起粮食和大家一起健步直上井冈山。

这时挑粮的队伍达五六十人，浩浩荡荡，蔚为壮观，行进途中，为活跃气氛，提振精神，有的战士还唱起了山歌，一位湖南籍战士则喊起欢快的劳动号子：“大家加油啰！喔嗬——”跟着，另几位战士也答以：“喔嗬——嗬嗬嗬——”一片片欢笑声回荡在长满密密的乔木、灌木的山坡上和深山幽谷中。

当时红军宣传队还编了快板书：朱军长挑粮过黄洋坳，毛委员在茨坪昼夜操劳，全军团结齐心革命，胜利在望必定牢靠。

另一首歌谣是：朱德挑粮上坳，粮食绝对可靠。大家齐心协力，粉碎敌人“会剿”。

毛泽东、朱德亲自挑粮的模范行动，带动和鼓舞了挑粮军民，大家鼓足干劲，在一个多月时间内多次组织挑稻谷上山，很快就装满了大小五井的村村户户粮仓，连黄洋界哨口的石亭子里也堆满了粮食。

边界“二大”规定的另一项任务是“建设较好的红军医院”。早在1927年10月毛泽东率领工农革命军到达井冈山后，就在茅坪攀龙书院办起了井冈山革命根据地的第一所医院——茅坪红军医院。刚开始医院仅有两名中医、一名西医、四名司药兼护士，加上卫生队担架人员，共20多人。由于敌人实行严密经济封锁，药品奇缺，西药运不进来，几乎全靠中草药。井冈山附近只有几家很小的中药铺，即使把他们的药品全部收购上来，也只够用一两个月。为此医院组织人白天上山采药，晚上切药赶制，仅一个多月，就采制了土人参、当归、甘草、黄连、红总管等五六十种中药材。

遇到山上草药生长旺期，采药人手不够，曹鏶院长得知曾士峩生长在山区，懂些草药知识，就请示领导批准，让曾士峩带些战士进山帮着采药。接到命令后曾士峩很快带领10多名战士赶来，一人一个背篓、一把小锄头，呼啦啦上山采挖，几天工夫就采摘了200多斤的鲜草药。曾士峩还给医院献上了一道家传的专治跌打损伤止血止痛的秘方。这道方子是曾士峩的父亲为习武练功特别传授给几个儿子的。这让院领导和医生护士们十分感动。

众人拾柴火焰高，在大家齐心努力下，医院因陋就简办起一个小制药厂。最初仅有一个手工碾碎药的碾槽和两把镊子；没有瓶子，就用布袋装药丸，用竹筒装药水；没有药棉，就用晒过的旧棉花蘸上盐水，或用金银花水消毒；没有手术刀，就用剃刀代替；没有镊子，就用竹片做；医疗条件非常简陋。到1928年4、5月，又将红军医院从茅坪搬到井冈山上。1928年冬，边界党和政府从宁冈、永新、酃县等地调来许多木工、石匠、铁匠，又从部队调来许多红军干部、战士，在小井盖起一所可容纳几百名伤病员的红军医院。该院被命名“红光医院”，曹鑅任院长，肖光钺任院党代表，曾志任党支部书记。红光医院的建成，一定程度上改善了红军伤病员的治疗条件。按原计划，红军医院要建三栋房子，但因敌人的第三次反革命“会剿”已经临近，所以仅建成一栋。

在以毛泽东为首的边界党的领导下，根据地军民经过短时间的顽强努力，迅速修筑加固了完备的工事，储备了足够的粮食，建设了较好的红军医院，从思想、军事、经济等各方面，做好了粉碎敌人第三次反革命“会剿”的准备。

1928年12月10日，彭德怀、滕代远等率领平江起义组成的红五军主力四、五纵队和军部直属队七八百人，与毛泽东、朱德派出迎接红五军的毕占云、何长工部在莲花县九都相遇。随后，红五军经三湾、古城到达宁冈县新城，同红四军会师。11日，在宁冈县新城西门外举行庆祝红四军、红五军会师大会。毛泽东、朱德、彭德怀、滕代远在会上讲了话。两军的会合，进一步壮大了井冈山革命根据地的武装力量。这使敌人更加恐慌，从而也加快了对井冈山根据地进行第三次反革命“会剿”的速度。

第七章

为大众之生息而战斗

一、在探试“围魏救赵”中

1929年1月初，国民党谋划在湘赣两省集结6个旅计18个团约3万人，分5路扑向井冈山，对革命根据地发动第三次“会剿”。

此时，红军主力只有4个团近6000人的兵力，敌众我寡，形势十分严峻。敌人先在井冈山周围建筑许多据点，盘查来往行人和车轿，进行重点封锁，然后逐步向中心压缩。随着敌人封锁围困不断加强，井冈山军民的给养愈来愈困难。

红军在宁冈柏露村召开扩大会议，传达和讨论中共六大决议，并着重讨论如何粉碎敌人的第三次“会剿”。曾士峩此时已调任三十一团一营副营长，列席了此次联席扩大会议。

会议在讨论反“会剿”作战策略时，出现了三种意见，正如陈毅后来给中共中央的报告所说——“第一派以守为攻说：积极准备边界八县群众的力量，凭藉井冈天险，引敌人到山下来攻，俟其疲敝，然后由红军及群众夹击消灭敌人。第二派死守主义：在军事观点上断定井冈山天险敌人不能攻破。在政治分析上，决定在三全大会敌人破裂可期（蒋桂战争），因此主张红军死守井冈，准备两月时期即可得最后胜算。第三派抛弃边界说：红军应打圈子，到别处另图发展，不要在边界死守，红军一去敌人也要退去，如此才能保存边界党及群众组织。”[①] 经过与会者进一步热烈讨论和分析研究后，毛泽东、朱德最后决定：既不消极死守，也不放弃来之不易的井冈山根据地，而是采取“攻势的防御”作战方针。即留部分红军守山，坚持内线防御；大部分红军主力主动离山出击，迂回至敌后，到外围开展游击战，引走部分参与“会剿”的敌人，减轻对井冈山根据地的压力，并择机消灭敌人，同时解决给养问题，粉碎敌人的第三次“会剿”和经济封锁，即实行“围魏救赵”的策略。该决定得到绝大多数与会者赞同。

接着，又对哪部分红军下山出击，哪部分红军守山进行了讨论。担任出击的部队，远离根据地，对新环境不熟悉，情况复杂多变，既要保存自己，又要择机消灭敌人，任务非常艰巨。担任留守的部队，要吸引两省“会剿”的敌军，掩护出击部队，任务同样十分艰险。会议分析了出击和守山两项任务各自的特点，认为红四军出击敌后，红五军留守井冈山，两支部队里应外合，是比较适宜的。同时考虑到红五军刚上山不久，人地生疏，决定将熟悉井冈山地形和当地群众的红四军第三十二团留下协同守山。

这时，敌人把湖南茶陵、酃县、资兴、汝城、桂东、永兴六个县和江西萍乡、莲花、宁冈、永新、遂川、铜鼓、万载七个县划为“匪区”。接着，又把江西的七溪岭、古城、砻市以南，十都、大院、八字水以东，石门岭、大汾、禾源以北，藻林、五斗坑（江）、车坳、拿山以西，划为“接战区”。并催促各路“会剿”军头目率领所属部队于 1 月 10 日以前到达指定地点待命，准备等总指挥何键 15 日到达萍乡后，开始总攻。

形势非常严峻，红四军如果不在敌人进攻前离开井冈山，后果将十分严重。

1929 年 1 月 14 日，农历十二月初四，是“三九”第 6 天，一

① 《陈毅军事文选》，解放军出版社 1996 年版，第 29 页。

场飘飞了几天的大雪终于止住，被薄云遮挡多日的阳光均匀地撒向大地，给寒风刺骨的井冈山区带来丝丝暖意。

在阵阵嘹亮的军号声中，红四军主力3600余人，高举红旗，精神抖擞地在井冈山腹地茨坪、小行洲等处营地，整装待发，守山部队和群众怀着依依惜别的激动心情，纷纷前来送行。大家千言万语汇成一句话：坚持斗争，山下山上互相支持，坚决打破敌人的经济封锁和军事“会剿”。

部队告别了前来送行的战友和乡亲后，踏着冰雪浩浩荡荡地离开井冈山，趁国民党“会剿”部队尚未形成合围，经遂川大汾、左安向赣南进军，实施外线机动作战。

出发时红四军的编制为军部和6个营：第二十八团团长林彪，党代表何挺颖，辖一、三营；第三十一团团长伍中豪，党代表蔡协民，辖一、三营；特务营、独立营和一个教导队。曾士峩此时仍任三十一团一营副营长。

当晚，快速南进的红军，以迅速勇猛的突击歼灭遂川大汾的国民党守军一个营，突破了封锁线。为扩大影响，尽快把敌人的注意力吸引过来，以解井冈山之围，就地释放了俘虏，让他们回去通风报信，借俘虏的嘴为我军做宣传。

仅隔一天，敌“会剿”代总指挥何键发现红军主力跳出了他精心策划的包围圈已南下，急电蒋介石，报告对红四军主力部队“追剿”和对井冈山三路“进剿”的部署。随即从他指挥的五路人马中，抽出第一路李文彬部和第五路刘建绪部，共4个旅，前往遂川县大汾、左安等地轮番围追堵截红军。这样，包围井冈山的敌军只剩下第二路张仁部、第三路王捷俊部和第四路吴尚部，共4个旅。红四军主力引走了“会剿”军的一半，大大减轻了对井冈山根据地的压力，实现了我军下山外线作战的第一个目的。

17日，红四军主力从遂川县左安到达上犹县营前；18日到崇义杰坝圩；19日占领崇义县城，活捉了国民党崇义县县长；20日在崇义县城城隍庙背大坪场召开军民大会，没收了几家土豪的财产分给贫苦群众，筹集了部分款项；21 日离开县城，到达铅厂；22 日到达崇义县南境义安圩。

红四军分两路开进至湘、赣、粤三省交界地区，并迅速占领没有国民党正规军据守的大余县城。部队进城后，立即打开监狱牢门，释放了革命同志和因债、因反压迫而蒙冤的贫苦农民与群众。24 日，红军在大余县城中山桥下河坝上召开军民大会，由士兵委员会秘书长陈毅主持，毛泽东、朱德先后讲话。大会结束后，当场把打土豪得来的财物分发给贫苦群众，受到群众的热烈欢迎。

这期间还发生了一件事。因当时大多数群众搞不清外国外交人员和外国商人及传教士之间有什么区别，总感到都是外来侵略者，区别在于背不背枪而已，遂将天主堂几名法国传教士抓起来游街。几名战士和 10 多名群众押着身穿中国当地绅士服装、其中一位还戴着黑色瓜皮帽的传教士游街，连着走了几个街区，引来居民群众围观看热闹，也引起人们不同议论。

为宣传政策、消除影响，曾士峩受委派前去与传教士们谈话交流，让他们不必害怕，先把情绪稳定下来。

曾士峩离开信义学校差不多有 3 年时间了，英语忘掉了不少，他用英语和传教士进行了几句日常会话后，稍微停下来想了想，然后用自己脑子里临时组织的词汇、不一定很贴切的书面英语，简明扼要地向传教士们宣传了红军的性质、宗旨和政策，大意是：先生们！中国工农红军第四军是中国共产党领导的武装部队，其目的是要在全中国建立一个为人民大众利益服务的统一政府。红军保护合法在华活动的外国人；但须明白：不要以传教等名义暗地里做任何有损中国人民利益的事。

在场的战士和围观群众看到曾士峩副营长能用洋话和这些黄头发、蓝眼睛的外国人谈吐交流，十分好奇，也啧啧赞叹，觉得共产党红军部队的长官肚子里装有洋墨水，真是不简单。而传教士们对被国民党宣传为“共匪”的红军部队中有能讲外语的人，也颇感兴趣。他们一声不吭地认真听着，听完后连连点头道：“是，是！”原来他们几个都不同程度地会讲汉语，有的甚至还会点当地方言。随后，曾士峩根据上级安排，将传教士们释放，让他们自己回天主堂住处了。

1月25日，从遂川起就尾追红四军主力的，赣敌战斗力较强的第七师二十一旅李文彬部3个团，悄悄逼近大余县城。红军由于离开了根据地，没有地方党组织配合，亦无人随时递送情报，对敌人如此迅速地尾追过来，居然一无所知。近黄昏时，完成了进攻准备的敌人突然发起猛攻。红军只能仓促被动迎敌，在大余城东北高地等处与敌展开激战。因兵力来不及集中，又不断遭到优势敌人密集的轻重机枪扫射，致反击受阻，损失很大，伤亡200—300人。第三十一团一营营长周昉、独立营营长张威、第二十八团特务连连长郑特等在战斗中牺牲。红军在给敌以重大杀伤后，迅速撤离大余县城。当晚，红四军在距大余县城40里的杨梅清点整理队伍时，才发现战斗中负重伤的第二十八团党代表何挺颖，在夜行军中因无专人照顾，从马背上摔下来，亦不幸牺牲，年仅24岁。

何挺颖，1905年生，陕西南郑人，1925年考入上海大同大学，不久转入上海大学社会学系，加入中国共产党。1926年秋，在国民革命军第八军任团指导员，参加北伐战争。1927年，到武昌国民革命军第二方面军总指挥部警卫团。1927年9月，参加毛泽东领导的秋收起义。历任工农革命军第一军第一师第一团连、营党代表，红四军第十一师、第三十一团、第二十八团党代表，为创建井冈山革命根据地作出了重要贡献。对何挺颖的不幸牺牲，毛泽东、朱德十分痛惜，并安排专人找到他的遗体，在一块靠有小松林的坡坎上掘地安葬。伍中豪、曾士峩闻讯，也从第三十一团赶过来，向一起参加秋收起义的好战友默哀致意，送上最后一程。

曾士峩对战友周昉壮烈牺牲深感悲痛，誓以带好一营多立战功以慰先烈英灵。1 月 26 日，前委决定，曾士峩接任第三十一团一营营长。

为了摆脱强敌跟追，避免硬拼缠打，在运动中调动敌人，变被动为主动，红四军主力采取盘旋式打圈子的做法。在撤出大余后，红军兵分两路行动。这时正值隆冬，山区更加寒冷，又逢天气突变，雨雪交加；路旁的枯草上都包挂着一根根半透明的冰条，在寒风中摇曳；而红军指战员衣着单薄，有的连鞋袜都没有，赤着脚翻山踏雪，处境极其困难，全凭全军上下团结一致，同甘共苦，坚强地支撑着向前迈进。此时，粤敌驻韶关的第十五军派一个团快速开往南雄截堵，意在阻止红四军主力进入广东。

26 日天快黑时，兵分两路的红四军主力在广东南雄县乌迳会合。这时部队已十分劳累，就在一处大树林边的田坝子上就地露营。而堵逼的敌人也到达距此仅 5 里的村子宿营，准备次日拂晓向红军发起进攻。对此红军“丝毫不晓得”。“就在这时，这里地方党支部派出去的侦探把这消息带来了。我们即刻惊起出发，连号都没吹，是冬天露营，所以说走就走了。敌人来时平坝子已是空荡荡的了。这一次红军的命运那是极端危险的了。如果没有地方党的支部，那一下就会被敌人搞垮了。”①

红四军主力连夜从乌迳秘密转移后，再转回进入赣南，经界址进入信丰县李庄，在棉花坳突破敌人堵截，进入崇仙圩。30 日，到达定南龙塘圩，与赣南红军第二十六纵队会合。

二、圳下遭袭急援军部

1929 年 2 月 1 日，红四军主力从寻乌县菖蒲圩出发，到达项山的吉潭圩圳下村宿营。

---

①《朱德自述》，解放军文艺出版社 2007 年版，第 133 页。

圳下村四周群山环抱，是个山沟式村庄，南北各有一道满是乱石、杂树丛生的山梁，一条小河顺着山势从村子南边流过，此时河岸两边已结满冰凌，河面上结着薄冰。两山梁中间是一片东西走向几百亩地的狭长耕田，村中民居多建在小河北面的田垄间和山脚下。

当天夜里，军部、政治部机关分别驻在圳下村中心的文昌祠里；第三十一团为左路，担任前卫警戒，驻在田段两面；第二十八团为右路，担任后卫警戒，驻在文昌阁后和大营岗一带；特务营驻文昌阁西北侧不到一里远的地方，紧挨军部。

2 月 2 日凌晨天色未明，还没吹起床号，曾士峩就率一营随第三十一团担任前卫，按原计划静悄悄离村往东北吉潭圩方向开拔；依照指令，后卫第二十八团等单位正在早餐或整装待发。不一会儿，忽然枪声大作，原来赣敌第五师第十五旅刘士毅部的赖世璜部队 4 个团共 6000 多人，已于头日深夜悄悄包围住圳下村，现分兵数路突然向圳下村多处发起进攻，并将红军分割成几块，其中部分敌人很快插进了村子的腹地。红军一边积极应战，一边组织迅速往村外撤退突围。粟裕后来回忆道："最惊险的一次是二月初向罗福嶂开进时，听说那里是个山区，地形很好，山上还有几户土豪可打。当时，敌人离我们十多公里，我们一个急行军，一天走了六十公里，但敌人还是追上来了，凌晨，我们在项山受到刘士毅部的突然袭击。"①当时，军部被敌人包围在文昌阁和土围子里，情况万分危急。

毛泽东带着部分军部机关人员，趁昏暗和混乱往村外突围，与大部队走散。

朱德带着警卫班一起突围，他曾回忆："我便带了一个警卫班打后卫，一下十几里，一班打得只剩下三个人，还掩护了十几里路。这时队伍在前面集合起来了，敌人顺着大路猛追了去。我们三个人一插，从一条侧路走去，跑到山里一个有组织的农村，那里很好，

① 粟裕：《粟裕战争回忆录》，解放军出版社 1988 年版，第 81 页。

农民们又引路到前面去。我和毛泽东同志都和部队走散了。队伍都非常着急。我们到了，大家才放心集合到山上去休息。”①

原来，朱德所率警卫班，全部配备了当时非常先进的花机关枪即冲锋枪。敌人看到有拿冲锋枪的，认定有大官在里面，所以追击得更加凶狠。战斗最激烈时，朱德将手枪往腰间枪盒一插，悲愤地捡起牺牲的警卫战士的冲锋枪，朝追敌猛烈射击，扫倒一个个敌人，阻滞了越来越近的追敌。最后，在混战中跑到一条岔道的侧路，才甩掉敌人。部队分头组织了有序抵抗。然而特务营抗敌不支，第三十一团和第二十八团闻讯急速回袭，分头与敌激战，且战且往项山罗福嶂方向撤退。

期间，曾士峩率第三十一团一营为前卫，因较早离开圳下村的中心区，虽也遭到一股敌人攻击，但未被包围，正与敌缠战。曾士峩和第三十一团团长伍中豪在一起，当得知军部被围的消息，他急切请示：“团长，我带一营回去增援军部！”

“好！一定要找到朱军长和毛委员！”伍中豪答道。

曾士峩当即指挥一营先进行一次猛烈的主动攻击，逼退追敌后，急抄小道快跑近两里飞速返回圳下村中心区，一阵强攻猛打，撕开敌人包围圈，很快加入特务营的战斗，与特务营及第二十八团部分队伍并肩反攻正包围军部之敌，与四处搜寻、追击的多股敌人近战拼杀，掩护军部非战斗人员突出敌人重围。战斗中一营一名战士牺牲三人受伤，以较小的代价换取了最后剩余部队的突围。

三、激战大柏地

2月3日，红四军主力撤离项山圳下村后，暂时摆脱了追兵，到达闽粤赣三省交界的寻乌县罗福嶂山区。从圳下到罗福嶂只有几

①《朱德自述》，解放军文艺出版社2007年版，第134页。

十里路程，但要翻过几座大山，天上下着大雪，路非常难走。部队在罗福嶂休息两晚。

4日上午，红四军在祠堂内召开前委会议。天气极寒，厅中央燃一大堆木柴取暖，烟雾很多。大家围着火堆开会，有的坐凳子，有的坐柴禾堆。会议总结离开井冈山以来的经验教训，特别是下山后几次战斗失利的情况，分析了形势，研究了斗争策略，决定减少指挥层次，军委机关“暂停办公”，改为红四军政治部，军队内各级党委由前委直接领导指挥，毛泽东任前委书记兼红四军党代表兼红四军政治部主任。

下午，曾士峩在同一祠堂内，参加连以上干部会。上午的取暖火堆中仍有木炭在灰烬下继续燃烧着，祠堂内暖暖的。会议传达了上午前委会精神和决定，鼓励和动员广大指战员勇敢战胜严寒和追敌。会刚开完，前方来报，跟踪追来的敌第十五旅正在包围罗福嶂，建议红四军立即转移。红四军随即率部撤离，沿闽赣边境向北朝瑞金、吉安东固方向移动。

2月5日，红四军主力折入福建省武平县境内，两天后又返回江西省会昌县。8日，到达瑞金县城近郊乌石龙时，红军原来打算进瑞金县城，但搞不清城里敌人状况，只派一小部红军进城去抢报纸并得手，与敌人遭遇后迅速撤离。瑞金县城守敌郭凤鸣旅遂派一个营气势汹汹尾追而来，经激战被击退。接着，红军从乌石龙经黄柏往瑞金县城北部大柏地、隘前一带进发。

2月9日中午，进到大柏地王家祠宿营，第三十一团驻王家祠北边为前卫，第二十八团宿营于大柏地的麻子坳为后卫。大柏地是一个偏僻村庄中的圩镇，人烟稀少，距瑞金县城约60里。从隘前、麻子坳到大柏地是一个南北走向弯曲回转的狭谷，长达十余里，只有一条部分地段铺有石板的小路往北直通宁都县城，是瑞金到宁都的必经之地；小路两边高山耸立，古树苍郁，灌木、杂草丛生。村前有条小河，从北向南流入福建的汀江。村南的山梁两壁夹峙，形成隘口，地势险要，可攻可守，是一处非常理想的伏击战地域。

敌军根本看不明红四军下山的主要目的是要调走敌进攻井冈山的兵力“围魏救赵”，同时解决给养问题，以再图发展壮大。现在，看到红军接战后均迅速撤退，误认为红军已难坚持。2 月 9 日上午，一直想争头功的敌第五师第十五旅刘士毅部，分两路经黄柏、壬田，来势凶猛地追向大柏地。下午约 3 点钟，我第二十八团第二营与敌先头部队交火，一直打到天黑，阻击住敌人前进，双方相持一阵后脱离接触，敌人就地驻扎。

敌人在加紧对红军前堵后追，常常仅差一天的行程紧跟在红军背后，最近时仅差四五里，沿途的地主武装不断来袭，红军随时随地都有可能与敌发生战斗。天上不时下着小雨或雨夹雪，夜间结冰加上寒霜，部队缺少足够的御寒衣装，有的战士仅穿几件单衣，潮湿的衣服贴在身上，寒冷刺骨；有时部队刚停下生火烤衣取暖，马上又要打仗或急行军前进。指战员一个个脑后军帽外露着一寸多长的头发，衣衫褴褛，又瘦又黑，身体疲惫异常，但坚决战胜敌人的斗志从未减退。

曾士峩的体质一向很好，但经过连续 20 天平均每天 90 里急行军，加之率部一次又一次进行大小战斗，也感到很疲乏。不知什么原因还一反常态，耳朵和脚后跟生起了冻疮，又红又肿，左脚后根被草鞋磨破，流血结痂后再被磨破，又痒又痛，走路一瘸一拐。部队随行缺医少药，更没有治疗冻疮之类小恙的药物可用，曾士峩就常随手在河边、水塘或田边，沾些冰凉的水擦拭轻揉患处，以减轻冻疮不适。伤口流血多了，就弄块布条捆扎一下。即使再苦再累，军装破旧，他仍努力保持军人风貌，把帽子戴正，纽扣扣好，衣服实在破得不行，就缝上几针。总之在战士们眼中，他们的营长始终抬头挺胸、朝气蓬勃、精神抖擞地走在队伍前面，给人一种充满力量的感觉。战士们并不知道，此时的曾士峩胸中有一股热流正涌动升腾，他实在不甘心敌人像恶狼一般跟在身后嚣张，一定要狠揍他们一次才对。他的想法很快变得愈加清晰、成熟，他预感有一场大的战斗即将到来。

红军指战员们在连续急行军和频繁战斗中，对依仗人多武器好轮番穷追的敌人的仇恨与日俱增，大家早已憋了一肚子闷火，群情激愤，纷纷请战，要求寻找有利时机狠狠教训敌人。2月9日是大年三十。本来，红四军主力按军部命令，第二天应从大柏地出发向宁都县城方向前进。下午，前卫第三十一团得知后卫第二十八团已和追敌先头部队接上火，燃起一种渴望求战狠狠痛击敌人的怒火。一营营长曾士峩、党代表蔡会文与三营营长陈正春、党代表罗荣桓四人一起简短商议后，主动向团长伍中豪、党代表蔡协民请战：不愿再继续被敌人追着打，决心停下脚步回过头来在大柏地拼死一战，打垮尾追敌人。

这与毛泽东、朱德的想法不谋而合。当晚，在王家祠堂召开简短的前委会，分析此刻我军优势和劣势，以决定是否在此与敌一战。大家认为：敌人此时气焰骄横，必然轻敌。另外刘士毅部在遂川曾被红四军打败过，尽管武器装备好，但战斗意志本来就不强，战斗坚韧性不足，现在又连续紧追红军，部队已相当疲乏。更何况此次刘部孤军深入，对抗态势对其很不利；红军虽然疲惫不堪，弹药不足，但久屈求伸，求战心切，士气高昂。此地虽无群众助战，但地形非常有利。前委决定：利用大柏地杏坑村附近麻子坳的有利地形，给予孤军冒进的追敌第十五旅以坚决有力的痛击。

为了帮助饥寒疲乏的广大指战员迅速恢复体能，提高战斗力，首先应当让大家吃饱饭和抓紧时间休息。但是大柏地不是红军的根据地，部队缺粮、缺钱，也来不及采买，一时不知道如何解决开餐问题，各部队司务长急得团团转。一位前委的工作干部深入群众家调查后，发现房东和其他老百姓家中除粮、油外，还购买准备了很多鱼、肉、副食品，准备过春节新年，于是向百姓借食粮、油、肉、菜等，并列出每家所借食物的详细清单，开具借条。将士们吃了一顿饱饭过年，精神大振。

当晚，曾士峩、蔡会文回到一营驻地，召开连、排级干部会，传达前委命令，并敦促大家抓紧休息，迎接次日的战斗。

2月10日，大年初一，拂晓，阴雨绵绵，天色灰暗。红军按部署兵分三路各自进入阵地，形成一个口袋阵：第三十一团在大柏地以南四里左右远的麻子坳东面山上设伏，第二十八团第一营在大柏地以南四里左右远的麻子坳西面的山上埋伏，两支队伍形成对狭谷夹击之势；第二十八团第三营从右翼向敌侧后迂回，截断敌人退路；军部特务营从大柏地的正面引诱敌人。而第二十八团第二营因在前一天战斗了一下午，就与军部独立营和直属队一起留在大柏地担当预备队。

中午，骄狂麻痹的敌人果然大摇大摆地向大柏地冒进。下午3点，战斗按红军的原计划打响。军部特务营与敌人前卫相距不到半里正面交战射击，佯装不支，且战且退。敌人不知是计，迅速增兵猛追，想一举消灭红军。敌指挥官求胜心切，催促部队一路狂追，蜂拥而来，两团3000之众全部钻入红军张开的伏击区“口袋”底部麻子坳、杏坑村附近。

看到歼敌时机已到，朱德发出了攻击的号令。

霎时间，枪炮声大作。红军从山谷两侧高山上，居高临下用迫击炮、轻重机枪、步枪向山谷小路上、田埂边的敌人猛烈射击，打得敌人晕头转向。因小路很窄，敌人数千人马难以展开，有炮来不及架设，只能乱哄哄地朝两侧山上开枪还击，但又看不清埋伏在山上树林和灌木丛中的红军目标，泼水似的机枪子弹扫得山上树枝树叶纷纷落地，却根本压不住红军的火力。

突然，山头的指挥所处七八支军号齐声吹起了冲锋号，嘹亮的“哒哒嘀——哒哒嘀——”声在山谷中回响，这号声震撼着敌人，也使红军指战员热血沸腾。

“冲啊——”曾士峩率一营和三营一起担任正面阻击任务。红军武器远不如敌人，子弹也不多，绝大部分战士枪上也没有刺刀，但他们个个士气高昂，毫不畏惧。曾士峩一如往常，挥枪飞奔在队伍最前面，很快就冲到敌人阵前。

平日训练时，曾士峩常对战士们说："跟敌人越接近，你的生存机会就越多，取胜机会也越多。"因为越接近，敌人的武器优势往往越得不到发挥，只能靠徒手拼杀，这个时候不怕死的勇气和熟练的格斗技术最重要。曾士峩的这种作战理念和大无畏的英雄气概，以及在战场上的榜样示范，深深激励着战士们。和此前每一次战斗一样，这一次，曾士峩一手挥枪一手拿刀，带领战士们跟敌人战斗。子弹打光了，就用枪托、大刀、石头和敌人拼杀，甚至徒手搏斗。战场上，枪声、呐喊声、撞击声混成一片。

二十八团一营也从山上冲下来。红军迅速将敌人分割成几段，厮杀在一起。战至天黑，双方呈对峙状态。红军在山上山下严密监控着敌人动向；敌人则凭着优良的武器和充足的子弹组成强大火力，构织了几道防御圈后，胆战心惊地就地宿营。

2 月 11 日早晨，细雨仍绵绵不断。红军向被分割包围在山谷中 1000 多米范围内的敌人发起全面攻击，各路人马从山上、山下四面八方如潮水般地杀向敌群，激烈战斗随即展开。战至上午 9 时，红军军部为进一步增强攻击力，尽快歼灭敌人，命令第二十八团二营再次投入战斗。本来已在战场上占主动的红军，见预备队杀了上来，更是越战越勇。

曾士峩率第三十一团一营与敌人拼杀一个时辰后，发现约 150 米远的山坳下一座半面墙已倒塌的小屋旁，有几个敌兵在匆忙架设重机枪阵地，两挺水冷重机枪正瞄准红军阵地和移动的队伍。机枪手在来回调整机枪标尺，旁边堆放着几箱子弹，除子弹装填手外，还有数个敌人用步枪在射击，对我军威胁很大。

曾士峩扫了一眼敌重机枪阵地周围的地形后，高喊一声："一连长！"

"到！"已打红眼的一连张连长听到呼唤，立即从 10 多米外跑了过来。曾士峩指着敌人重机枪阵地对他说："你带两个排，和我一起分两路迂回上去，干掉它！"

"是！"张连长斩钉截铁地回答。曾士峩随即高声命令道："机枪掩护！跟我上！"

曾士峩手枪一挥，霍地跃起，率战士分左右两路飞奔爬上山坡，凭借灌木隐蔽前进，跳跃着向正在喷射火焰的敌重机枪阵地冲过去，出其不意对其一阵猛打速攻，有数发子弹直接命中重机枪防护挡板和枪体，顿时火星四溅，机枪射手应声倒地。很快，敌人另一挺机枪又"哒哒哒——"横扫过来，几名战士相继负伤，这更激起了红军战士的怒火，立即集中火力进行反击。经过激烈的近距离交火，我军击伤、击毙敌重机枪阵地的全部敌人，并将缴获的两挺重机枪调转枪口，子弹喷射而出。紧接着，曾士峩又率领战士们杀入敌阵。

二十八团三营从侧翼迂回到敌后，截断敌人退路，迅速捣毁设在茶亭岽的敌旅指挥所。失去战场指挥的敌人，更加混乱不堪，东奔西窜地顽抗。激烈的战斗在山谷中持续着，敌人左冲右突，始终不能撕破包围圈。战至中午 12 时多，对敌包围圈越来越小，一枚手榴弹就可杀伤一大片。伴随着"缴枪不杀！""红军优待俘虏！"的喊话，混乱不堪、垂头丧气的敌人纷纷举手投降。此次战斗，歼灭刘士毅旅的两个团大部兵力，俘敌团长萧致平、副团长钟桓等 800 余人（由于当时不认识敌团长，让他混在士兵中趁红军释放俘虏时得以逃脱），缴获重机枪 6 挺、步枪 800 余支，其残部仓皇逃回赣州。

大柏地战斗的胜利，是红四军自下井冈山以来取得的第一个大胜仗，军威大振，士气大涨，沉重打击了敌人的嚣张气焰，迅即扭转了红四军在赣南的被动局面，取得了作战的主动权。敌李文彬部得知刘士毅惨败，再也不敢尾追拦阻红军。

这一胜仗，既是红四军带给赣南人民 1929 年的新年贺礼，也为红四军开辟中央革命根据地拉开了序幕。当年 9 月，陈毅在向中共中央的报告中说："是役我军以屡败之余作最后一掷，击破强敌。官兵在弹尽援绝之时，用树枝、石块、空枪与敌在血泊中挣扎，始获最后胜利，为红军成立以来最有荣誉之战争。”①

1933年夏天，毛泽东率军重走故地时，望着雨过天晴的大柏地，山峦叠翠，云蒸霞蔚，以及路边农舍墙上的累累弹孔，回想起当年大柏地拼死一搏伏击战的情景，不禁豪情满怀，思绪万千，挥笔写就脍炙人口的篇章《菩萨蛮·大柏地》：赤橙黄绿青蓝紫，谁持彩练当空舞？雨后复斜阳，关山阵阵苍。当年鏖战急，弹洞前村壁。装点此关山，今朝更好看。

四、在巩固东固革命根据地中

1929年2月12日，红军经大柏地一战，士气特别高昂，马不停蹄地乘胜往北部宁都挺进。

宁都县城依山临水，筑有双道城墙，易守难攻。但驻守县城的民团团长赖世琮得知刘士毅部在大柏地惨败，早已闻风丧胆，现红军乘势来攻，遂不战弃城而逃。

2月13日上午，红军兵不血刃进占宁都县城。进城后，对发展地方党组织、开展武装斗争、协助红军筹办军需品以及侦察敌情等问题做了部署。朱德还致函宁都商界，指出“红军是为工农谋利益的军队，对于商人极力保护，纪律森严，毫无侵犯”。在商界密切配合下，红军在宁都筹得现大洋5000元，草鞋、袜子各7000双、白布300匹，暂时解决了红军主力的一些困难。当天夜里，红军指战员每人发了四角小洋和新草鞋、新袜子。

曾士峩在脱去结有冻疮血痂的旧袜子、穿上刚领到的新袜子时，自言自语地说：“新袜子蛮暖和，但旧袜子也不能丢，洗洗补补还能用。”旁边的蔡会文接话说：“对啊！留着备用，如果穿新旧两双更

---

①《陈毅军事文选》，解放军出版社1996年版，第5页。

暖和些。”话虽这么说，不到最需要的时候，他们还是舍不得穿新袜子。红军异常艰苦的生活，在这些经历无数次生死磨难的革命者看来，实在不算什么，眼前的这些艰苦都是一咬牙就能挺过去的。红四军近一个月的流动作战，饱尝了脱离根据地的苦头：得不到粮食、被服和人力的补充，得不到休养生息的环境，伤病员无法安置，更缺乏当地群众的密切配合和支持。事实证明，红军要巩固和发展，不断战胜敌人，就必须建立根据地，依托根据地进行武装斗争。为此，红四军前委给中央的报告写道：“到罗福嶂后为安置伤兵计，为找有党有群众的休息地计，为援救井冈山计，决定前往东固（宁都、兴国、吉安之交，地属吉安）。”①

2月14日，曾士峩率一营随红四军从宁都县城出发，向另一块红色根据地东固开进。

东固位于江西省吉安县境内，因东固山而得名，地处吉安、吉水、永丰、泰和、兴国五县接壤处，离上述县城差不多都相距50多公里。四周群山重叠，中间有一片田地和村庄，人口最集中的地方有500—600户人家。镇后靠山，镇前有一条河。东固有5条狭窄的小路通向山外，地势险要，很适合屯兵。早在1927年2月，这里已成立中共党组织和农民协会。大革命失败后，在吉安求学的共产党员赖经邦、高克念、曾炳春等回到东固，秘密恢复党组织和农民协会，建立革命武装。后来发展成江西红军独立第二团和第四团，共有枪700支，在东固周围各县开展游击战。主要领导人有李文林、段起凤（又名段月泉）、金万邦、鄢日新等。李文林参加过南昌起义，曾任赣西特委秘书长。他们从1928年4月起，多次派人送信到井冈山，介绍东固情况，建立起两块根据地间的联系。

2月16日，曾士峩率一营随红四军取道黄陂、小布经永丰君埠、

① 《毛泽东军事文集》第一卷，军事科学出版社、中央文献出版社1993年版，第55页。

龙岗向东固前进时，红二团团长兼党代表李文林闻讯带领一连队伍，从兴国县莲塘赶到龙岗迎接，把红四军迎到东固根据地东部的南龙。红四军驻扎下来，很快在南龙水西村河坝上召开军民大会，指出：红四军来到一个新的根据地，必须严格执行“三大纪律、六项注意”，时刻注意搞好军民关系。17日，红四军抵达东固休整。20日，红四军与红独立第二、第四团在东固螺坑村会师。22日，在螺坑村石古丘河坝上召开会师庆祝大会。会场上锣鼓喧天，“打倒国民党反动派！”“红军胜利万岁！”等口号声不断。红四军在东固休整了一个星期，从井冈山下来一个多月的长途急行军和艰苦战斗所积累的疲困一扫而光，广大指战员又恢复了朝气蓬勃、生龙活虎的面貌。

按原计划，红四军在东固休整补充后就返回井冈山。但在此期间，从赣西特委送来的情报中得知，井冈山根据地在强敌围攻之下已经失守，由彭德怀、滕代远率领的红五军（已编为红四军第三十团）主力700余人也已突围向西南转移。原定的“围魏救赵”内外线配合，打破国民党军对井冈山根据地的第三次“会剿”的计划已不可能实现。同时，赣敌第七师第二十一旅李文彬部正从于都迫近东固，吉安驻军第十二师金汉鼎部的三十五旅六十九团、第三十六旅七十二团也从永新对东固取进逼架势。

在此情况下，红四军若以东固为阵地同强敌作战是不利的，将会使这个地区原来秘密割据的优势完全丧失。前委决定放弃在固定区域公开割据策略，而采取变动不居的“打圈子”游击方针，以对付敌人的跟踪穷追战术。红四军立即离开东固，沿闽赣边界向南打游击。

临别前，红二、四团送给红四军4000元光洋，并为红四军安置300多名伤病员。红四军赠红二、四团200支步枪及两挺机枪和一门迫击炮；同时留下一批有革命斗争经验的干部，帮助红二、四团加强政治和军事工作。

2月25日，曾士峩率一营随红四军主力在红二、四团和当地百姓欢送下，离开东固。往东经永丰县藤田、乐安县招携，3月2日到达宁都。

沿途转战，条件非常艰苦，红军严明纪律，进一步加强了政治建设。时任前委秘书长的江华后来追忆说：“有一件事，给我留下极深刻的印象，至今永记不忘。我们离开东固，经过永丰藤田，即往东插，沿山区走了3天，到了广昌、石城交界的白沙镇。这天晚上，毛泽东同志听说，有一猪贩子从石城赶着十几头猪到广昌，被三十一团军需处截留下来，给部队宰杀吃了。他立即派人把三十一团军需处长杨立三同志找来，问明了情况，严厉批评说：‘这哪里是革命军队，简直是绿林，这样的军队还能打胜仗？还能战胜敌人？’并且让连夜出布告，四处张贴，公开检讨错误，赔偿猪款。这次毛泽东同志真是气愤极了，还接连说要撤杨立三同志的职。……对于破坏军纪的问题，他一贯主张从严处理。……用来教育干部，教育部队。”①

3月3日，曾士峩率一营随红四军从宁都进入广昌苦竹，在此召开群众大会，宣传革命道理，号召劳苦大众组织起来闹革命。4日，红四军攻打下广昌县城，打开监狱，释放被捕革命同志和群众。5日，红四军撤离广昌县城。9日，到达瑞金县壬田。

五、主攻长岭寨

3月11日，红四军根据1月初在宁冈柏露村召开的中共湘赣边界特委、红四军和红五军军委联席会议决议精神，从瑞金壬田出发，沿着武夷山南端的闽沟，经木杉岭、牛犊坪、庵子前、黄鳝口向闽西挺进，首次进入福建省长汀县（汀州）境内的四都楼子坝。

① 黄允升著：《毛泽东三落三起》，中央文献出版社2009年版，第109—110页。

3 月 12 日夜，曾士峩、蔡会文率一营随红四军抵达福建省长汀县的四都镇。盘踞在长汀的敌人是国民党土著军阀福建省防军第二混成旅，旅长郭凤鸣。郭凤鸣凭借 3 个团的兵力，坐镇汀州，欺压、盘剥百姓，群众对他恨之入骨，但敢怒不敢言，怕红军走后遭到报复。因此不消灭这条地头蛇，就鼓不起群众的革命斗志，更谈不到开辟根据地。

郭凤鸣得知红军已达四都镇后，感到红四军主力危及其地盘，急令部队抢先占领长岭寨东侧的梁屋头和河龙头等有利地形，同时命团长卢新铭率一补充团前往四都堵截红军，妄图阻止红军入闽。

长岭寨又名胜华山，位于长汀县城往南约 8 公里处，在一片农田的尽头，由几座不太起眼的山包构成。这里的最高山头相对高差约 100 米，山上长满灌木、齐胸高的野草，山寨中间有条小路通往长汀，附近地形颇为险要，是长汀城城南的屏障，也是红军进攻长汀的必经之道。

红军通过俘虏进一步证实，汀州守敌郭凤鸣旅兵源多为当地土匪，军纪极差，战斗力很弱。当晚，红军领导人在四都镇“协和店”客栈主持召开红四军前委扩大会议。会议听取了长汀地方党组织负责人段奋夫关于长汀有关方面的情况，尤其是敌情方面的汇报后，决定第二天进攻长岭寨，消灭福建省防军第二混成旅，夺取长汀城。

14 日，红四军分三路进攻长岭寨：担任前卫的第三十一团正面主攻，取道腾头脑印岭，直取长岭寨主峰；特务营（含原二十八团一部）经牛坑占领长岭寨以北的乌石岭，从右侧攻击；第二十八团取道白叶竹子岭占领邻近制高点，从左侧进攻。

上午 10 时左右，红四军发起进攻，曾士峩率一营随军行动，第二十八团居左，第三十一团居右，特务营紧跟军部居中，齐头向前推进，在四都以北 5 公里多的渔溪附近与卢新铭团遭遇，乘其立足未稳发起猛烈攻势，歼其一部，余敌向长汀方向撤退。红军追击至长岭寨附近的陂溪停下来，双方对峙。

很快，在第三十一团团长伍中豪指挥下，曾士峩、蔡会文率一营和兄弟三营一起从陂溪出发，发起对长岭寨的猛攻。曾士峩仍习惯性地挥枪身先士卒，冲在队伍最前面，雨点般的子弹在他们身前脚下射入地面，扬起一股股尘土和硝烟，也正好掩护着他们的冲锋。曾士峩沉着指挥各连分散成多个战斗组群向山上进攻，以尽量减少被敌人集中炮火杀伤，并注意利用地形地貌俯卧埋伏，待看清敌人变动着的主要火力点后，各战斗组群又突然跃起，迅速协同攻击，飞奔快速射击，勇猛地冲向敌阵，与敌展开近战拼杀，最大限度地抑制住敌人武器的优势。经过近一个小时的激烈战斗，推进到了主峰半山腰；紧接着担任右翼侧攻的特务营赶来投入战斗，漫山遍野顿时杀声一片，经过数次冲锋、反冲锋、再冲锋，红军攻占了长岭主峰。

坐镇在汀州城的郭凤鸣得知部队战斗失利，恼羞成怒，跺脚大骂，随即亲率教导团、盒子枪队、大炮营赶往长岭寨支援和督战。他刚走到离长岭寨约两公里多的梁屋头，就得报主峰及左右山头均已被红军占领，郭凤鸣气得暴跳如雷，向天空“呯！呯！呯！”连开了三枪，歇斯底里地吼道：“反攻！反攻！”他一边命令炮营朝已插上红旗的红军阵地猛轰，一边驱赶教导团、盒子枪队跑步赶往长岭寨下朝山上冲。结果，郭凤鸣组织的几次反攻都被红军击退，死伤惨重。顷刻间，在一阵急促的冲锋号声中，曾士峩率一营和兄弟部队向山下猛冲，敌军被冲得七零八落，各自逃命。经过激烈的近战，敌人纷纷举枪投降。

整个战斗前后仅 3 个小时，担负左翼侧攻的第二十八团尚未赶至战场，红军就攻克了长岭寨，并直捣郭旅设在梁屋头的战地指挥所。郭凤鸣躲藏到山脚牛斗村栗树园一间茅屋里，换掉军装后逃跑，在狼狈逃命中被红军战士击毙。

此役，郭凤鸣旅除留守长汀城的卢新铭团残部从河田逃往濯田外，其余两个主力团全部被歼。红军俘敌 1000 多人（后大部分被收编），缴枪 500 余支，机枪数挺，子弹无数，迫击炮 3 门，炮弹百余发，布匹及银元大量。

下午，红四军乘胜占领长汀城，押着俘虏，抬着郭凤鸣的尸体，浩浩荡荡地从长汀城的宝珠门、惠吉门开进城内。城内有些居民开始不相信郭凤鸣被打死，等看到了尸体，群情沸腾，奔走相告，立即轰动了全城，长汀人民欢欣鼓舞。

关于四都镇和长岭寨战斗，萧克后来回忆："1929年四军入闽到长汀，我任一纵支队长，……四都圩是一纵打的，长岭寨一仗，一纵未到就结束了……。红军到四都后，郭凤鸣派一个团来，被我们打垮了。当天军委决定第二天打长汀，三纵走前面，这个队伍有战斗力，接着第二纵队，第一纵队走后面。等我们走到前面，已打了两个钟头，被二、三纵打垮了，一纵未赶上。此役缴获不大，属击溃战。打死郭凤鸣进汀州（中午打垮，下午进城）。这时没有特务营了，改为二纵第四支队。"①

在祝捷和总结这次战斗经验时，曾士峩勇猛善战、沉着灵活的一线指挥艺术再次受到红军领导人的赞扬。

长岭寨大捷是红军离开井冈山后的最大一次胜利，也是红军首次入闽的重大胜利，极大地推动了闽西根据地建设。

80多年过去了，长岭寨一带的部分老人至今还记得一首当年红军留下的民谣："一月里来梅花香，三军全部出井冈，红旗飘扬高举起，吓得白军大恐慌。二月里来雪花飞，官兵团结心不灰，大柏岭上迎头击，刘逆士毅狗命危。三月里来气象新，红军浩荡入长汀，郭逆凤鸣不量力，长岭寨下命归阴。"

长汀是古城汀州故地，是闽赣边境重镇，有"客家首府"之誉。当年这里已有几万人口，是闽赣交界处的一个物资集散地，商贸繁荣，手工业也比较发达，官商云集，是闽西政治经济文化中心。红四军进城后，司令部、政治部设在汀江巷的辛耕别墅。

① 访萧克，1972年1月11日。

进城后第二天，在长汀城南寨广场召开群众大会，上万军民深受鼓舞。大会当场宣布郭凤鸣多年来欺压百姓的十大罪状，并宣布会后把从郭凤鸣家中没收来的大批粮食、布匹等分给当地贫苦群众。

红四军在长汀城中驻扎17天，部队得到很好休整，物资也得到很大补充。红四军还接管了原有的小型兵工厂和被服厂，以筹得的部分款项赶制了4000套青灰色列宁装式样军装，红四军第一次统一发放全体官兵每人一套新军服、一顶缀红五星的新军帽、一副新绑腿，军容焕然一新，个个喜气洋洋。红军最困苦的岁月终于过去。对于这次统一着装，美国著名作家艾格妮丝·史沫特莱所著《伟大的道路》一书中援引了朱德的回忆："现在我们终于有了第一批正规的红军军装，……它没有外国军装那么漂亮，但对于我们来说，可真是美好无比了。"萧克后来回忆此事也说："大家都穿新衣服，好神气啊！"

红四军主力还在长汀进行了一次整编。时任第三十一团一营宣传队长吴德华1975年3月30日接受作者访问时说："原来，红四军在项山罗福嶂会议上提出将团改为纵队的方案，由于连续行军作战等原因，部队改编并未完全实行，基本仍按原团编制活动。此次长汀休整时间较长，正式明确了在罗福嶂会议提出的：团改为纵队，营改为支队，连改为大队。全军编为三个纵队：第二十八团主力为第一纵队，军部特务营和独立营及第二十八团一部编为第二纵队，第三十一团为第三纵队。每个纵队下辖两个支队，每个支队辖3个大队。每个纵队1200余人，全军共3600多人，这样基本又恢复到离开井冈山时的规模。"整编后，曾士峩任三纵队七支队队长。

3月下旬，红四军帮助长汀党组织秘密发展党员，组织了20多个秘密农民协会、5个秘密工会，成立了总工会。在此基础上建立了闽西第一个县级红色政权——长汀县革命委员会，极大地鼓舞了闽西人民的斗争热情。

长汀是闽西重镇，在这里天天可以看到南京、上海、福州、厦门和漳州的报刊，消息灵通。这时，报刊上大量报道表明国民党桂系军阀与蒋介石集团已开始决裂。1929 年 3 月下旬，蒋桂战争一触即发，蒋介石把驻江西的大部分正规军部队调往九江，准备对桂系作战，致使赣南军力空虚。

对此，红四军前委在分析局势后，认为这将给红军的行动和工农武装割据的创造与发展，提供极好的机遇。

3 月 20 日，曾士峩参加了在辛耕别墅召开的中共红四军前委扩大会议。会议分析了蒋桂战争爆发的局势，指出“福建全省、浙江全省、赣东赣南两地，统治阶级的军力非常薄弱”的现实后，认为适时在赣南、闽西创造工农武装割据是很有利的。同日，毛泽东代表前委，就红军今后的行动方针向中共福建省委和中共中央报告了如下设想：“前敌委员会决定四军、五军及江西第二、第四团之行动，在国民党混战初期，以赣南、闽西二十余县为范围，从游击战术，从发动群众以至于公开苏维埃政权割据，由此割据区域，以与湘赣边界之割据区域相连接。”毛泽东在报告中强调指出：“这一计划决须确立，无论如何，不能放弃，因为这是前进的基础”。①

3 月底，红四军前委决定，抓住国民党各派军阀混战的有利时机，离开长汀，回师赣南，开展游击战，建立红色政权。

4 月中旬，朱德率红四军第一、第二纵队从于都县城出发，到岭背、仙下等地活动，并向银坑圩前进；毛泽东率红四军第三纵队从于都县城出发，经罗坳、三门、峡山向兴国前进。毛泽东率第三纵队到达兴国县城后，住在潋江书院的文昌宫，部署第三纵队分兵发动群众，开展社会调查，指导建立兴国革命委员会等。

曾士峩、蔡会文在毛泽东的直接指导下，将第三纵队七支队按小队（排）为单位，分别抽调几名能做书面记录和懂兴国方言的干部战士组成社会调查小组。曾士峩、蔡会文分别参加调查小组，深

---

①《红四军前委致福建省委并转中央的报告》，1929 年 3 月 20 日。转引自金冲及主编：《毛泽东传（1893—1949）》，中央文献出版社 2003 年版，第 206 页。

入街道和城郊及农村，调查当地社会、经济情况，每天上报调查材料。毛泽东根据自己和各支队及地方干部的大量调查资料，领导制定了兴国《土地法》，还在县城崇圣祠主办了一期土地革命干部训练班，并亲自担任主要课程的讲授，以推动兴国《土地法》切实执行。

4月底，毛泽东指挥第三纵队离开兴国，与朱德指挥的第一、第二纵队会合，经青塘、赖村到达宁都城郊。

4月30日，曾士峩率七支队作为主攻之一，参加攻占宁都县城战斗。战斗中，曾士峩亲率部队跑步突进，猛打猛攻，在消灭敌一个机枪阵地后，迅速包围并最先冲进敌指挥所，生俘敌团长赖世琮等20余人。此战歼敌500余人、缴枪100多支。

红四军在宁都县期间，再次短期近距离分兵，深入发动群众，建立农民协会，发展工农武装。

从4月中旬到5月中旬，赣南革命形势发展很快，于都、兴国、宁都三县建立起县级革命政权，初步形成了赣南武装割据局面。

六、参与攻打龙岩重镇

5月，中共闽西特委秘密派人来到宁都，向红四军前委书面报告了红四军离开长汀后闽西斗争的新进展，请求红四军迅速重返闽西，声援闽西革命运动。

5月17日，红四军从宁都出发，在进军瑞金途中，于大柏地战斗结束50多天后，第二次到达大柏地。此时老表们正在田里忙着春耕。这一次，他们看到的红军一改当初那副破衣烂衫样，个个都穿着崭新的灰布军装，打着新绑腿，八角帽上的红五星和衣领上的小红布块尤其抢眼。红军不急着找宿营地，却派出一支小队伍分头向群众宣传：“我们红军是穷人的队伍，是为穷人谋利益的。上次打仗借吃了你们的东西，这次是来给你们还账的。”老表听了半信半疑，心想世上哪有军队吃了百姓粮食还会偿还的？但很快，红四军军需处处长范树德领着几名战士挑来两担光洋，将其一摞摞摆在大柏地圩场的一张大饭桌上，红军战士笑容满面地迎候前来的老表时，他们才相信这是真的。老表们纷纷回家拿来红军打的借条，欢天喜地地领回相应粮油副食款。有的老表起初不当回事，没有保留借条，有的一下子找不到了，红军就请他们自报借出了多少，也照数量折钱还给他们。有位丢失了借条的农民自报说："我家当时存的大概是七斗米。"负责发钱的红军干部立即付给他一担米的钱。这位农民说："给多了，给多了！"红军干部笑着道："不多，你就收下吧。"

大柏地是个圩场，方圆几十里农民、商贩都来此赶圩，红军发光洋付粮油款的事引起广泛热议，很快传至四面八方，产生了非常好的政治影响。当地老表纷纷赞叹："自古以来兵吃民粮不给钱，红军言而有信，真是少有的仁义之师啊！"

红四军趁着人多开了个群众大会，号召劳苦大众团结、武装起来，打土豪，分田地，推翻国民党反动统治，建立工农自己的政权。与会群众听了，心中激起一阵阵豪情，当场就有好些青年报名参加了红军。

5 月 18 日，红四军回到瑞金县城，在瑞金叶坪召开前委扩大会议，讨论红军入闽行动方针。在听取闽西地方武装负责人曾省吾等关于敌情的汇报后，确认驻守龙岩城及近郊的是闽军陈国辉部第一混成旅的两个营与旅直属机枪连和特务连。红四军前委决定，乘该旅主力远在广东潮汕地区和广东军阀打仗之际，出其不意攻占龙岩城。

在当地党组织和地方武装配合下，22 日，红四军快进至龙岩城以西 15 公里的小池地区。经分析敌情，前委部署了攻打龙岩的作战方案：红四军第一、第三纵队从正面进攻，第二纵队从左侧迂回，切断敌人退路。

5 月 23 日凌晨，按照部署，早已名声在外善打攻坚战的第三纵队七支队仍作为主力突击部队。战斗一打响，曾士峩率第三纵队七支队与兄弟部队一起，直扑龙岩城外的龙门街（圩），尚未起床的守军猝不及防，仓皇向龙岩城溃退。曾士峩挥枪率战士们尾追溃敌，一阵猛打狠冲，迅速冲过城外西桥，从西门突入城内。这时，红四军第二纵队亦从北门向城内发起猛攻，激战至中午，占领龙岩城。此战，红四军毙敌90余人，俘其营长以下334人，缴获长短枪200多支、子弹35担、迫击炮弹9担。敌收集残部逃向漳平永福。

战斗刚结束，毛泽东、朱德为防敌人可能的援军反扑，即命伍中豪派曾士峩率七支队返至龙门警戒待命。仅约一小时后，曾士峩接到命令：立即率部奔袭坎市。亲历这次奔袭战的王辉球将军晚年回忆说：

革命战争年代，特别是红军初创时期，条件很艰苦，装备也比较落后，很多战役战斗的胜利是靠战士们的吃苦耐劳、顽强拼搏精神战胜困难，靠战士的双脚走，双腿跑来争取时间赢得胜利的。

其中，打龙岩守敌陈国辉余部的一次战斗非常具有代表性。

那时，……我们这个营的营长是曾士娥（峩）同志，他是武汉警卫团卢德铭部的老同志，是个大个子，作战非常勇敢。我们……突然接到紧急通知，命令我们营火速奔袭坎市——距龙岩三四十里的一个小镇，那里还有陈国辉的一个营的兵力。命令要求我们必须要在守敌还没有得到攻下龙岩市的消息之前，赶到消灭它。

我们营火速紧急出发。由龙门到坎市有一条大道，此时正值五六月天气，福建气候炎热，全营指战员在曾士娥（峩）营长亲自带领下火速急行，他跑在队伍的最前面，以最快的速度向坎市跑步进发。全营指战员战斗情绪高昂，勇猛顽强，汗水从脸上背上滴下来，湿透了衣服，大家俨然不顾，只有一个信念：一定要在最短时间，以最快的速度赶到目的地消灭敌人。路上不时传出‘加油！’的鼓动口号。三十多里的路程半个多小时就赶到了。

驻坎市的陈国辉部不知我们已经兵临城下，仍在街上闲逛。我们一鼓作气向守敌发动进攻，在敌人毫无准备的情况下，经过很短的时间就把这股地方顽匪歼灭了，缴获了很多武器弹药。这充分表现了红军指战员英勇顽强，勇敢杀敌，不怕苦不怕牺牲的革命精神。①

红四军进入龙岩城后，在龙岩省立第九中学向学生和群众阐明中国共产党和红军的政策主张，号召青年参加革命队伍，担负起解放劳苦大众的重任。毛泽东、朱德为了引诱陈国辉旅主力回援其老巢，消灭闽西国民党势力，扩大红色区域，当天傍晚率部主动撤离龙岩城，往西南进驻由三纵队七支队刚攻占的坎市，同张鼎丞等领导的永定地方武装会合。

见红军撤出，残敌300余人从漳平永福返回，占领龙岩城。敌一面电催陈国辉回救，一面组织残部固守龙岩城。在广东的陈国辉接到老巢被捣的急报后，匆匆派主力一部星夜往龙岩赶。

红四军第一、第二纵队继续在永定发动群众，开展土地革命；而以第三纵队为主，趁陈国辉回救主力尚未赶到，二次攻打龙岩。

6月3日凌晨，在伍中豪指挥下，曾士峩急率第三纵队七支队与九支队从永定出发，经坎市、红坊，在傅伯翠率领的红五十九团（刚由龙岩游击队改编而成）的配合下，再次攻打龙岩城。守军慑于红军攻势猛烈，刚与红军交上火，便溃不成军，再次逃往漳平永福。

6月4日，红四军获悉陈国辉已率第一混成旅主力从广东潮汕地区回援闽西，采取“敌进我退”的游击战术，暂避其锋，将主力再次主动撤出龙岩、永定两城，开到上杭、连城，静观敌态。6月6日，陈国辉率部顺利返抵龙岩城。此时，他拥有两个整团兵力，达3000余众，当即气势汹汹地派出部队寻战红军，谁知部队出城搜索一圈，却难觅红军踪影，以为是红军畏其军力而退却，甚为得意地在城里举行了“祝捷大会”。

红四军撤出龙岩、永定后，于6月9日在上杭旧县召开前委会议，决定将闽西长汀、永定、龙岩、上杭四县的地方武装升编为红

① 林林著：《我的爷爷王辉球——从小学徒到开国中将》，中国书籍出版社2015年版，第58—59页。

四军第四纵队，红四军扩大到4000余人。接着，经多次战斗，基本肃清了长汀、连城、上杭、永定、龙岩五县交界的地方反动武装。各县的赤卫队也已初步建立。在此基础上，红四军前委决定第三次攻打龙岩，歼灭陈国辉第一混成旅。

19日拂晓，红四军在地方武装配合下，奔袭陈国辉重兵把守的龙岩城。

龙岩城没有城墙，工事也不多，陈国辉部队中老兵痞子多，具有一定战斗力，但这时还没睡醒，毫无防备。此战中，曾士峩指挥第三纵队七支队仍与九支队并肩战斗，第一次攻击就消灭了龙岩北面敌人的连、排哨，占领了控制龙岩城的制高点。紧接着配合军部和第一、第二纵队迅速突入城内展开巷战，激战至下午2时，敌人打出白旗，除旅长陈国辉在城里的水门公馆住室换上便衣带少数随员逃往漳平永福外，守军2000余人全部被歼。红军缴枪900多支，第三次占领龙岩城。

七、一封家书

1929年，红四军三打龙岩城后，分赴闽西各地发动群众、发展革命武装，巩固、扩大红色区域。其间，曾士峩率第三纵队七支队驻扎在龙岩县龙门镇一带开展土地革命及群众工作。

曾士峩和政委蔡会文等住在龙门镇三芝园药号两间狭小的闲置空房内，大门一侧贴有一张约八寸宽的红纸条，上面写着“红四军第三纵队第七支队支队司令部”，门外有一名持枪战士站岗。

龙门镇有数十家店铺，提供当地百姓的生活必需品，平时就颇有生气，遇到赶圩时，小街更是挤得水泄不通，热闹异常。红军进驻后对居民秋毫无犯，还热心帮助群众做事，当地百姓很快从谨慎相处变为从内心发出热烈欢迎，这更增加了小镇的热闹气氛。战士们与老乡拉着家常，天南地北说着不同乡音，气氛融洽；和白须老者促膝谈心，说古论今，也能找到共同的话题；小孩们跳着喊着围着战士转，特别喜欢摸着长枪短炮围着战士们转圈奔跑游戏；中年妇女和小媳妇们则站在远处笑着、指点着小声地议论着什么，心中都藏着自己的小秘密；姑娘小伙子们脸上总是流露出羡慕的神情，威武英俊的红军战士形象常常在他们的目光中驻留……

支队司令部人来人往，好不热闹。曾士峩对岗哨及其他战士特别强调，要努力加强与群众的联系，要热情接待访客，多听听老百姓的声音。于是，有来登门告状找说法的，有来反映各方情况、打听问事的，也有许多年轻人常来串门聊天，更多的是询问参加红军有什么要求。

三芝园药号的主人叫郭庆光，比曾士峩大 20 岁，是一位初级中学教师，开授语文、数理化、史地、手工等课程，见多识广，思想进步。曾士峩常和他攀谈。两人谈及国内外形势、眼前的革命斗争、历史地理、文学、当地风俗习惯等，甚为投机。通过与郭庆光交谈，曾士峩了解到不少新情况和当地社会状况。他也注意倾听郭庆光这样一些开明进步人士的意见和建议，有效指导战士们开展群众工作，进一步密切了红军和当地百姓的关系。在曾士峩充满革命激情的言行影响和感染下，郭庆光很快走出宅院，为革命做了很多有益的工作。

有一天，曾士峩、蔡会文及七支队管文牍的技术书记官、党支部书记朱良才讨论完工作后，谈起各自的家人及家乡这个时节的耕种情况。三人互相鼓励、鞭策，为了家乡百姓能过上好日子，为了全国革命的胜利，眼下必须暂时舍弃个人的一切，努力奋斗，不惜流血牺牲。但激励之余，几人都很思念家乡和亲人。曾士峩不无歉疚地说："一晃几年过去了，我很少给家人写信，有时想到要写，但又不知写啥好，担心家人关心、挂念我，问我什么问题，还不好回答。我在外又不停地换住处，部队不停地行进，怕信丢了，给家人惹事。"

朱良才也有同感："我也差不多。但信还是应该写，好让家人晓得我们在外平安，还活着。"蔡会文说："对，写家信是对亲人的安慰，如能收到家信，更是'烽火连三月，家书抵万金'了，我们也好更安心地干革命。"曾士峩听后点头说："是的，你们讲得有理啊。"第二天，曾士峩就以"福建龙岩龙门三芝园药号"为通信地址，写了离家后少有的一封家信。此时，曾士峩不知道父亲已经去世，仍在信中向父亲请安。因家庭地址很偏僻，交通不便，为了不致在半道上遗失，此信是发往长沙文星桥的姑妈家，再托熟人带回杨家坪老家的。信中并未说明离家数年在外具体做什么事，只是这样写道：

父亲大人膝下：

敬禀者

慈母仙逝，儿至今仍悲恸不已；盼爹贵体康泰，哥嫂均安。迪勋离家四载有余，虽奔波南北，历尽千辛，然为大众之生息，常觉无形的快慰，精神爽奋。

儿一切均好，请勿挂念。男无定所，勿劳赐复。

敬颂

金安。并祷阖家均吉。

不孝男迪勋叩上

己巳年五月于闽

信中寥寥数语，却满含曾士峩对家乡亲人的思念之情，更表达了他的革命乐观主义精神，以及立誓为中国人民革命事业献身的壮志豪情。红四军三占龙岩后，曾士峩再次调任第三纵队参谋长，并兼七支队队长（后来，周昆继任七支队队长）。纵队司令为伍中豪，纵队政委蔡协民。

第八章

古田会议前后

一、勇渡罗溪口

1929年6月，从应对军阀内部纷争中暂时脱身的蒋介石，命令闽粤赣三省驻军联合“会剿”。敌军此番投入总兵力共计2万余人，以赣军为主力，目的是阻止红军往福建腹地发展，妄图将红军主力歼灭在闽西地区。

6月22日，中共红四军第七次代表大会在龙岩城召开，大会改选红四军前委。会后，毛泽东离开红四军主要领导岗位，到闽西休养并指导地方工作。

7月29日，红四军前委机关召开第二次前委紧急会议，研究粉碎敌人三省“会剿”的办法。会议分析认为，敌众我寡，在闽西无法打破“会剿”，应该分兵跳到外围打击敌人。会议决定：第一、第四纵队留闽西坚持斗争；朱德亲率红四军军部和第二、第三纵队转向闽中，把敌人进攻目标引向那里，以保护闽西革命根据地。

8月2日，根据前委命令，伍中豪、曾士峩率第三纵队离开龙岩龙门一带，和在雁石、姑田一带活动的第二纵队一起迅速向白砂集中。8月3日，红四军军部和第二、第三纵队近3000人，由白砂出发，开入闽中。

8月8日，伍中豪、曾士峩率三纵队，前进到漳平附近的九龙江一条小支流上的罗溪口。罗溪口是攻打漳平的必经之地。此时天色已近黑，还下着暴雨，山洪暴发，河面上升，无法顺利渡河。河对岸守敌有100—200人的反动地主武装，他们将仅有的几只小渡船全部绑在一起，拖离渡口控制起来，封锁了河面。伍中豪、曾士峩和各支队长、大队长来到河边，站在一块高地上仔细观察两岸地形与河面。接着伍中豪、曾士峩和张宗逊带两位大队长沿河岸深入一段距离进行侦察，在昏暗夜色中，发现河面中有一段回旋波纹，判断此处河水较浅，可以徒涉。伍中豪随即布置了火力掩护，准备过河。曾士峩找来几名水性不错的战士，对大家说："我们几个走在前面探河底，找出一条较浅较平的水路。走，跟我来！"

见曾士峩又要亲自带头涉水，伍中豪与几位战士劝他暂时别下水。曾士峩笑笑说："放心吧，我的水性还可以。"

说罢举枪第一个涉入河中用脚触探着河床前进，在齐胸深的河水中稳步徒涉。其间有战士因碰到水下石头被绊倒，呛了水，都被战友迅速搭救相互帮持着继续前进。曾士峩上岸后，回头指挥部队继续渡河。这时他仔细观察近处河岸，发现水位仍在快速上涨，他判断照这样的情形，不但辎重无法过河，人员涉水也很危险，于是紧急叫停徒涉，避免了装备和人员的损失。这一夜，他带着几名已渡过河的战士小心翼翼地埋伏在河岸边的灌木林中，警惕敌人的动静。所幸敌人未曾在这一带河面布防，待天亮后，在附近上干村找到了几条船，大部队得以顺利渡河。

部队过河后，轻而易举地将罗溪口守敌打得四散逃窜。朱德率军部指挥部队乘胜追击，直指漳平。漳平守敌是闽敌张贞部，在红军到达的前一天就逃到漳州去了，仅留下一股反动地主武装防守，一击即溃。红军随即占领漳平县城。驻龙岩之敌亦闻风而逃。

朱德率红四军军部和第二、第三纵队出击闽中，前后37天，艰辛行军500多公里，经连城、龙岩、漳平、大田、永春五地，打击了敌人。红军纪律严明，爱护百姓，给当地群众留下了极好的印象，扩大了红军的影响。

二、攻打上杭

红四军第二、第三纵队出击闽中期间，闽西特委和上杭县委致信红四军前委，要求红四军攻下上杭。

此时上杭县城守军仍为国民党福建省防军暂编第二旅，旅长卢新铭，有2000多人。卢新铭长年盘踞于上杭，这里是他苦心经营的老巢，集聚了很多从红色区域逃出来的土豪劣绅。红四军及闽西红军早就准备彻底消灭这支作恶多端的土匪性武装。9月中旬，红四军前委决定攻打上杭城。接获命令后，红军主力部队陆续向上杭地区移动。

上杭县城三面临水，仅有一面为开阔地，城墙高达三丈，筑有许多工事，易守难攻，历来有“铁上杭”之称。当地自古有这样的民谣：“钢铁上杭，固若金汤。东有战场无出路（有汀江），西有出路无战场（小丘陵区），南靠汀江，北有泥塘。嘱咐子孙：莫打上杭。”

9月16日、17日，红四军四路纵队先后到达上杭县白砂镇，进行了广泛的战斗动员。

18日下午3时多，日头开始偏西，第一、第四纵队挺进上登，直奔上杭；第二、第三纵队渡过汀江，向寨背前进，当夜进抵上杭城郊。两路红军构成了对上杭城包围夹击态势。

敌旅长卢新铭获知红军渡过汀江，急电南京政府和福建省政府，请求就近派部队驰援。然而国民党军队内部派系斗争激烈，大都表面应付，附近部队又不多，即使有心相救，也恐危及自身。卢新铭求援无望，惶恐不安，又不甘心坐以待毙，只得下令死守。

19日凌晨2时，红军向上杭城发起攻击：第一纵队配合一部分赤卫队袭击西门，以吸引守军主力增援西门；第四纵队为主力，与从第二、第三纵队各自抽调来的一个大队及部分赤卫队一起攻打东门，同时佯攻南门牵制敌人，配合北门攻击；第二、第三纵队为主攻，强攻北门。月光暗淡，夜色中，第二、第三纵队分头进至北门外阵地，各支队迅速展开，做好攻城准备。第一纵队偷袭西门的枪声响起后，大批守敌急援。约半个小时后，第二、第三纵队突然对北门发起猛烈攻击。子弹“嗖嗖”作响，划破夜空，在城墙砖块上迸出朵朵火花。西门、东门、南门外红军也同时开火，配合攻城。守敌居高临下，用轻重机枪、步枪和手榴弹组成火力网，拼死抵抗。第二、第三纵队多次发动冲锋，均被敌火力压下来。激战一整天，双方仍相持不下。

傍晚，四路纵队指挥员向朱德汇报白天攻城的战斗进程细节，一起研究下一步战术，曾士峩参会。通过与敌交手一天，曾士峩已有新的想法。他说：“上杭城墙高，我军缺少破城重武器，而守敌弹药充足，硬冲硬拼，伤亡大，且难奏效，能否将一部分敌人放出城来消灭？”朱德听后，微微点了下头说：“有道理。敌人被我们四面包围，孤立无援，已成瓮中之鳖，而且又挨了一天打，如果不投降、想活命就必然要突围逃走。好嘛，我们就给他留条逃跑的通道。”他命令各部队组织突击队，晚上继续攻城，但有意减弱南门的攻击强度，将部队埋伏在城门两侧。

当天夜间，第二、第三纵队指战员在机枪火力掩护下，抬着长长的竹云梯攀梯攻城。有的战士在攀爬中中弹牺牲；有的战士正往上爬，敌人用竹竿将云梯推倒，很多红军战士伤亡，但他们依然勇敢顽强，前仆后继。第三纵队七支队副班长谭福生从云梯跨上城楼的一刹那，两个敌兵端着刺刀猛刺过来，谭福生侧身一躲，从云梯上摔了下来，砸在下端往上爬的两个战友身上，“咔嚓”一声，云梯被突然的冲力压断，三人翻滚落地。谭福生擦伤了胳膊，磕掉了几颗牙齿，满嘴是血，幸好没受重伤，他用力把血一抹，又重新投入了战斗。

战局渐有突破。先有几名战士登上城墙，接着 10 多名、20 名……曾士峩也冲到墙根下，一面用手枪射击，一面迅速攀梯登墙。脚刚站稳，他立即指挥战士和敌兵展开近战。一阵拼杀，后面的敌兵见势不妙，纷纷退往城内。曾士峩乘势率部突入城中，同时派一个班冲向北门，击毙守门敌人，打开北城门。尚未登城的第二、第三纵队官兵如潮水般杀进北门，与一股从西门赶来增援的敌人短兵相接，敌人仓皇退往城中心，红军继续追击。

20 日拂晓，能见度不足 100 米，东门、西门也相继被攻破，红军涌入城中，到处追着敌人打。敌早已溃不成军，东突西撞，退到枪声较稀的南门。守门士兵“吱呀——”一声打开城门后，成群的敌人互相推挤着，乱哄哄地逃出南门。刚出城门，就碰上埋伏在城门两侧红军的密集弹雨，顷刻被扫倒了 10 多人，有的敌兵转身想缩回城里，却被不断从城里涌出的自己人撞倒在地……一阵近战肉搏后，敌人纷纷举手投降。除卢新铭和少数敌兵趁暗夜混乱早就逃走外，上杭守敌被歼灭。红军俘虏 1000 多人，缴枪 1000 多支。

上杭战斗胜利结束几天后，曾士峩碰到谭福生，表扬说：“谭福生，你真有福啊！刺不中、摔不死。这是有福得生，挺勇敢，好样的！”

谭福生不好意思地说：“唉，当时我的动作要是再快一点，就爬上城墙了，那一刺刀只差半个指头就刺中我了。摔下来要不是先碰在下面战友身上，至少也会断胳膊断腿。”

曾士峩说：“是啊，所以我们要特别注意平时的从严、从难操练嘛。”

闽粤赣三省敌军久攻闽西苏区不克，现今又见红四军主力重返龙岩、上杭，谁也不愿出头率先进攻红军，于是纷纷引兵退却，各自缩回原地驻防以保存实力。所谓的三省“会剿”不了了之。

三、主攻梅县县城

1929 年 9 月，红四军在长汀接到中央指示：“全部立即开到东江去，帮助东江广大群众的斗争。”10 月 19 日，红四军第一、第二、第三纵队（第四纵队留守闽西）分两路进军粤东。

第一、第三纵队共 6000 余人，从上杭进入梅县松源。25 日中午，第三纵队前锋抵梅县城附近。参谋长曾士峩抓住守敌正交替吃午饭、放松警惕的时机，亲率七支队两个大队（连）的兵力突袭攻城。紧接着第一纵队二支队一个大队投入战斗，经一个小时猛攻，敌警卫队等弃城溃逃。下午 3 时，红四军进占梅县城。但 26 日下午，敌陈维远旅三个团已逼至梅县城郊，突然向红军猛攻。红四军为保存实力，以两个大队掩护，其余夜渡梅江，在中共东江特委策应下，经梅南向游击区丰顺、马图、南坑集结待机。当地党组织的群众基础较好，红四军深夜徒涉梅江时，当地群众（主要是妇女）手举火把，在梅江浅水线上设立标记，为部队引路，群众热烈拥护部队的盛况令指战员深受感动，士气大振。

红四军在马图休整了三天，将伤病员安置在当地群众家中休养。同时侦察到，红四军撤出梅县城后，陈维远旅大部已由梅县开往汤坑，梅县城只留郭思演部教导团，而国民党刚从汕头运来好几船枪支弹药和其他军需品。为消灭梅县守敌，夺取刚运到的军火，前委决定再攻梅县城。

31 日凌晨 3 时左右，红四军进至梅县城外。根据情报得知的守敌兵力、地形，计划由第三纵队担任主攻，第一纵队负责从县城东西两侧迂回包抄，第二纵队为预备队。但所得情报并不准确，事实上，守城兵力大大超过一个团。郭思演教导团有四个营，其中两个营分别驻扎在城外东郊的西阳、东南郊的长沙两地，城内有两个营，另有总部特务营、警卫队等，共有 2000 多人近一个旅的兵力，而且装备精良。

上午约 11 时，伍中豪、曾士峩指挥第三纵队分两路向梅县县城发起猛攻。曾士峩率领七支队攻击西门，张宗逊、罗荣桓率九支队攻击北门。战斗首先在城西新庙前打响，红军迅速冲进城内大街，朝敌指挥部攻击前进。守敌占据沿街楼房居高临下，用机枪、步枪、手榴弹组成火网，阻止红军前进。红军无工事可掩蔽，只能时而利用墙边房角作掩护，对敌射击，逐个消灭楼上火力点；时而闪出掩蔽地，边射击边冲向另一攻击目标。敌人有优势兵力、优良武器，又熟悉地形地貌和街区情况，拼命抵抗红军的进攻。有的街区刚被红军占领，又遭到敌人前后夹击，红军不得不择向反击，有的街区甚至几易其手。

战斗在几个方向持续激烈进行，红军受到敌人猛烈炮火的压制，不断出现伤亡。为了摧毁敌人的指挥系统，伍中豪、曾士峩组织了一支60多名红军战士组成的突击队冲上金山顶，与敌展开白刃战，打伤敌团长郭思演脸部，击毙敌郑团副，但因无后援，被敌人团团围住，寡不敌众，突击队员全部壮烈牺牲。曾士峩虽不断变化战术，率部奋力多次冲锋，仍无法突破敌优势兵力的防线。战斗中，第三纵队九支队党代表罗荣桓负重伤。

第三纵队孤军奋战至下午5时左右。因道路不熟悉而未完成迂回任务的第一纵队，在城东盘龙桥一带与前来增援之敌一个营遭遇，激战中毙其营长。战斗持续至下午6时，敌援兵从长沙镇等地不断赶来。红军为保存实力，主动撤出战斗，当晚在大坪宿营。此役，伤敌团长，毙敌团副、营长以下官兵100余人。红四军也遭受到重大损失，“这次到东江从梅县出来，精锐损失不少。一纵队缩编为两个支队，三纵队缩编了一个大队，二纵队虽无损失（他未接火），但他在上杭收编卢部俘虏六百多人，从此动摇，沿途逃跑，待到汀州已跑完了，只好也缩编为两个支队。”①

对此次梅县之战，短期代理第二纵纵队长②的郭化若后来回忆：“10月31日红军再次进攻梅县。三纵担任主攻，一纵迂回，二纵为预备队。由于道路不熟，没有群众配合，战斗打响后，一纵没有完成迂回，使三纵陷入孤军作战，激战7个小时，屡攻不克，被迫撤出战斗”。③

梅县作战失利之后，前委获悉敌人正向东江地区增兵，决定撤

---

① 熊寿祺：《红军第四军状况（从1929年7月到1930年4月）》，刊于《党的文献》1999年第2期。

② 据史料，当时书面称“纵队长”，而口头上称“纵队长”“纵队司令员”或“纵队司令官”。（作者注）

③《郭化若回忆录》，军事科学出版社1995年版，第21—22页。

回闽西苏区。11月上旬，全军离开东江，向闽西游击，撤退到新泉、古田一带休整训练。

红四军错误转战东江，部队遭受重大损失，这让部队中许多干部认识到毛泽东的领导是正确的，认识到红四军整体工作离不开毛泽东。曾士峩、张宗逊在回程中，几次念叨正重伤养息的罗荣桓。他们三位从秋收暴动就一同战斗、生死与共，都深刻认识到红军需要高瞻远瞩而擅长统兵打仗的毛泽东。

四、参加古田会议

1929年11月28日，曾士峩在福建长汀参加了红四军前委扩大会议。会议由毛泽东主持。毛泽东在6月22日红四军第七次代表大会后，暂时离开红四军领导岗位，以红四军前委特派员身份去指导闽西特委工作兼养时轻时重的疟疾病。11月26日才从闽西返回前委，重新担任红四军前委书记。曾士峩看到自己敬重的毛委员和朱军长又走到一起指挥红四军战斗，心里有说不出的高兴。

刚散会，曾士峩就走近毛泽东说："毛政委，看您气色非常好。现在身体还有感到不太舒服的地方吗？"

毛泽东回答说："基本好了，只是有时还感到没力气。"接着关心地问："三纵孤军强攻梅县遭受损失，现在部队恢复得怎样？"

曾士峩回答："现在三纵士气和全军一样，仍很高涨。"

毛泽东说："这就好。代向同志们问好！"

朱德在一旁补充道："三纵不错，不管遇到什么困难和强敌，总是勇往向前。"

12月3日，红四军军部和第一、第二、第四纵队由长汀来到连城县的新泉集中。朱德、毛泽东、陈毅等领导住在新泉的望云草堂，领导部队进行了为期10天的政治军事整训，史称"新泉整训"。

期间，伍中豪、曾士峩等率第三纵队离开长汀，集中在龙岩地区进行政治军事整训：同时负责向漳州方向警戒，掩护新泉的红军大部队。曾士峩对龙门地区非常熟悉，半年前，红军三占龙岩后，他曾率七支队在该地区开展过一段时间的工作，了解当地社会状态和风俗习惯，还认识不少当地人。曾士峩在召开群众座谈会时，又高兴地见到了老房东郭庆光。郭庆光告诉曾士峩：现在龙门地区群众还时不时愉快地回忆起，半年前和七支队在一起时的一些片段。孤寡林老太太对红军为她挑水砍柴，一直念念不忘；有两个身体健壮的年轻人，谈起当时和红军战士比赛“推短棍”[①]时，总是津津有味。曾士峩高兴地说：“我们也很想念龙门的父老乡亲。看，这不又回来看大家了嘛！”引起在场者一片欢笑。

12月下旬，伍中豪、曾士峩等率第三纵队离开龙岩县开到古田村附近，与第一、第二、第四纵队分别在周围的溪背、荣屋、竹岭、赖坊等村庄扎营，继续进行整训。

1929年12月28日至29日，天下着鹅毛大雪，寒风凛冽。中共红四军第九次代表大会在上杭古田溪背村廖氏宗祠（又名万源祠，后改名曙光小学）召开，史称古田会议。出席会议的有军直属队、各纵队、支队、大队党代表，支队以上党员干部，士兵党员代表，闽西地方党代表等共120余人。古田会议总结了红四军建军以来的经验教训，纠正了党内各种错误思想，强调用无产阶级思想建设党和红军。《决议》指出：各种非无产阶级思想是阻碍红军发展和党的路线实施的症结所在。因此，“红军党内最迫切的问题，要算是教育问题”。在组织建设上，《决议》重申和发展了三湾改编所确立的原则，加强党对军队的绝对领导。《决议》指出：“中国的红军是一个执行革命的政治任务的武装集团”，“军事只是完成政治任务的工具之一。”红军的唯一宗旨是全心全意为人民服务。打仗、筹款、做群众工作

①“推短棍”是民间一种简易比拼力气的游戏。两人各伸直一手，用手掌分别托握一根木棍或扁担的顶端，然后相向用力推顶，推致对方后退或手弯者为胜。

是红军的三大政治任务。《决议》规定要加强红军军事训练和发展工作，加强纪律教育，实行官兵一致，军民、军政一致和瓦解敌军、宽待俘虏等政治工作三大原则，从而使红军真正成为新型的人民军队。

曾士峩参加了红四军“九大”，他感到一些问题得到了梳理和明确，心情倍感舒畅，深受鼓舞。他表达了自己完全拥护并将切实贯彻大会决议的态度。前委还讨论了军队的下步行动部署和干部调整，拟调曾士峩任红四军第二纵队司令员，罗荣桓任第二纵队政治委员。

古田会议结束后，迎来1930年元旦，红四军内充满精神振奋、信心倍增的昂扬气氛。这时，闽、粤、赣三省国民党军共14个团的兵力分七路同时出动，进攻新泉、古田一带红军，发动对闽西革命根据地的第二次“会剿”。前委分析认为，闽西革命根据地在红四军第二次入闽后，经过七个多月建设，已经初步巩固；而敌人的主要目标是红四军，只要红四军一走，敌人必尾随寻找红军作战，从而使闽西革命根据地可得到巩固和发展。于是决定回师赣南，打乱三省敌人包围闽西根据地的军事部署，然后寻找合适战机消灭敌人，巩固和发展革命根据地。

红四军撤离闽西时，分两路展开：朱德率红四军第一、第三、第四纵队的红军主力大队先行前往连城地区筹款，转战赣南，迫使敌军回援赣南，以保卫闽西红色区域。另一路为毛泽东率领的前委机关和第二纵队，暂留古田几天，阻击刘和鼎师以断后，掩护朱德所部西进，然后撤出战斗，会师赣南。此时，曾士峩任第二纵队司令员，罗荣桓任政委[①]，罗瑞卿任政治部主任。

五、提振二纵队

离开闽西向赣南进军途中，红四军全军掀起了学习贯彻古田会

① 按中央“九月来信”的指示，党代表改称政治委员。（作者注）

议决议的热潮。第二纵队的基础是原红四军军部特务营，由国民党起义部队编成，不少士兵此前是既扛步枪又带大烟枪的“双枪兵”。为了改造这支部队，前委选派了各级党组织干部，还建立了士兵委员会，健全了部队组织结构，为部队的进一步改造打下了很好的基础，但旧习气、旧思想影响之深，绝非几天几十天能够根除，尤其是纵队中单纯军事观点仍很普遍，不少人还没有认识到红军党代表制度的重要性，对党代表完全是看人行事——党代表如能打仗，他们就伸出大拇指说一声“兄弟佩服”，十分尊重。反之则看不起，甚至骂党代表是“卖狗皮膏药的”。此外，一些人认为军队的任务就是打仗，群众工作是地方干部的事，最多也只是政治干部的事；一些人非常不情愿到山区来，觉得这里田少石头多，吃的是红薯，生活太苦，只想着闯州过府，好吃好喝好享乐，违背“三大纪律、六项注意”的行为不少。在部队管理教育上，打骂士兵的现象普遍存在，枪毙逃兵的事件也时有发生，而有些旧军队来的干部对战士的错误还姑息迁就，说什么“当兵的能打仗就行，平时马虎点没有关系”。个别人看到士兵赌钱，不仅不制止，反而要赢了钱的请客，助长了歪风。军政、军民关系也出现了隔阂，甚至出现了第二纵队十三大队大队长枪毙村苏维埃主席的事件。

第二纵队内部出现的上述问题，根本原因在于部队的政治思想工作软弱无力，政治制度不完善。比如，党代表要上政治课，必须经过纵队长同意，否则就讲不成。另一重要原因是主要干部领导不力。

为了提高第二纵队的战斗力，根据古田会议后前委的讨论，前委下决心改组第二纵队的领导集体。通过秋收起义以来一系列大小战斗，前委非常了解曾士峩与罗荣桓的政治信念、领导能力和个人修养，于是任命曾士峩为第二纵队司令员，罗荣桓为第二纵队政治委员兼政治部主任。

曾士峩、罗荣桓接到命令后，当即表态一定不负重托，努力做好新的工作，同时建议前委再从第三纵队抽调几位支队和大队干部过来。

此次第二纵队干部调整变动大，为确保这次干部调整后续工作迅速展开，毛泽东召开了第二纵队机关各部负责人和支队以上干部会。与会者除曾士峩、罗荣桓外，还有政治部秘书长张际春，政治部宣传科科长罗瑞卿，支队干部赖传珠、周昆、毕占云、彭祜等。刚调任红四军参谋处处长的原第二纵参谋长郭化若尚未赴任新职，列席会议。

毛泽东介绍罗瑞卿说："罗科长原是闽西游击队的参谋主任，后任红五十九团的参谋长、第二纵队五支队党代表。"

曾士峩笑着说："我和罗科长也认识，有过数面之交。去年 5 月红四军经过游鱼坝，我在当地游击队和群众欢迎队伍中看到一位瘦高个子，特别显眼，当时心想这位可能是北方人吧。后来在红四军'七大'上，我一下就认出了他就是罗参谋长。6 月份打龙岩，军部战前布置战斗任务时，我和罗参谋长又见过面。这次开古田会议，还在一起听报告、学习、讨论过。"

罗瑞卿也笑了，说："曾纵队长记性真好，去年在龙岩那次见面很仓促，因为很快要分头投入战斗了，我也记得很清楚，您的个子也不矮啊！"

大家都笑了起来。接着，前委安排郭化若详细介绍第二纵队现状和存在的主要问题，组织大家讨论研究下一步如何开展工作。

曾士峩说："我们要做的工作很多。古人讲得好，不能以其昏昏，使人昭昭。所以，我们各级干部首先要认真学习领会好红四军'九大'决议精神，才能全面搞好对部队的宣传教育。同样道理，正人先正己，要求部属做到的，自己一定要先做到，要事事、处处带头。"

罗荣桓、张际春、罗瑞卿、郭化若等人分别谈了自己的想法和意见。

实践证明，前委将曾士峩、罗荣桓这对老搭档调到第二纵队重要岗位上是非常正确的。他们二人的共同特点是革命意志坚定。一位智勇双全、逢战必上、身先士卒、苦乐同行。有这样的指挥员带领大家冲锋陷阵，谁会趴下当孬种？谁会畏战退却当逃兵？另一位严于律己、身当表率、宽厚温和、赏罚分明，有这样的领头雁日夜为大家操心操劳，有谁心里不服气？又有谁愿意离开这样的大家庭？

1930 年 1 月下旬，红四军前委会议根据蒋介石、冯玉祥、阎锡山之间军阀战争即将爆发，广东、广西军阀混战仍在进行，蒋介石和广东军阀均无精力对付红军的形势，决定红军进行为期 15 天的分兵，做群众工作。

按军委部署，曾士峩、罗荣桓率第二纵队离开东韶，向西进至永丰县藤田，沿途组织群众打土豪分田地。后来，前委提拔罗瑞卿任第二纵队政治部主任，协助曾士峩、罗荣桓继续贯彻古田会议决议，开展反不良倾向和反流氓行为的思想教育。

此时，红四军的建制是：军长朱德、政治委员毛泽东。下辖四个纵队，第一纵队纵队长林彪、第三纵队纵队长伍中豪、第四纵队胡少海。曾士峩任第二纵队纵队长，罗荣桓任纵队政委、郭化若任参谋长 (后离任) 、罗瑞卿任政治部主任。

2 月 7 日，国民党独立第十五旅入赣。前委率领红四军和红六军第二纵队向南撤至富田地区待机。敌人发现红军后撤，遂分左中右三路由吉水地区向南对红军实行“进剿”。红四军前委决定乘敌兵力分散、态势孤立之机，集中兵力予以各个歼灭。

24 日 10 时，曾士峩、罗荣桓率第二纵队作为主力，对独立第十五旅在水南的左路发起猛攻。经半小时激战，攻占水南，歼敌左路两个营大部。25 日拂晓，红四军一部迂回到独立第十五旅右路之侧后，曾士峩、罗荣桓率第二纵队和红六军第二纵队向富滩、值夏发起进攻。经一天激战，歼该旅中路、右路大部，残敌逃向吉安。此次战斗，红军歼灭国民党军独立第十五旅大部，俘 1600 余人，缴获长短枪 2000 余支、机枪 18 挺、迫击炮 10 余门。

3 月上旬，曾士峩、罗荣桓率第二纵队在水南一带做群众工作。16 日，第二纵队奉令进至赣州城郊，参与攻打赣州，因地形不占优势和缺乏攻城器械，未克。23 日，第二纵队参加南康战斗，攻占南康县城，随即转入赣南分兵发动群众。4 月 1 日，红四军进军粤北。第二纵队参战，攻克南雄，4 月上旬，在南雄地区发动群众，筹措给养，并参加信丰战斗，歼敌 1700 余人。5 月上旬，曾士峩、罗荣桓率部在安远、寻乌发动群众，分土地，筹措给养，扩大工农武装。

从 1 月下旬到 5 月间，在毛泽东的亲自指导下，第二纵队新领导集体成员以古田会议决议为行动准则，心往一处想，劲往一处使，使部队面貌很快发生了变化。

曾士峩负责全面工作，主抓军事斗争。他仔细领会前委的战略部署，盯住远近敌人，抓紧训练部队，同时紧密协作、全力支持政委工作。他和罗荣桓早在秋收起义初期就已相识，三湾改编后同在一个连队工作，如今又共同领导第二纵队，工作虽有分工，但互相支持，对一些重大问题随时交换意见，加上两人平时共同话题较多，且性格都很沉静、稳重，配合十分默契。一次，两人讨论完部队的思想教育问题，曾士峩笑着对罗荣桓说："你想问题就是比我想得细啊！"罗荣桓也笑着回答："哪里哪里！我们差不多啊，可以互相补充啰。"

曾士峩和罗瑞卿、郭化若在工作中也配合得很好。罗荣桓与罗瑞卿都姓罗，为区别起见，大家都称呼罗荣桓为"大罗"，罗瑞卿比罗荣桓小近 4 岁，就叫"小罗"。曾士峩平常也喜欢叫"大罗""小罗"，亲切的话语中体现着第二纵队领导集体的团结协作和融洽。曾士峩常和郭化若讨论军事谋略等问题，请郭化若介绍在苏联学习的情况和体会。郭化若离开第二纵队后，每当两人开会见面时，还要简短地交谈一小会儿，聊聊各自近况，讨论某些战斗的战法。曾士峩、罗荣桓在贯彻古田会议决议中，向罗瑞卿、郭化若等同志讲述在井冈山的传统，通过一些具体事例讲述毛泽东如何进行部队建设，并共同学习毛泽东给林彪的长篇回信《时局估量和红军行动问题》，加强对时局的认识。对此，当时刚从苏联学习回国不久的郭化若印象极深，数十年后每每谈及，仍记忆犹新。

第二纵队党委成员常分别深入支队和大队，指导和检查学习、贯彻执行古田会议决议的情况。当时，按前委决定，这些学习活动均以党支部为单位，检查本部队本支部存在的问题。在检查过程中，有些人有抵触情绪，党员们就以决议为准绳，对他们进行说服教育，批评帮助。检查结束后，各支部又向全体党员公布检查的结果，发动群众讨论。干部和党员的自我批评精神和坚定不移的革命斗争决心，对全体指战员的鼓舞很大，由此从上到下营造出反不良倾向的氛围。打骂士兵、不尊重党的领导、不愿做群众工作、搜俘虏腰包、乱拿群众东西甚至吃喝嫖赌等不良倾向都被揭发出来，并受到批评纠正。曾士峩还特别尖锐地批评了不尊重党的领导、轻视政治干部的错误思想，指出它错在哪里及其危害性。一个平时工作表现不错的支队级干部，被揭发逛过窑子，受到曾士峩、罗荣桓的严肃批评教育后，觉得自尊心受损，闭口拒不认错。曾士峩、罗荣桓向前委汇报后，只得同意他自动离队。少数有不良习惯和错误倾向的人走了，反而使部队更加纯洁。

同反流氓行为相比，反对打骂士兵、枪毙逃兵就要困难得多。有些干部认为打骂士兵是带兵之必然，而逃兵就是“反革命”，应当枪毙。这两种在古田会议决议中已被明确指出是“带有盲动主义性质的”错误行为，在部队内一度存在。此前，旧军队中打骂士兵的现象虽偶有所现，但受到批判后，基本得到纠正。枪毙逃兵事件在井冈山上未发生过，但下山之后，随着老骨干伤亡、俘虏不断补充进来，便时有发生，并日益严重。

曾士峩、罗荣桓多次召开会议，指出枪毙逃兵是封建军阀压迫士兵的办法，革命军队绝不能采用，并指出要根据实际情况分析，一些“逃跑”士兵大多数是怕苦、想家，有的是请假不准，不辞而别；有的是因干部管理方法不当等所致。对这些人主要是教育。即使是拖枪逃跑，也要具体分析。如果将枪拖到兄弟部队或是赤色区域，也不是死罪；只有拖枪投敌才能以反革命论处。第二纵队还根据前委规定，宣布今后士兵想回家的，可以先做思想工作，劝他们不要回去。如果劝说无效，可以准假并发给路费，告诉他们做秘密工作的方法，叫他们回去从事农民运动、工人运动乃至白军士兵运动，今后什么时候归队都表示欢迎。

在反不良倾向的基础上，第二纵队党委在全纵队建立了定期检查古田会议决议贯彻执行情况制度和党课教育、士兵教育制度，同时健全了支委会、支委和党小组组长联席会、支部大会、小组会和党员定期向小组长汇报等制度。

在战斗和做地方工作的间隙，曾士峩为了提高第二纵队各级指挥员和战士的军事理论及思想素质，还根据古田会议决议精神，结合过去在国民革命军学生队和中央军事政治学校长沙三分校所学军事知识及自己的认识和切身体会，编制了简明的《二纵军事思想训练十条》（以下简称《训练十条》）：

一、中国工农红军是中国共产党领导的革命军队；打仗的目的，是为建立统一的、人人平等、民富国强的新中国。

二、红军军人应有革命必胜的信心，因为我们打仗为百姓，得到广大百姓支持。

三、红军军人应有信勇仁智的道德，严格遵守军纪，坚决服从命令。

四、红军应有勇猛的攻击精神，及坚忍不拔的坚守毅力。

五、战场战况突变时，指挥官应临机“独断专行”，迅速调整兵力和战法。但此精神，并非与服从命令相矛盾。这是在全面执行，但对敌严格保守整体作战目的秘密的前提下，当战况突然有利或不利于我时，以迅雷不及掩耳之势，出敌不意，主动突击敌人，以扭转战势或战胜敌人。

六、时间准确，是战争胜利的关键要素之一。战况变化万千，贻误战机，或可致全军败灭。

七、红军各级干部是军队的指挥枢纽、团结士兵的核心。故干部需事事带头，与部下同甘共苦，以取得尊敬和信任。尤其在战斗惨酷时，应勇敢沉着，从容指挥，以增部下信心，打破险困之境，完成战斗任务。

八、士兵在激战中虽已疲劳困苦，仍应听从指挥官指挥继续战斗，如指挥官伤亡，应以同队中勇敢士兵为榜样，以夺得最后胜利。

九、平时注意锻炼身体，讲究卫生，以保军人强健的体力、刚毅的意志，战时才能战胜顽敌和险困。

十、养成爱护武器、节省弹药、爱护马匹、爱惜每一粒粮食等的良好习惯。

曾士峩将《训练十条》送第二纵队党委讨论，罗荣桓认为《训练十条》总体是政治和军事的有机结合，提了几点修改意见，作少量文字修改后，成稿即报前委审查，并迅速得到了批准。毛泽东与朱德对此还特别提出，要求其他纵队都可参照此《训练十条》领兵训兵。

曾士峩、罗荣桓还组织了几期大队以上干部短期训练班。每期曾士峩都按《训练十条》基本内容主讲。课余，他还与干部们讨论有关条款在具体执行时，如何掌握其尺度。如执行上级作战命令和战场临机“专断”的关系，就是当时热议的话题。曾士峩认为，这一点涉及能否充分理解上级整体战役意图，了解敌方军力甚至指挥官的作战习惯、敌我双方所具优劣势、地形环境等因素，应当综合分析、当机立断，以己之长，克敌之短。

当讲到红军应有勇猛的攻击精神、干部需事事带头时，曾士峩说：“常言道，兵熊熊一个，将熊熊一窝。外国的亚历山大大帝也曾说，他不害怕由一只绵羊带领的一群狮子，但害怕由一只狮子带领的一群绵羊。所以，不管是哪一级长官，不畏强敌，到战场第一线指挥作战，不怕死加好的战术，带头冲杀，是取得战斗胜利的一个极其重要的因素。”

曾士峩还经常抽时间到支队或大队检查部队日常军事训练，有时用自己的亲身经历，在操练现场给干部战士讲解某种战术的具体用法，加深干部战士的理解。他还和第二纵队政治部宣传队研究，让各大队将战士的操练和游戏结合起来。如将抓俘虏游戏和快跑、跨越障碍等组合在一起。游戏时，哨声一响，活动场地立即响起一片欢乐的“快跑！”“加油！”声，既锻炼了身体，又活跃了部队气氛，战士们很高兴，都积极踊跃参加。

红军重视做群众工作。经过不断实践和总结，第二纵队形成了一整套比较成熟的群众工作“七部曲”：第一，分发土豪的谷物给贫雇农，以发动群众；第二，进行口头和文字宣传、化装讲演，召开群众大会，以宣传群众；第三，建立工会、农会等，组织群众；第四，组织赤卫队，以武装群众；第五，建立党的支部或区委，以领导群众；第六，举办群众领袖、党的干部训练班，以训练群众；第七，分配土地、建立工农民主政权。

掌握了“七部曲”，群众工作出现了崭新的气象。部队走到哪里，标语就贴到哪里。战士们主动向群众宣传打土豪、分田地的革命道理，调查土豪劣绅的恶行。打了土豪，除完成筹款任务外，部队把剩余粮物都分给群众。每次出发前，把大街小巷打扫得干干净净。各支部还派人挨家挨户检查，看看借东西还了没有，损坏东西赔了没有。这样，红军的政治影响扩大了，军民关系更加密切。队伍要出发了，各村各寨的男女老少都恋恋不舍，齐集村头，夹道欢送。

经过曾士峩、罗荣桓、罗瑞卿等干部几个月齐心协力的工作，第二纵队的面貌焕然一新，得到了前委的赞扬。1930 年 5 月，赴上海党中央出席全国红军会议的红四军代表熊寿祺在给中央的报告中指出：“二纵队过去没有很好的上级干部，军事政治都无中心，因此战斗力差于一、三纵队。最近上级干部已另换人，二纵队又复兴起来了。”①

六、红一军团的组建

1929 年以后，中国共产党领导的红色武装和农村革命根据地有了较大发展，在南方数省建立了十几个苏区；1930 年 3 月，红军发展到 13 个军，共 62000 多人。从 1930 年 4 月起，国民党新军阀蒋介石、冯玉祥、阎锡山、李宗仁等发起中原大战，双方先后出动兵力超百万，战火波及 20 多省份，使红军有了更多的生存空间及发展机会。但即使这样，帝国主义和国民党统治集团在大城市的力量还很强大，敌强我弱的格局尚未改变，更没有形成全国性的革命高潮。

此时，以李立三为代表的“左”倾冒险错误在中共中央逐渐占据了主导地位。不断号召组织罢工、示威和暴动，命令红军攻打大城市，批评建设根据地思想是“偏安”“狭隘”“绝对错误的观念”，指出“中国新的革命高潮已经逼近到我们前面了”，并“有极大可能转变为全国革命的胜利”。1930 年 6 月中旬，中共中央特派员传达了中央关于整编红军的决定，并严格督促执行。

6 月 19 日，中央决定将仍在赣南、闽西地区的红三军（原红六军）、红四军、红十二军合编，成立中国工农红军第一军团。其指挥机构为：

总指挥：朱　德　　总政委：毛泽东

参谋长：朱云卿　　政治部主任：杨岳彬

下辖——

红四军：

军　长：林　彪　　政　委：彭清泉（即潘心源，未到职，罗荣桓代）

① 《罗荣桓传》，当代中国出版社 1993 年版，第 84 页。

参谋长：曾士峩　　政治部主任：罗荣桓

红三军：

军　长：黄公略　　政　委：陈　毅（毛泽覃代）

参谋长：陈奇涵　　政治部主任：郭一清

红十二军：

军　长：伍中豪　　政　委：谭震林

参谋长：林　野（张宗逊代）　政治部主任：谭　政

红一军团共有 2 万余人。此外，由闽西、赣南、赣西南地方武装编成的红二十、二十一、二十二、三十五等各军也先后归属红一军团建制。

当天，在参加完毛泽东、朱德主持的一军团在长汀主要领导人会议后，林彪、罗荣桓、曾士峩立即召开红四军主要干部会议，研究如何贯彻执行总前委会议决定精神，到会的还有王良、萧克、罗瑞卿、李赐凡等。这是曾士峩和林彪第一次直接合作共事，研究完工作，两人继续交谈，从彼此的家乡谈到参加革命过程。他们还简单交流了各自在黄埔军校和国民革命军第八军学生队、黄埔军校长沙三分校学习的情况。一番谈话让林彪和曾士峩彼此熟悉起来。往后的实践表明，在如何打好每一仗的战法上，林彪和曾士峩往往有不少相同或相似的看法，有时是互相提醒、互相启发。

一军团红四军下辖第一、第二、第三纵队。第一纵队司令王良，政委李赐凡，政治部主任谢唯俊，辖一支队长刘海云、二支队长赵尔陆、三支队长陈光。第二纵队司令由军参谋长曾士峩兼，政委罗瑞卿，政治部主任张际春，辖四、五、六支队，四支队长吴高群、支队政委赖传珠。第三纵队司令萧克。红四军一个纵队有 2000—3000 人，但战斗减员时只有 1000 多人，然后又扩军，红四军三个纵队（师）最多时达 9000 多人。

6 月 22 日，红一军团总部发布训令：

一、蒋阎战争激烈，双方死亡各达万余，蒋逆也负伤，张桂军到长沙，各地工农运动高涨，时局大为开展。

二、本路军有配合江西工农群众夺取九江南昌、以建设江西政权之任务，拟于七月五日以前全路军开赴广昌集中。

三、第四军（缺第三纵队）应于明日（廿三）向宁化前进，到达宁化工作一星期担任筹款。

四、四军军长林彪因要公留城，队伍暂归该军部参谋处长曾士峩指挥。……

对红四军军部参谋处长曾士峩指挥红四军一事，作者作了一定调查研究，得出总的结论是：1930 年至 1931 年某段时间内，红军编制变化较大，军一级的参谋长制度不太健全，参谋长与参谋处长在概念上尚有模糊，主要以负责什么工作来认定职务，干部能上能下，任职常有变化，加上指挥机构特别精简，参谋长与参谋处长可能就是同一个人。另外，虽军一级参谋长制度还不太健全，但参谋处长需协助军首长做大量具体工作，包括营房、桥梁搭建及部分军事指挥等，所以参谋处长一职是明确的。

1982 年 2 月 13 日，萧克院长接受作者访问时说："这时，曾士峩是（一军团）红四军参谋长。"

1982 年 12 月 21 日，吴德华老红军接受作者访问时说："当时，军参谋处长就是军参谋长，军参谋长兼军参谋处长。参谋处有部分人员负责一些事务性工作，而参谋处长本人又要管全军的部分军事，这是军级的情况。但红军总部就不一样了，有参谋处长和参谋长之分，各是各的。"

1983 年 7 月 1 日，王耀南副司令接受作者访问时说："曾士峩当过红四军参谋长没错。我当时是工兵连，今天这个单位有工程要施工，就附属这个单位指挥；明天那个单位有工程要施工，就附属那个单位指挥。起初，红四军有事时，军长林彪就要我去找曾士峩参谋处长；后来再有施工任务时，林彪就要我去'找曾参谋长'，我见到曾士峩同志时问：'曾参谋长，参谋处长现在是谁呢？'他说：

‘没有参谋处长了，算了，都是我。’这个印象很深……。曾士峩如不是参谋长，1930 年 6 月，他也指挥不了一个军。”

1984年6月8日，范树德先生接收作者采访时说：“第一次反‘围剿’后，成立‘中央革命军事委员会’，我当总经理部部长，陈奇涵就接我任三军参谋长。”

1987 年 6 月 16 日，郭化若副院长接受作者访问时说：“成立红一方面军（一军团）时，红四军军部兼一军团司令部，再扩大到一方面军司令部，司令部就有两个人：参谋长朱云卿，参谋处长是我。这时，一军团红四军还没有正式参谋长，(名义上)由朱云卿‘暂代’；一军团红三军参谋长是陈奇涵。朱云卿第二次反‘围剿’到了后方，整个参谋部就只剩我一个人。”

公开资料表明，陈奇涵上将 1930 年 10 月任中国工农红军第三军教导团团长，后调任红四军参谋长，1931 年夏改任红三军参谋长。

所以，曾士峩和陈奇涵都任过一军团红四军参谋长无疑，但谁先、谁后历史记载不详。对此，2018 年陈奇涵之子陈崇北告诉作者：陈奇涵是 1930 年 11 月至 1931 年 1 月任一军团红四军参谋长。

综上分析可知，曾士峩应约于 1930 年 6 月至 1930 年 11 月任一军团红四军参谋长兼第二纵队纵队长。这也与《训令》相符。

如《训令》所说，林彪军长不在部队时，曾士峩将负责整个红四军的指挥工作。

6 月 23 日，曾士峩指挥红四军从汀州出发，经古城、瑞金的固村、瑞林寨及于都的曲阳、银坑桥头，边行军边作宣传，于 7 月 8 日早上到兴国江背洞，这天刚好是逢圩日。当天晚上，先到的红三军、红六军（红二、四团已编入六军）、红十二军及红四军一部住兴国县城；曾士峩率红四军军部、第二纵队司令部及二纵队四支队政治部住在越国祠。红军在兴国县城住了三天，第二天召开了欢迎红军北上联欢大会，部队和群众约 5 万人参加，人山人海，盛况空前。

按照一军团总部的决定，曾士峩在越国祠指示四军军需处长代表红四军军部，将红四军的2门迫击炮、6发炮弹、2挺马克沁重机枪、50发子弹、200多支步枪，发给兴国地方武装。

1930年7月14日，曾士峩等率红四军离开兴国县，一路向北，经高兴圩、老营盘、富田、汀江、八都、水边等地，边行军边筹款和做地方工作。于7月23日到达永泰镇。这时，军长林彪已赶上并回到四军。当晚，红一军团总部决定攻打樟树镇。

24日晨，曾士峩、罗瑞卿指挥红四军第二纵队参加进攻樟树镇。快刀斩乱麻，不到上午9时，战斗结束，消灭张辉瓒一个旅的两个团。当天，从吉安方向开来两艘载兵的洋船（汽艇），被红军击沉一艘，跑掉一艘。红军速战速决，乘胜前进，下午红四军又打下了清江县，接着再打上高县、高安县，一路横扫直打到南昌附近的西山。曾士峩、罗瑞卿等二纵司令部人员住在万寿宫，休息了几日，等待上级下步行动的命令。

因为同年6月，毛泽东、朱德率领的红一军团就接到了中央要其攻打南昌的命令。但当毛泽东、朱德了解到南昌驻有敌正规军6个团防守，敌我力量对比差距较大后，决定放弃攻打南昌的计划，仅于8月1日攻击牛行车站，隔江向南昌城上空鸣枪示威，以纪念八一南昌起义3周年。

七、在撤围长沙转攻吉安中

1930年6月，根据中共中央军委关于向中心城市进攻的指示，彭德怀指挥湘鄂赣边区的红三军团在横扫鄂东南6县，占领岳州后，于7月5日重返平江。7月22日，数万军民在平江举行纪念平江起义两周年暨进攻长沙誓师大会。湖南省政府主席何键闻讯，急派4个多旅的兵力直扑平江。7月25日，红军在双江口一举击溃来犯之敌。26日，又击溃敌金井防线。27日，红军自永安市、春华山一带出发，突破敌长沙外围防线，傍晚攻入长沙市区，晚10时左右，红军夺取长沙。何键一部逃往河西，一部退至易家湾，何键本人化了装，只带随身马弁狼狈渡河，再乘小船逃往沅江。此役，红军共俘国民党军4000余人，缴获3000余支枪。

红军占领长沙后，捣毁了国民党省政府、省法院等机关，救出数以千计的共产党员和群众。各种团体迅即开展工作，发布《告群众书》，创办《红军日报》《苏维埃日报》。29日下午，长沙约10万工农群众举行盛大集会，庆祝红军入城。30日，湖南省苏维埃政府成立，随后颁布《暂行劳动法》《暂行土地法》等。镇压叛徒和反革命分子，处决了出卖郭亮同志的叛徒苏先骏。召集近郊农民代表研究分田，平抑物价，向巨商大贾筹款30万元。这一切均受到人民群众的热烈拥护。此外，还召集各国驻长沙的领事馆、教堂、医院、商团和记者开会，向他们宣传红军占领长沙后的各项政策，阐明了红军的宗旨和纪律。此期间，何键调集40个团开始围攻长沙，一些帝国主义国家也派来了很多炮艇在湘江上游弋，向红军示威。8月5日，红三军团在寡不敌众的形势下被迫撤离长沙。

红三军团攻占长沙，虽然是执行李立三“左”倾冒险错误集中红军攻占中心城市的结果。但这是土地革命战争时期红军第一次也是唯一的一次攻占省城，它一扫马日事变以来笼罩在长沙人民头上的沉闷空气，沉重打击了敌人，扩大了中国共产党和红军的影响，具有重要的历史意义。

红三军团撤离长沙后不久，“左”倾错误统治的中央要求红一军团和红三军团联合再次进攻长沙。

8月中旬，毛泽东、朱德率红一军团主力由奉新、安义西进至接近湖南边界处。军团指挥部在进驻万载时，从报纸上得知红三军团曾一度打进长沙，后被敌军反攻，又退了出来，现在敌何键部正向红三军团进逼。为了和红三军团会合并配合红三军团在运动战中歼灭敌军，红一军团决定向湖南西进。

曾士莪、罗瑞卿率红四军第二纵队，经高安、上高、万载进入湖南省境内。

8 月 20 日拂晓，曾士峩、罗瑞卿率第二纵队随军行动。红一军团以突然强袭包围战法攻击文家市湘敌，全歼何键一个旅约 2000 余人，击毙敌第三纵队司令戴斗垣，缴获枪支 1500 余支。交战时，双方在稻田里冲来冲去，稻禾都被踩平了，国民党军队的大盖帽丢得到处都是。敌人在逃跑时匆忙丢下的一部电台还在工作中，这本来是红军急需的通信设备，但因红军战士不懂和好奇，把完好的电台给砸烂了。毛泽东对此非常惋惜，说这就是游击主义的破坏性，要制止战争中的破坏行为，需长期深入教育。

文家市之战胜利，有力地支援了从长沙撤出的红三军团，阻止了敌人的追击，巩固和扩大了湘鄂赣根据地。接着红四军走永安市，至镇头市宿营。

8 月 23 日，红三军团与红一军团在浏阳永和市会合，组成红一方面军，共计 13 个师（实际兵力相当于 13 个团）3 万余人。毛泽东任总政委和总前委书记，朱德任总司令。

这期间，红一军团红四军几位首长的职务也作了调整，罗荣桓升任四军政委，彭祜接任政治部主任；曾士峩仍为军参谋长兼第二纵队纵队长，纵队政委罗瑞卿。曾士峩在协助军长工作的同时，把大量时间和主要精力用在搞好第二纵队各项工作上，自己也主要生活和战斗在第二纵队集体中。

这时，因丢失长沙而遭到各方指责的何键仍提心吊胆。红军撤离长沙后，何键部队挨家挨户搜查未来得及撤退而被围困的部分农军、共产党员及支持过红军的革命群众，实行了大逮捕和大屠杀；同时大大加强了长沙的防务，从南郊的猴子石至北郊的捞刀河一线分别以巨型鹿寨、密布的竹钉和高大的电网，修筑了 3 道封锁线，派 31 个团重兵把守，其兵力多于进逼长沙的红军一倍。

此时，红军该不该进攻敌人构筑了坚固防御工事又有重兵把守的大城市长沙，内部对此有过激烈争论。部分主张强攻长沙的指挥员认为，上次仅有三军团就打进了长沙，现在有一、三两个军团，攻城更有把握，而且这是中央的意见，应该执行。实际上，上次打进长沙恰逢国民党军阀混战，是乘虚而入，现在敌人防御严密，城内又无工人武装及农军接应，敌我双方实力对比已大变。另外，红军刚开始从游击战向运动战发展，尚无打攻坚战的经验，要立即进行阵地战，显然是错误的。

9月1日，红军俘获一敌传令兵，缴获一份作战命令，得知敌军拟集结10个团兵力从长沙猴子石出击。当晚，红军即调整部署，以三军团监视正面之敌，一军团第三军布置在敌出击线侧面，准备迎击。

9月2日等了一天，敌人并未出来。当夜，总前委决定：留红三军团作方面军总预备队，仍控制猴子石侧面，红三军团和红一军团的四军、十二军展开，向长沙进逼。

9月3日下午约3时，敌陶广师部分兵力开始沿猴子石出击；至下午5时，敌人出来约两个多团，后续部队尚未出城。红三军团看到已时近黄昏不可再等，遂大举出击。曾士峩、罗瑞卿率第二纵队随红四军、红十二军一部参战。红军猛冲猛打，一直压歼敌军于湘江边上，敌军官兵被击落水死者约七八百人，俘虏1000余人，出击的敌人基本被歼。

这一仗重创了长沙守敌，红军部队得到了锻炼和补充。

消灭猴子石出击的敌人之后，敌防守更加严密，红军发起两次强攻，想了很多办法，均未奏效。比如为突破敌工事，红军多次组织敢死队，乘夜冲至敌阵前，都被敌密集炮火所阻。为攻破敌人的电网，红军还采用三国时代“火牛阵”战法，即从集市或农民手上收购、向土豪征收来几百头牛，在牛尾巴上缠上浸有煤油的布条或棉花、再系上一串鞭炮，点燃后驱赶牛群去冲击敌阵地。但被惊吓和烧痛的群牛漫无目标四处狂奔，有的掉头冲回来，反而踩伤了一些红军战士。

作战中，曾士峩、罗瑞卿指挥二纵队在林家嘴、陈家冲一带，参加进攻敌陈光中独立第七旅，毙敌数百人，俘敌上千。后敌军不断增兵，战场形势交叉变化。红四军曾一度抓住战机将陈光中旅一个团逼退，敌团在英勇的红四军面前表示愿意缴枪投降。冲在前面的红四军一部见敌人将枪丢掉，便争先恐后去捡，有的战士一个人挎了好几支，连自身行动都费力。后面的敌人乘红军战士忙着捡枪重新组织火力射击，一个团的敌人就在红军仓促应战之际跑掉了。红军失去了有利歼敌战机。为此，毛泽东、朱德于9月12日签发了《红军第一方面军总司令部第二号训令》，即《收缴敌人枪械办法的训令》，总结教训。

此后，红军又采用且战且退，诱敌脱离工事再聚而歼之的战术，以消灭敌有生力量。但敌人中计被歼两个多团后，再也没有脱离其坚固阵地。这时，曾士峩、罗瑞卿经反复观察后，选择了一处敌人防护较弱的地段，指挥第二纵队进行了两次快速突击，均受到敌人火网堵挡而受挫。

红军终因缺乏攻坚训练及相应的炮火支持，进攻不能奏效，结果长沙城一个突破口也没打开。

敌我双方自9月4日起陷入僵持状态，偶尔隔着阵地互相射击作火力侦察，双方都很谨慎。

一天夜里，曾士峩要第二纵队司令部通信班班长杨得志派人将一份作战命令送到三十三团。接到任务，杨得志即命令15岁的小战士谢滋群跑去送信。当夜没有月亮，夜色漆黑，伸手不见五指，谢滋群跑了一趟找不到团部，心里非常着急，只好转回来哭着向杨得志报告。杨得志一听急了，鼓励谢滋群再去一趟，并告诉他详细路线。谢滋群摸着黑，照班长说的方位走，在流弹中跌跌撞撞地快速前进，终于把信送到了三十三团首长手里。回来报告时，杨得志很高兴，曾士峩也微笑着对满脸稚气的谢滋群说：“小鬼，你做得不错！继续好好锻炼。”此情此语，谢滋群终生难忘，他说自己的胆量就是这么练出来的。

9月10日，曾士峩、罗瑞卿指挥二纵队参加红军对敌再次强攻。朱德、彭德怀亲临前线指挥。在夜幕掩护下，红军多次冲进敌阵地前沿，用手榴弹、刺刀与守敌展开激烈搏斗，予敌重大杀伤。但红军伤亡也很大，弹药给养日益缺乏。同时，何键调集湖南大部分军队来援，武汉行营又先后派罗霖、公秉藩、钱大钧等数师之众入湘，抄平江、浏阳后路，企图包围红军。形势对红军越来越不利，在这种情况下，毛泽东说服了党中央派驻红军部队的代表和红一方面军内主张再强攻长沙的干部，提出应先消灭增援长沙之敌后再夺取长沙。

9月12日，红一方面军主动撤出进攻长沙的战斗，前往萍乡、攸县、醴陵、株洲等处待机。9月13日，曾士峩、罗瑞卿率第二纵队随红四军到达株洲。部队有一天休息，曾士峩、罗瑞卿召开第二纵队排以上干部大会，再次传达和宣传一方面军总部为什么撤围长沙，号召第二纵队全体指战员继续保持旺盛斗志，随时准备迎接新的战斗；并学习贯彻以上《训令》。曾士峩在会上说："这次缴枪失败的一个常识性错误在于：你一个人一下子背那么笨重的枪，还能灵活地进行战斗吗？所以，我们指挥员要不断学习和思考，在新出现的与大规模敌人战斗的各种情况下，如何削弱或消灭敌人战斗力，如何保护自己的战斗力。"这引起了干部的热议，并从中吸取了教训。

9月24日，曾士峩、罗瑞卿率第二纵队随红四军从萍乡到达袁州（即宜春）。红一方面军在此召开会议，这就是有名的袁州会议，决定不回去打长沙，也不马上去打南昌，而先打孤立无援又被我军长期围困的吉安。会后，部队沿分宜、油田、阜田，向吉安挺进。

对红军撤围长沙一事，吴德华后来回忆："这时正是1930年农历八月份，晚上月亮很大。红一军团撤离长沙外围后的一天，在长沙南面的易家湾开大会，毛主席在会上讲话，批判李立三错误，指出应该放弃进攻长沙等大城市的计划，回到江西革命根据地去，受到广大干部战士的热烈拥护。接着，红军经过株洲、醴陵、老关进江西。在萍乡，曾士峩和二纵司令部住在安源煤矿天主堂里，休息了七天。红军在萍乡开了一次万人大会，发动群众，曾士峩就在主席台上。”①

---

① 吴德华回忆曾士峩，1975 年 3 月 30 日。

第九章

第十一师师长

一、小布备战

1930 年 10 月 2 日，毛泽东、朱德签发一军团进攻吉安的命令，要求各军从指定区域于“四号拂晓总攻吉安城”。

10 月 3 日深夜，曾士峩、罗瑞卿率第二纵队奉命作为红四军主力攻入吉安城。但因进入城内的兵力单薄，在守军反击下，被迫撤出。

10 月 4 日晚间，曾士峩、罗瑞卿再率第二纵队作为前卫参加总攻吉安战斗，主攻骡子山阵地，第一波突入城内，消灭了依托城墙顽抗的敌人，紧接着兄弟攻城部队从不同方向攻入吉安城内。红一军团进驻赣西南重镇吉安。

红军打下吉安后，周围的泰和、安福、吉水等几个县城的靖卫团都闻风而逃，我军一一加以占领，使赣西南红区连成一片，吉安周围数十里到处红旗飘扬，热闹非凡。红军在城外开了一个盛大的庆祝大会，青年踊跃报名参军。

红军在吉安住了约一个月，部队再次进行整编，纵队改为师，支队改团，大队改营。第二纵队改为红四军十一师，曾士峩任师长，罗瑞卿任师政委。

这个时期，曾士峩住在吉安天主堂的一间偏爿小房里。教堂中厅一侧放有一架风琴，一天，曾士峩路过风琴旁，不禁想起在信义中学读书期间参加宗教活动时，总是有人弹着风琴伴奏。他也想试一试，于是就坐到风琴前按了按琴键，风琴发出悦耳的声音，响彻中厅。他想弹出一节乐曲，但手和脚怎么也配合不好，弹不成调。恰巧一位红军首长路过，听到琴声，走了进来。曾士峩起身迎接，请首长也按按风琴键。这位首长弯腰按了几下琴键，微笑着说：“你曾师长弹不好风琴，我这双手更不灵光啊，以后若有机会学一学倒也不错。”引起一阵笑声，现场洋溢着一派革命乐观主义气氛。目睹这一情景的吴德华，时隔45年后仍记忆犹新。

1930年10月起，蒋介石先后调集11个师加3个旅，及3个航空队，共10万人兵力，分布于樟树、抚州、南昌、靖安、高安、上高及闽赣边地区，由江西省主席兼第九路军总指挥鲁涤平为陆海空军总司令、南昌行营主任，张辉瓒为前线总指挥，采取“分进合击、长驱直入”的战术，从吉安至建宁一线由北向南，对中央苏区根据地发动第一次“围剿”，企图将我根据地红军主力一举歼灭。

此时，红军兵力不到敌军的一半，武器装备更远差于敌人，有的战士仍在使用大刀和梭镖。但红军的士气非常高涨，个个摩拳擦掌，斗志昂扬，立誓坚决保卫红色苏区，粉碎敌人的“围剿”。

11月1日，曾士峩、罗瑞卿率第十一师随红四军遵照“诱敌深入赤色区域待其疲惫而歼灭之”的命令，实行战略退却、诱敌深入。

12月1日，第十一师随红四军秘密转移到根据地中部山区宁都县的钓峰、小布、黄陂地区集结，休整待机，进行作战准备。第十一师师部设在小布镇南郊高田村。

小布镇，位于江西省赣州市宁都县西北部，距县城60公里，原名小浦，人口千余。其最早的历史可追溯至南宋。清嘉庆十八年（1813年）起，这里陆续建起真君庙、老官庙、石仙庙、万寿宫，并先后建房360多间，于是百姓聚集，一个新的集市很快形成。

曾士峩、罗瑞卿率第十一师到小布仅休息一天后，就召开了全师排以上干部大会，按总部要求动员和布置反“围剿”准备工作。会后，掀起了全师练兵和决心战胜强敌的学习讨论热潮。每天天刚蒙蒙亮，不到吹起床号时间，就陆续有班、排悄悄地在村间崎岖小路上进行跑步、跳越障碍等体能锻炼。在大大小小的地坪上、干结的稻田中，到处都有战士们在认真练习瞄准、投弹、近身格斗；下午或晚上，到处是以班、排为单位的热烈讨论会场，一派沸腾景象。此间，曾士峩、罗瑞卿忙碌的身影不时出现在不同的练兵现场，或出现在政治学习思想教育活动中与大家讨论交流。

有一次，曾士峩来到正在田间练习投弹的班排队伍里，和战士一起比赛投弹。结果有4名战士投掷距离超过了曾士峩，投得最远的有近50米。曾士峩高兴地竖起大拇指表扬了优胜者：“好样的！手榴弹扔得远，战场上就会像小迫击炮一样杀伤更多敌人。”他看了看自己的手掌，接着又说：“我知道了，我为什么扔不出你们那么远呢？就因为我右手几个手指的握弹方式不得力。”

在一旁的李班长说：“师长，这会不会是因为您右手负过伤啊？”

“这可能是原因之一吧，但主要还是我练习不够。很长一段时间以来，只注意了手枪射击，放松了单兵作战其他基本锻炼，这要不得，以后还得挤时间练啊。”曾士峩回答说。

周围的战士们听曾士峩这么一讲，都很感动，大家争相拉着师长负过伤的手掌看，有的一言不发地注视着曾士峩，还有的心想：师长这么忙都在想自己为什么投弹投不远，还自我批评练习不够，我们战士更应该苦练杀敌本领。

除了抓紧练兵，曾士峩、罗瑞卿还按总部部署派工作组到附近韶坊、陈岭背、层坑村开展群众工作，筹措给养等。这段时期，曾士峩全力抓部队反“围剿”的各项军事准备，整天忙着加紧练兵和整训，思考如何增强部队战斗力，战胜和消灭来犯的敌人。一切工作均以临战的姿态进行，积极准备随时投入反“围剿”。

二、龙岗大捷

1930年12月6日，中原大战中获胜的蒋介石到达南昌，迫不及待地部署对中央革命根据地的第一次“围剿”。

这时，中央革命根据地红一方面军一、三两个军团约 4 万人。曾士峩、罗瑞卿率十一师随红四军移至宁都北部，抓紧整训，筹措给养。不久，红一方面军总前委在宁都黄陂镇召开会议。毛泽东在会上细数了我军战胜敌人的有利条件，同时会议着重研究了红军的战略反攻问题，决定寻求中间突破，先打谭道源的第五十师或张辉瓒的第十八师。这两个师各约 14000 人，是这次“围剿”军的主力。打掉他们，就可以斩断敌人 800 里的弧形围攻线，使敌人东西两路分离成相距很远的两大部分，便于各个击破，打破敌人的整个“围剿”。

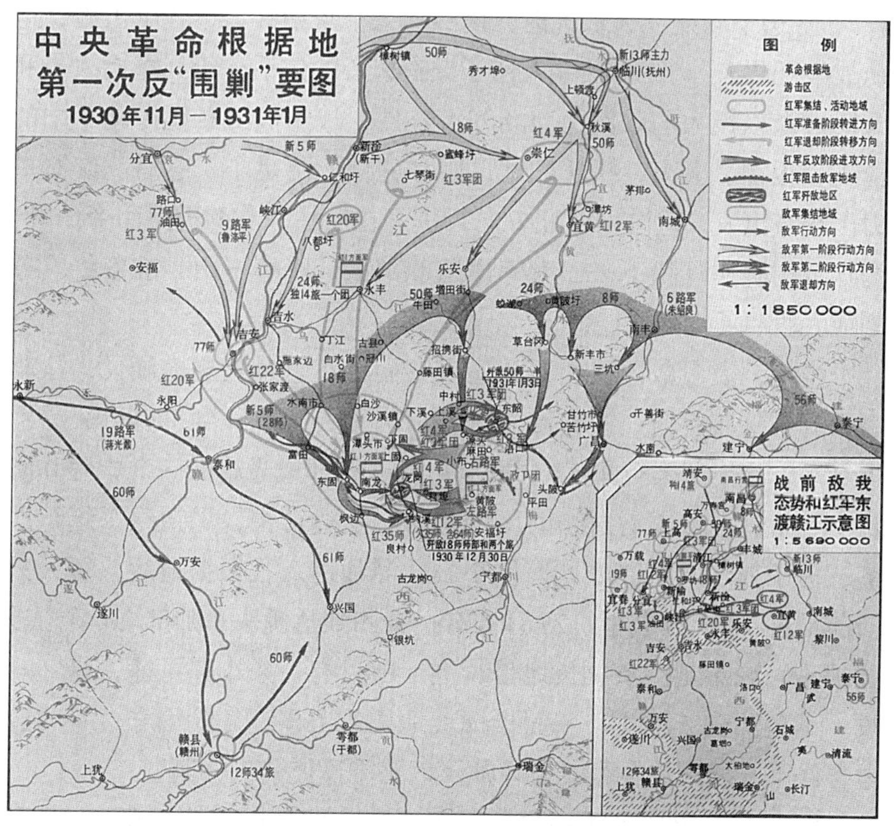

中央革命根据地第一次反“围剿”要图

黄陂会议后，曾士峩、罗瑞卿立即向第十一师传达和讲解总前委印发的关于反“围剿”必胜的八个有利条件的宣传材料，组织开展了热烈的战前政治教育和讨论，进一步鼓舞指战员的斗志。

12 月 16 日，各路国民党军采取“分进合击”战术，开始向中央革命根据地进攻。24 日，红军总部发现敌谭道源师有继续入侵小布的趋势，当即“决于明（廿五）日先歼灭来犯小布之敌”。第二天上午 9 时，曾士峩率部参加了总前委和红军总部在小布举行的军民歼敌誓师大会。主席台两边台柱上，挂着一副醒目的对联。右边上联是“敌进我退，敌驻我扰，敌疲我打，敌退我追，游击战里操胜算”，左边下联是“大步进退，诱敌深入，集中兵力，各个击破，运动战中歼敌人”。红军领导人作了振奋人心的讲话，给红军指战员和人民群众以极大的鼓舞。会场气氛热烈，战士们不断地挥动手中的枪支、梭镖、大刀，跃跃欲试，胜利的信心更足了。会后，红军主力由小布出发，轻装向西北方向行进，在通往源头的道路两旁山坳、沟坎、树林中埋伏下来，专等谭道源部由芦峰岭下山，准备将其分割成几段后予以歼灭。

当时，大多数国民党军队还没有同红军打过大规模硬仗，从蒋介石到各级指挥官，多趾高气扬，以为十万大军一到，就可轻易消灭红军，规定每天行军 35 公里。但谭道源部成光耀的一个旅曾驻防吉安一带，与红军有过长时间的接触，吃过苦头，深知红军组织严密，勇于战斗，所以处处谨慎小心。谭师进入我根据地后，每天只向前推进 10—15 公里，25 日才有一个团到达源头，师部 26 日才进驻源头。源头是一条狭长地带，上下山只有一条小路可通，易守难攻。谭道源到了源头，一面指挥就地构筑工事，凭险固守，一面急电鲁涤平，要求“令张、公各师及六路军迅速前进会剿”。

而在谭道源部到源头之前，曾士峩、罗瑞卿率十一师于 12 月 25 日深夜冒着寒风进入阵地。这里是一条小河的岸边坡地，灌木丛生，长着齐人高的杂草。战士们各自寻找隐蔽性较好，但又能看清山间小路、便于射击的地方静静地埋伏着。全师不准高声讲话，不准咳嗽，不准抽烟，白天不许做饭。从早晨等到黄昏，谭道源部没有下山来，红军当晚撤回黄陂。第二天后半夜又去埋伏，等了一天，敌人还是没下山，只好再次不甘心地撤回。

对两次回撤，而不以优势兵力主动进攻，十一师的一些干部和战士不理解，有的甚至发牢骚。曾士峩、罗瑞卿耐心做好解释工作：我军在小布地区布置了一个大口袋，正引诱敌人来钻。敌人不离开阵地，倘若我军强攻硬打，伤亡会很大，所以应该撤回再等机会，敌人一旦围上来了，总会有所行动，歼敌的机会也总会来的。听了师长和政委的讲解，广大干部战士进一步增加了我军必胜的信心。

红军小布设伏，没有打成谭道源的第五十师，但 29 日突然得到情报，骄横的张辉瓒为了抢头功，指挥第十八师师部和两个旅正向上固、龙冈快速逼近，急于寻找我主力决战。敌人孤军冒进，而龙冈地区人和地利，非常有利于我方。红军总部当机立断，决定更换攻击目标，打张辉瓒的第十八师。

12 月 29 日，曾士峩、罗瑞卿率十一师与兄弟部队分头秘密转移到黄陂西面的君埠、汉下、上下固一带隐蔽集结。

张辉瓒的第十八师装备精良。这一次，他奉蒋介石、鲁涤平之命，负责前线指挥，更加飞扬跋扈，不可一世。正当张辉瓒率部向东固方向推进，准备同公秉藩师、谭道源师会合进攻东固时，公秉藩师已先期占领红军完成诱敌任务后主动撤出的东固镇，大吹大擂，通电报捷。蒋介石赏了他一万块光洋，并将新编第五师的番号改为正式的第二十八师，以示奖励。张辉瓒比公秉藩略晚一天到达东固。赣南山区常有浓雾蔽山障谷。凌晨，张辉瓒师获报前方有部队。此时张辉瓒并不知道公秉藩师已进占红军自动放弃的东固，浓雾之中误认公师是红军，于是枪炮齐开，双方激烈交火达四小时之久，互有伤亡。直到中午大雾消散，才知是大水冲了龙王庙，自家人不认得自家人，双方互相埋怨指责一通。公秉藩一气之下，径自脱离东固阵地，率部折回富田“休整”去了。这时，谭道源师在源头，其他各路敌军或暂停泰和，或还没有过江，各路兵马不能“合进”。张辉瓒师不得不实行分兵，留下朱耀华旅作为后方看守东固，自己率师部和两个旅继续向龙冈推进。

龙冈是永丰县内一个圩镇，四面环山，孤江自东南而西北穿流其间，形成一个狭窄的冲积盆地，窄的地方仅 150 米，宽的地方也不过 2.5 公里。镇上有四五百户人家，是山区较大的集镇。张辉瓒部进驻龙冈，师部设在镇内，9000 多兵马分布在镇内和镇外各村庄，一时间搅得龙冈鸡犬不宁。

红军总部获悉张辉瓒师已开抵龙冈的情报后，召开紧急军事会议，决定红三军（约 8000 人）正面迎敌；红十二军（约 6700 人）任左翼，截断龙冈西面通南垄的大道，使张师无法与留守东固的朱耀华旅联系；红三军团（约 13000 人）和红四军（约 8500 人）在右翼作第二梯队，从东北方面迂回包抄；六十四师（约 2000 人）配属十二军指挥，总直属部队机动。总攻时间定于 30 日上午 10 点。

30 日黎明前，红军分头出动，在浓雾掩护下迅速进入预定阵地。上午 9 时许，张辉瓒果然率领师部和两个旅由龙冈出发，朝红军的“口袋”钻过来。戴岳第五十二旅先头部队刚准备登山，就遭到担任主攻的红三军第七师居高临下的迎头痛击。但红军装备差，火力弱，敌人很快组织反扑。双方鏖战两个小时后，敌人增加了两个团的兵力，向红军猛攻，战事一度吃紧。近午，红十二军从敌左侧后方向敌五十二旅展开攻击，旅长戴岳急电张辉瓒求援，张以五十三旅驰援，半路被我地方部队所阻。下午 3 时许，张辉瓒所率 4 个团完全展开，多路向我军阵地发起猛攻。

在战斗极为激烈紧张的时刻，红四军和红三军团按计划赶到，向龙冈斜插过去，切断了敌师部与东固五十四旅的联络。

曾士峩、罗瑞卿指挥十一师与兄弟部队一起，从龙冈东北方向的高山上跑步赶到战场。憋足了劲的战士们个个如猛虎般扑向敌群。敌人陷入了重围。张辉瓒想抢占龙冈西南的万功山，以掩护师部向东固方向撤退。但红十二军早已抢先占领了万功山，把敌人死死压在山脚下。下午 4 时左右，红军指挥所发出了全面攻击的命令，主力部队和地方武装如潮水般冲向敌阵，敌军很快全线溃败。

在所部溃败之际，张辉瓒慌忙换上士兵的服装，也不要贴身警卫跟随，爬上万功山半腰，钻进一棵枫树旁的乱草堆中躲了起来。当他被红军战士搜山发现并抓获时，自称是旅部书记官，但他穿的衣服长短大小太不合身，尤其是那件棉上衣几乎扣不上扣，立即引起红军战士的怀疑：他冬天穿这样的棉衣不冷吗？到了山下被俘虏兵揭穿，张辉瓒才露出真实身份。

龙冈一战，全歼敌第十八师一个师部和两个旅，共 9000 余人，缴获武器 9000 余件，子弹 100 多万发，大量医疗药品、粮食等军需物资。除戴岳匿于庙宇得以逃脱，其余无一漏网。敌前线总指挥、十八师师长张辉瓒亦被生擒。红军对这些俘虏进行了细心的宣传教育，部分人员自愿参加红军，其余全部发路费让他们回去，每人 3 块银元。在发路费时，红一方面军总政治部代主任周以栗用一口长沙话大声对他们说："下次你们要多带子弹，少打枪好不好啊！"

那些即将获释的俘虏兵都高兴地齐声回答："好啊！好啊！"

毛泽东为歌颂龙冈战斗辉煌胜利，曾在马背上吟出了《渔家傲·反第一次大"围剿"》著名词章的上阕：万木霜天红烂漫，天兵怒气冲霄汉。雾满龙冈千嶂暗，齐声唤，前头捉了张辉瓒。

龙冈大捷，是中央苏区第一次反"围剿"的首个大胜仗，震惊了敌人，吓得深入根据地的敌军纷纷收缩。当时，谭道源并不知道张辉瓒部的遭遇，只知道张师的无线电联系已被破坏，据此感到事情不妙，准备退却。当得知张辉瓒被生擒的噩耗，惊慌万分，唯恐红军攻击，马上扔下源头阵地，命令各团于夜间各取捷径向向宁都县东韶撤退，以避免遭到第十八师的同样下场。

这次大捷，还缴获了 1 部无线电台，俘虏了无线电人员 10 个。通过谈话，10 个无线电台人员全部自愿参加红军。红一方面军总部决定组建自己的无线电队，由这 10 人任训练班教员，要求各部队迅速选派一定数量思想好、有文化、身体好的小战士，到小布总部参加无线电训练班学习。当时，思想好、身体好的战士很多，但一般文化水平较低，而要掌握无线电技术，需要学过物理、数学等，还要有点英文基础。

十一师各团初步选报到师部的人员名单有 6 人，上级所给名额仅 1 人，需由师长、政委最后筛选。一天上午，曾士峩将选定的 6 人逐个叫来交谈、面试。当叫到胡云生时，曾士峩问了他的籍贯、个人及家庭、文化程度等情况后说：“你写几个字看看。”

胡云生随即在半张旧报纸上写下自己的名字和其他几个字，递给师长。

“写得不错嘛。”曾士峩看后点点头，又问，“你是共产党员吗？”

胡云生回答：“我现在还没入党，正在争取。”

曾士峩听后，思考了一会儿说：“唔，你走吧。好好干，以后还有机会，我们肯定还会缴获更多的无线电台的。”

不久，红军第一座无线电侦察台创建，无线电队伍逐渐成长壮大，在以后的革命战争中屡立战功。其组建初期的有关人员，尤其是王诤、刘寅等为我军无线电事业作出了重要贡献。

12 月 31 日，十一师离开龙冈，东移至宁都县小布镇待命。得知敌谭道源部正向东韶撤退，红一方面军总部决定“追击东韶之敌”。

1931 年 1 月 2 日深夜，曾士峩、罗瑞卿率十一师冒着呼啸的寒风和瓢泼大雨，与兄弟部队一起，以急行军速度向东韶前进。担任诱敌的小部队和赤卫队，在离潭头 20 公里的牛角湾歼谭部后卫团的两个营。1 月 3 日早晨，追上了谭道源部。3 日近午，乘浓雾尚未散尽，红十二军向敌人接近后突然发起进攻。谭道源部仓促应战。稍后，第三军团由北向南合力猛攻。红三军部分兵力因故未按规定时间赶到预定的出击地，曾士峩、罗瑞卿率十一师和红四军兄弟师等投入战斗。整个东韶城完全暴露在红军火力网之下，敌人师部遭围攻，乱成一团，团长、营长数人被击毙。激战一天，敌军官兵竞相夺路溃逃。此战歼谭道源师两个团3000多人，缴获长短枪2000多支、机枪40挺、迫击炮4门、子弹13万发，及大量其他军需物品。

此时，其他各路敌军因怕遭受我军打击，也慌忙东逃北撤。至此，红一方面军在中央根据地人民的支持下，五天内连打了两个大胜仗，胜利地粉碎了敌人对中央苏区的第一次大“围剿”。

三、广昌整训

中央苏区第一次反“围剿”胜利后，红军总部决定将主力红军部队分散到宁都、广昌、永丰等地整训和发动群众，建立红色政权，组织地方武装，打土豪、分田地、筹粮款，扩大红军，发展根据地。

3月23日，红一方面军总部发布《红军第一方面军南移整顿、训练和筹款的命令》。命令要求：红军主力从赣西南苏区北部边缘地区的永丰、乐安、宜黄、南丰以南转移到广昌、石城、瑞金、兴国古龙冈等地整训部队和继续筹措给养，做好反“围剿”的各种准备。

依照部署，曾士峩、罗瑞卿率第十一师在赤水镇、雷公田、大株圩、塘坊乡一带，一边抓部队整训、筹款，一边做地方工作。这里位于广昌县南端和石城县及福建省建宁县、宁化县交界的武夷山山区，自然条件较差，经济较落后。这时，十一师的生活也和红军其他部队一样很困难，粮食供应紧张，买油盐副食的钱更少，为节省每一分钱，战士们自己上山砍柴、挖竹笋，到农田疏水沟中挖泥鳅，到盱江上游塘坊港冰冷的水中去捉鱼。有时抓到几十条手指长的小鱼，司务长就会高兴地想办法添加点韭菜、小葱之类，将其做成一锅味道不错的鱼汤，算是改善伙食。大家沾了点荤腥，虽然每人到嘴边的不过是一小碗，但十分开心。每逢部队征得粮食和款项，曾士峩与罗瑞卿都要反复关照，让军需人员详细造册登记，小心保护起来，一般不轻易食用和花费。因为他们知道，艰难的日子还在后面，敌人对苏区的“围剿”会更加残酷，形势将越来越严峻，必须留有储备，在反“围剿”作战关键时刻使用。曾士峩与罗瑞卿模范带头，时时严格要求自己及各级指挥员，全师干部战士保持一样的伙食标准，一样的打地铺睡民宅，绝不搞特殊。战士们看见师首长始终与大家同甘共苦，而且付出的辛劳更多，心里都倍感温暖，更无牢骚怨言，全师上下充满生机、朝气蓬勃，焕发出革命激情，当地群众工作也做得十分有效。

这次整训的重要内容之一，是做好军事上的迎敌准备，大力鼓舞全军将士的士气。训练具体内容有：“按照新操法加强训练，并分别举行射击演习”；“每天早操一律做枪出击、追击、射击、速集的动作。游戏时间，一律操刺枪术、测量、游戏、跳远等。晚点名时做军事讲评”；“所有各部队人员，一律须知行军、防军或战时对空的隐蔽，遇敌机时即能迅速藏身体”等。当时第十一师设有教导队，担负着全师培养基层干部的重任，但是教员不足。曾士峩和罗瑞卿就分工抽出时间亲自讲课，有时还专门和教导队学员一起讨论交流。

曾士峩对学员们说：“你们都是平时各方面表现不错的同志。希望你们抓住在教导队学习的机会，努力提高自己的文化、政治、军事水平，使自己能主动接受更加艰苦困难的磨炼，将来能承担责任更加重大的工作。”

曾士峩十分善于总结归纳，他将内容丰富的军队步兵操典，分别综合、简化成几个单元，并用通俗的语言进行提纲式讲授。这些单元分别是：军队性质，必胜信心；严肃军纪，坚决服从命令；官兵团结一致，干部每事先行，残酷战斗时，指挥亦应沉着镇静；勇敢进攻，顽强坚守；战术：时间、地形、队形，射击、冲锋、格斗；武器装备和后勤支持等。学员们普遍反映听曾师长讲课听得懂，记得快，能很快建立起虽粗浅但较全面的军事概念，都愿意听，收获很大。

曾士峩不单单是抓军事训练，更注意配合政委罗瑞卿工作，时刻强调红军的宗旨，从思想政治的高度培养学员们的革命信仰。他对大家说：“我们是工农大众的红军，是为人民大众打仗的，一切要从人民长远和现实利益着想。纪律是军队的生命。我们必须坚决执行‘三大纪律、八项注意’，这是一切为人民着想、取得人民支持战胜敌人的重要准则。你们正在学习的《红军士兵会章程》中规定得很清楚，具体内容是：三大纪律：第一条，一切行动听指挥；第二条，不拿工农一点东西；第三条，一切缴获要归公。八项注意：一、上门板；二、捆铺草；三、说话和气；四、买卖公平；五、借东西要还；六、损坏东西要赔；七、不得随便屙屎；八、不搜敌兵腰包。”

曾士峩还列举了许多生动具体的事例，来说明“三大纪律、八项注意”每一条内容的重要性，加深了学员的认识，增强了学员在以后工作中严格执行的自觉性。

对当时的这些授课情形，罗友林记得很清楚，他 1983 年 12 月 16 日对作者回忆说：“我 1930 年参加红军，开始在二十军 135 团。后来，发生了‘富田事变’……二十军进行改编，我就到了红四军十一师。一开始，我在十一师33团团部当通讯员。有一次，我送信到师部，人家介绍说：‘这是曾师长。’这时，我只知道师长姓曾，不知道名字。后来，我到十一师教导队学习过一个多月，曾师长来看过我们，给我们讲过课，讲三大纪律、八项注意，讲《训练十条》军事要点，鼓励我们好好学习。政委罗瑞卿讲课的次数多些，主要讲文化等。我过去没有读过书，而在这里学会了加减乘除。在教导队学习时期，常出操，练立正、稍息，还爬过山，做过抓蒋介石的游戏，夺红旗等。教导队毕业时，按家庭出身、政治觉悟、身体条件等进行选拔，我被挑选到红四军军部的‘警通排’。到了军部后，我还常见到曾师长。当时，我根据听到的和感到的认为，曾师长是位好师长，是位了不起的人物。”

曾士峩、罗瑞卿在按总部要求加强军事训练的同时，努力做好地方工作。刚开始，第十一师开展地方工作也很艰难，群众一时发动不起来，主要原因是对红军宗旨不了解，山区百姓长期遭受反动政府的压榨，生活贫困，不愿意多和外人交往，加上土豪劣绅造谣破坏，老百姓不敢接近红军。

曾士峩、罗瑞卿针对这一情况，反复要求全师各级干部带头，时时处处严格执行红军三大纪律、八项注意；以班为单位、在懂当地方言的干部战士带领下，深入各村、各户访贫问苦，帮有困难的孤寡老人砍柴、挑水等，同时大张旗鼓地宣传红军的性质和宗旨，讲劳苦百姓要翻身就要起来闹革命的道理；还调查当地社会结构，摸清哪些人是欺压贫苦农民的土豪劣绅。其间曾士峩、罗瑞卿还专门布置，让师政治部俱乐部主任潘振武组织编写排演了几个小短剧，在开群众大会时演出。短剧的故事内容就来自老百姓的生活，把他们心中的苦和恨激发、再现出来，让群众知道了跟着共产党走才有出路，只有反抗土豪劣绅的欺压，农民才能真正获得解放。这些短剧演出的效果都非常好，鼓舞教育了广大群众。经过一段时间的宣传动员，加上红军干部战士的模范行动影响，当地群众知道了红军是为老百姓利益打仗的军队，明白了只要自己组织起来，并建立自己的人民政府，就可以保护百姓的利益等道理。这样，当地群众对红军由疏远到接近，由怀疑到相信，把红军当亲人。在红军帮助下，各乡村不久就先后成立了贫协会、革命委员会、少先队、儿童团等，建立了游击队。还特别严格地按党的政策，实行了按人口平均肥瘦搭配分配田地。老百姓得到这些实际利益后，深感红军是自己的队伍，不少青年踊跃报名参加红军。过去寂静的山区，到处呈现着一派热气腾腾的革命景象。

第十一师在这次整训和开展地方工作的过程中，始终严格定期开展连队党组织活动，随时传达上级指示，汇报检查工作，表扬做得好的，批评和帮助后进的。每逢开会，曾士峩、罗瑞卿往往会从本职工作出发，带头发言，使会议各项活动开展得有声有色。这样严格的基层党组织活动，是搞好第十一师一切工作的重要保证。

这段时期内，还有一件很重要的事。4 月 17 日，中共苏区中央局革命军事委员会主席项英、副主席朱德、毛泽东联名发布了《中央革命军事委员会通令（第九号）》，决定在军委会参谋部设立红军战史编辑委员会。编委共 13 人，其成员为：叶剑英、朱云卿、郭化若、左权、杨立三、范树德、林彪、林野、黄公略、陈奇涵、耿凯、邓萍、曾士峩。以叶剑英为总编辑、朱云卿为战史部主任、左权为编译部主任、郭化若为杂志部主任。

从编委名单不难看出，其成员既是我党领导下的几次重要武装起义的亲历者、历史的见证人，又是当时红一方面军的重要军事指挥员或供应系统的主要组织者。

红军战史编辑委员会的工作任务是着手搜集红军英勇斗争的历史，总结各地红军作战的经验，特别是中央苏区第一次反"围剿"胜利的经验，准备编写工农红军战史，为当前的反"围剿"及以后对敌斗争服务。

只要有空，曾士峩都会掏出纸笔写上几段，而且非常投入和认真。有好几次，他写着写着就停住笔，陷入深深的思索。他有一次对罗瑞卿说："罗政委，虽然都说'胜败乃兵家常事'，因为它涉及太多的因素，但我对自己经历的一次次具体战斗分析后，觉得人是决定因素。如果干部、战士都知道为什么打仗，敢打仗不怕死，就能在一定范围内以弱胜强，打胜仗。所以，我们应该一起来总结。"罗瑞卿说："是啊！政治思想可说是我军战斗力的倍增器，任何时候都不能放松。"

四、连续拼杀横扫七百里

1931 年 1 月 29 日，蒋介石调集 20 万人的兵力和 7 架飞机，部署对中央苏区发动第二次"围剿"。4 月，敌人分四路向中央苏区开始大举进攻。

红军继续采取"诱敌深入"的战略方针。敌第五路军的四十三、

四十七、五十四师从北方新近到来，第二十八、七十七师在第一次“围剿”中跟红军交过手，对红军有畏惧心理，战斗力较弱，先打该敌容易取胜。于是红军决定由西向东横扫，先打弱敌，各个击破。

4月20日，红一方面军各部队从原驻地出发。曾士峩、罗瑞卿率红十一师秘密向西转移，先至上固。30日，在东固西20公里的敖上村一带山林中隐蔽待命。东固四面环山，与富田相距20公里，中间隔了一座白云山。它坐落在泰和县东边，山势伸延到吉安、兴国两县境内，方圆有几十公里。山势陡峭，山道迂回，古树参天，还有众多山谷小盆地，是游击战、阻击战和运动战的好场所，其中九寸岭、观音崖是富田通往东固的两个必经的险要山隘，易守难攻。

此时，东固山区已到插秧季节。红军主力3.2万余人集结在东固，抓紧时间进行临战动员，并帮助群众莳田。广大指战员响应“莳完田，打好仗”的口号，分散到各村和群众一起春耕。红军吸取逃亡地主向敌人报信的教训，与地方苏维埃政府进行严密的封锁警戒。不管白天黑夜，刮风下雨，每个路口都有暗哨盘查过往行人，每座山头都有人巡逻，整个东固山区像是筑起了道道铜墙铁壁。红军白天不准煮饭冒烟，敌人侦察机不时突然飞来侦察，也未见红军踪影。这样，敌人虽近在咫尺，却毫无察觉，他们做梦也想不到红军竟然会在自己眼皮底下大规模地集结。红军主力在东固山区隐蔽达25天。

红军主力集结于东固，在东固地区群众基础好、地势好等有利于我的同时，又是一步大胆的险棋。因为红军主力处于可能三面受敌的“牛角尖”之中：西面与富田、固陂圩的敌王金钰、公秉藩相距20公里，北面与水南、白沙的敌郭华宗相距20多公里，南面与兴国的敌第十九路军相距25—30公里。红军中有人说，这是在钻“牛角尖”，太危险。而实践证明，表面危险，实则安全。云集于苏区边境的敌人做梦也想不到，红军竟然会在他们三个师的眼皮底下大规模地集结。稍后，红军主力从蔡廷锴与郭华宗两师之间迅速穿插过去，先打王金钰的第五路军并首战告捷，终于钻通了这只“牛角尖”。

5 月 13 日，侦知王金钰、公秉藩部已准备出发，红军各部即开始作迎敌准备。这是第二次反“围剿”的第一仗，必须打好。红军全军上下都在第一次反“围剿”胜利的鼓舞下，斗志昂扬，信心百倍地誓歼来犯之敌。

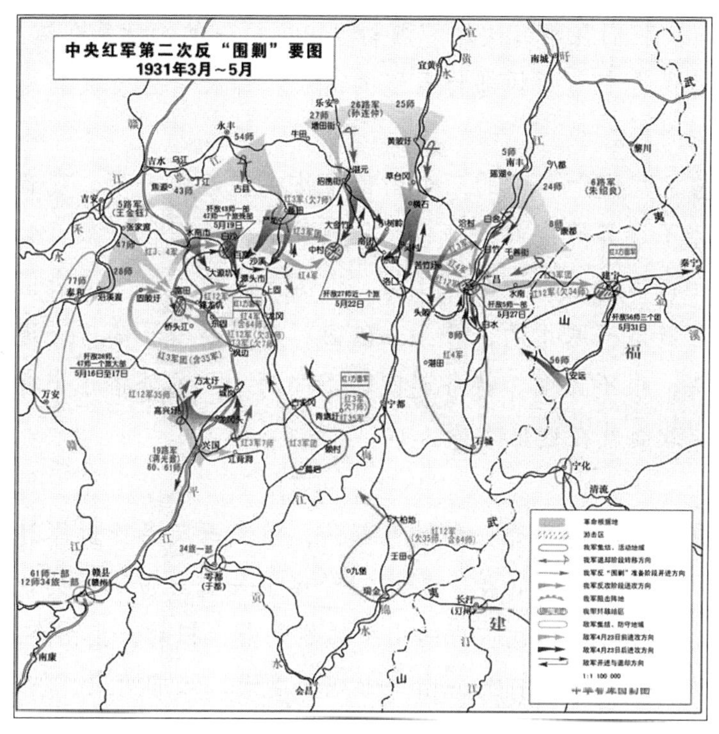

中央红军第二次反“围剿”要图

16 日拂晓，红军各路部队开始向预定阵地行动。曾士峩、罗瑞卿率十一师布防白云山下的观音崖。

在指挥所，曾士峩一面用望远镜观察远处地形，一面与罗瑞卿分析交流敌军指挥官的特点、敌军的长短处，以及十一师当日可能要采取的战术等。他转身看到指挥所内其他几位指战员的自信表情后，非常高兴，朝大家微微一笑，又继续观察敌情。

战斗的枪声是从不同方向多个阵地同时打响的。一上来就是密集的火力，但离指挥所还有一段距离。紧接着，炮火和枪声向纵深迅速蔓延。为更迅速、准确了解战况和指挥战斗，曾士峩、罗瑞卿一起跑出了指挥所。紧跟在他们身边的师特务连连长杨得志后来回忆道：

观音崖在富田和东固之间，周围山峦起伏，丛林密布，是个险要的隘口。我们在第二次反“围剿”中的第一仗，就是在这里打的。

那时我是十一师师部特务连的连长。师长是曾士峩同志，政委是罗瑞卿同志。

战前，我们十一师的三个团都布防在观音崖一带。观音崖在群山中虽算不得异峰突起，却也是居高临下，地理位置很好。师指挥所就设在山顶稍下的一间房子里。这房子战前大概是老表们看山歇脚，或者避雨挡寒用的，矮小，破旧。罗政委个子高，进进出出都要低下头，很不方便。特务连就砍了些树木，另外搭了个棚子，曾师长和罗政委就在这里指挥。

……

公秉藩虽不是蒋介石的嫡系部队，但武器装备比红军还是好得多。特别是重武器，山炮、野炮、轻重机关枪，占明显的优势。他们靠着这个优势，向我占据的山头猛烈轰击、扫射，企图夺路前进，一口吃掉我们。战斗打响，山头上炮火连天，浓烟滚滚，树倒枝断，乱石纷飞。师指挥所小房旁刚搭起来的棚子也被炮弹击中倒塌了。曾师长和罗政委这时幸好在棚子外边观察敌人的动静，否则也会压在里面。不一会，敌人的一路，在炮火掩护下，向我们右后方的山头攻去。

罗政委站在小房门口，说：“敌人想攻占三十三团的阵地，从左翼包围我们。”

曾师长同意地点点头，说：“不要紧。你看，三十三团前面还有一个山头，敌人要通过这个山头才能接近三十三团。”他停了停，转脸命令我说：“杨得志，派人告诉聂鹤亭同志，一定要挡住敌人！”

聂鹤亭同志是三十三团的团长。我这里刚把人派出去，一阵密集的机枪、步枪子弹向我们飞来。只见罗政委一转身，手没有扶住小房的门框便倒下了。我跑上去一看，子弹从他的脸颊的一边射进，穿过口腔飞出。他满脸是血，当时就不能讲话了。看样子十分危险。（我们后来看到罗瑞卿同志的嘴部稍微有些歪斜，就是观音崖战斗留下的伤痕）。①

曾士峩旋即命令罗瑞卿的警卫员把他抬下阵地，叫叶医生赶快来抢救，紧接着大声短促地喊道："杨得志！"

我正在罗政委身旁，听曾师长喊我，声音很大。"到！"我立即站到曾师长面前。他一手搭在我的肩上，一手指着进攻的敌人说："看到了吗？敌人要抢那个山头。你带特务连上去，一定把那个山头先抢到！"

说完，曾士峩自己也挥枪冲下山去，数名警卫战士紧随其后，边跑边向敌射击。

曾士峩同志曾经是黄埔军校的学生，指挥打仗有魄力也有水平。他那只压在我肩上的手虽然有点残废，但分量是很重的。……我们连的张指导员，当时不在我身边，不可能和他商量了。我把腰间的驳壳枪一举，喊了声："特务连的，跟我来！"来不及再看罗瑞卿同志的伤情，便冲了下去。

红军作战，干部在前面一冲，不用讲话，不用动员，战士们会自动地跟上来。这是个光荣传统。我带着部队冲下山，顺着山势仰望前面那座山头的时候，三班长捅了我一下，说："连长，你看！"我顺着他指的方向一看，敌人黑压压的一片，从我们连的左侧也往小山头运动，最靠前的离山顶只有一百多米了。我回头对刚跟上来的指导员喊道："老张，组织火力打敌人的半腰，我带三班先上去！"话刚落地，部队就开了火。三班长带着他那个班已经冲到我

①《杨得志回忆录》，解放军出版社 1993 年版，第 71—73 页。

前面去了。

公秉藩的部队虽然不适应山地作战，但两军对垒，谁都知道，这是生死搏斗，所以他们爬山的速度也不慢。待我和三班抢占了小山山顶时，他们的前哨离山顶最多也只有三四十米了。这小山上长满了深深的茅草，树木不高，但很密。我们一到山顶，根本来不及做什么工事，因为敌人离得太近了，讲话的声音都听得清清楚楚。

“先敌开火”是我从当战士、班长、排长、连长以来常用的打法。我钻进一丛茅草里边，举枪向敌人开了火。我那支驳壳枪是打十发子弹的，一排子弹打出去，那些接近山顶的敌人停住了。我一边压子弹，一边对三班长喊：“开火！”那时候班以下虽然都是单打一的步枪，但十几支同时开火，又处在敌人意料之外的情况下，威力还是满大的。敌人被打得措手不及，趴在原地不动了。我趁敌人还没摸清我们的实力，赶紧对山下的同志喊：“快呀！快上来！”这时，我看得很清楚，山下的敌人至少也有两三个连，而我们山上只有一个班。我也看得很清楚，战士们确实可以说是在不要命地往山上攀登！三班长运动到我身旁，摸了一把脸上的汗水，说：“他娘的，脚心都叫汗湿透了。”眼看已经有二十几名战士登上山顶，只是因为爬山的速度不同，班、排的建制已经打乱。为了站住脚，我立即组织现有兵力进行反击。……我指挥战士们一齐动作，甩出手榴弹。随着那“轰！轰！”的爆炸声，从山上往山下冲。此刻，兄弟部队也在进行火力支援，压着敌人打。敌人被打得懵头转向，抬不起头，不得不转身逃窜。[1]

曾士峩根据枪炮声移动方向及密集程度变化，以及在望远镜中大体看到杨得志成功抢占山头和各团的战况，判断各团进展顺利，就对参谋长说：“参谋长，你留下按原作战方案继续指挥，我到前面去看看！”说罢离开师临时指挥所，带了七八名战士奔向三十二团

①《杨得志回忆录》，解放军出版社 1993 年版，第 73—75 页。

指挥所，视察战场战况。曾士峩看到全师干部战士斗志昂扬，表现出一股要战胜一切敌人的威武气概，心中有股说不出的高兴劲儿，随口说道："公秉藩，你跑不掉啰！"

他一直坚持在第一线指挥，警卫员几次劝他稍稍后撤隐蔽，他也不理会，被劝急了，还狠狠瞪了警卫员一眼。曾士峩在战友们心中的形象永远是那个勇往直前的高大的身影，永远是那个将手中的驳壳枪一挥就甩出一梭子弹的威猛的红军指挥员，永远是那个关键时刻冲在前面的人。

几十年后的1975年3月，时任第十一师司令部政治部宣传队分队长的吴德华回忆说："观音崖战斗时，曾师长看到离自己前方约300米远的路旁半山坡上，出现约两个连的敌兵，在灌木林和茅草丛中一脚高一脚低，连跑带跳地往后撤，还不断回过头来朝山上红军射击，立即率领战士迎着乱飞的子弹，边射击边飞奔冲人敌群，抬手一枪，击伤一个正在小土包后换弹夹的轻机枪手，接着猛扑上去夺过机枪，向逃跑的敌人猛烈扫射，有力地支持了后续大部队对敌人的围歼。"

战士们看到曾师长藐视危险的果敢气概和迅猛的战斗动作，深受鼓舞，个个奋勇杀敌。与此同时，其他红军部队也在和敌人进行激烈战斗。约4个小时后，红军歼灭公秉藩第二十八师全部和第四十七师王冠英旅的大部，俘官兵4000余人，缴获各种枪3000余支、机枪50多挺、迫击炮30多门。

白云山下的观音崖、九寸岭战斗，是红一方面军在第二次反"围剿"作战中打得最激烈、战果最辉煌的首次大胜仗，为红军继续取得第二次反"围剿"战斗胜利，开了个好头。

观音崖战斗快要结束时，公秉藩见大势已去，慌乱中带上五六十个残兵，东躲西藏地溜出了红军的包围圈，在山野中寻路而逃。

观音崖战斗当日傍晚，曾士峩召集师里团级干部开短会，听取了各团战果、伤亡等初步汇报，表扬了干部、战士的勇敢，并要求全师抓紧休息，做好连续作战的准备。紧接着，他顾不上吃晚饭，赶往卫生队准备看望仍在昏迷中的罗瑞卿。军医叶青山告诉曾士峩，罗政委已经被送到师救护所去了。

曾士峩说："罗政委的伤势太重，师部卫生队医疗条件也不好，明天一定要一大早就将他直接送到上田军部的后方医院去。叶医生你和罗政委的勤务员王保林也陪着一起去救治，等罗政委伤势稳定了，你再回部队来。"

回到宿营处，已近午夜，曾士峩胡乱吃了几口饭，又在豆油灯下给军长林彪、政委罗荣桓写简信汇报当日战况及罗瑞卿的伤势等，叫通讯班派人连夜送走后，才和衣倒在临时铺就的稻草铺上休息。

因罗瑞卿战斗负伤，5 月 18 日，曾士峩任十一师师长兼政委。19 日，曾士峩率十一师随红三、红四军和红三军团向东横扫，参加了在吉水的白沙截歼上官云相第四十七师一个旅的残部和郭华宗第四十三师一部的战斗，激战两天一夜。中途，萧克指挥第十二师从敌后包抄，敌溃败。此战俘敌官兵 1790 人，缴获枪 2000 余支。与此同时，红军攻占沙溪，敌第五十四师逃向永丰，第十九路军也由城冈撤向兴国，随后又撤到赣州。这是第二次反"围剿"中的第二个胜仗。

21 日，白沙战斗后，曾士峩率十一师随红四军继续向东，在永丰的中村地区，与由南向沙溪增援的敌第二十六路军的高树勋第二十七师八十一旅接触。双方对峙。22 日，红三军团从正面向该旅发起多次冲锋；曾士峩率十一师随红四军从右翼包抄，向该旅发起攻击，附近的赤卫队和群众也纷纷协助红军作战。激战至下午 1 时，攻占中村，歼敌八十一旅大部，俘敌旅长以下官兵 2300 余 人，缴枪 3000 余支、无线电台 1 部。敌二十七师余部窜回乐安。当晚，红军追至南团，敌第二十五师仓皇撤回宜黄。这是第二次反"围剿"中的第三个胜仗。

红军发扬连续作战的精神，以迅雷不及掩耳之势，有力地打击了敌军的气焰，使敌军心动摇、方寸大乱。此时，毛泽东、朱德率领红一方面军总部到达宁都县南团。苏区中央局因不便长期随军行动留在永丰县龙冈，另组以毛泽东为书记的中共红军第一方面军临时总前委。

5 月 23 日，已进入苏区的“围剿”军第六路军（朱绍良部）毛炳文第八师、许克祥第二十四师、胡祖钰第五师，慌忙由白水、头陂向广昌收缩兵力，准备向南丰撤退。24 日晚 11 时，毛泽东、朱德下达“方面军决取捷道先敌占领南丰城”的命令。25 日晚，毛泽东在宁都和广昌交界处的洛口圩严坊村主持召开临时总前委第一次会议，决定方面军主力第二天开到广昌县城西北的苦竹集中，全力攻击朱绍良部的毛炳文、许克祥、胡祖钰 3 个师。

当夜，曾士峩接到命令后，率十一师与兄弟部队冒着大雨，踏着泥泞的道路，忍着饥饿，100 多 里急行军，于 26 日晨抵达广昌县境内。

26 日，敌六路军第二十四师派出一部先撤至甘竹、白舍，第八师派出一部先撤至傅坊占领掩护阵地，第五师和八师主力分别担任广昌城西北和西南一带高地的守备，掩护退却的部队。第六路军总部及第二十四师主力在广昌城内做退却的准备。

同日，红一方面军总部进驻广昌县苦竹。当晚，毛泽东主持召开临时总前委第二次会议，讨论研究后做出部署：以红三军向南丰急进，追击北撤之敌第八、第二十四师；以红四军为左翼，红十二军为右翼，攻击广昌城，求歼未撤走的敌第五师及所率 4 个团；红三军团为攻城总预备队。

5 月 27 日清晨，曾士峩率十一师随红四军及红十二军冒雨从北、西、南三面攻打广昌城。国民党军依托城外山头上的坚固工事，全力抵抗，每个交战点都在进行拉锯战。毛泽东、朱德登上城西面的乌石岗，指挥进攻。

10 时许，国民党军第五师师长胡祖钰在师部左侧阵地瞭望时，被红军射手击中腹部。第六路军总指挥朱绍良赶来探视，见形势不妙，遂决定黄昏时取道盱江东岸撤退。朱绍良的决定是：第八师首先撤退，限第二天下午赶到南丰（约 70 公里），负南丰城防责任，自己亲率第五师继进，第二十四师掩护第八师和第五师撤出广昌后，最后撤退。

下午 2 时，红三军团全线投入战斗，近 200 挺机枪和几十门迫击炮齐射，地方武装在煤油桶里点燃爆竹，噼啪作响，城外大小山头人声鼎沸，杀声震天，吓得守敌胆战心惊，不知有多少红军在攻城。下午 5 时，敌五师师部士兵用行军床抬着胡祖钰，从广昌城东门外盱江上一座木桥撤退。随后，敌六路军主力和敌许克祥二十四师也撤出广昌。广昌战斗红军牺牲 69 人，伤 202 人，歼灭敌五师 1 个团。红军攻占广昌后，由敌六路军指挥的第五十六师约 7000 人，自闽赣边界撤回建宁。这是第二次反“围剿”中的第四个胜仗。

5 月 16 日以来，曾士峩率十一师连续 11 天行军打仗，有时炊事单位跟不上，指战员们一天只能吃一顿饭。行军中部队停下来稍事休息，不少人躺在地上就睡着了，但只要一声令下，又马上爬起来继续行军战斗，精神振奋，斗志昂扬，充满一种必胜的英雄气概。

在频繁进行战斗和连续急行军的情况下，曾士峩要师政治部俱乐部主任潘振武等组织编写一些短小精悍的歌曲，以及“三句半”“莲花落”等形式的文艺节目，在部队稍微休息和行军时，由宣传队在营地、草坪、路旁演出，活跃气氛，减轻指战员的疲劳感，激发斗志。作为红一方面军主力核心部队之一，十一师这种坚忍不拔的战斗意志得到方面军总部的高度赞扬。

5 月 28 日，总前委令连续作战的十一师原地休息。全师精心医治伤病员，改善伙食，洗澡、理发，有的班排还组织集体到城外盱江中去擦澡、洗衣。曾士峩知道后，担心个别指战员因太疲劳，可能在江中溺水，下令“不准在江中游泳”。有的指战员对此命令不理解。曾士峩解释说：“我们对盱江的水深、静水区河底淤泥厚度及水草生长情况等都不清楚，贸然去游泳，如果踩入淤泥，被水草缠住，人一慌张，又因疲劳无力，越挣扎缠得越紧，几口水就呛晕了。这样的惨痛教训多着呢。”大家听了，很受感动，纷纷点头称是。有的战士说：“师长想得真细。”有的说：“师长就是把我们当小孩一样关心着。”

有一天，师部食堂买了半只猪，改善生活。每人一碗菜一碗饭，菜是青菜，上面盖着几块回锅肉。曾士峩走进食堂，拿起碗就吃，还高兴地说：“今天有肉吃，好香啊。”吃了几口后，他发现饭下面又有半碗肉，感到很奇怪，就问身旁一起吃饭的司务长：“今天我们买了多少肉呢？”得知只有半只猪后，他看了看边上几位战士的碗，都只有几块肉，算了算，师部有一百多人用餐，心里有了底。原来司务长想到师长工作忙，身体消耗大，就在他碗里的米饭下面多放了一些回锅肉。曾士峩把司务长叫到一旁，低声而严肃地批评道：“这样要不得，以后绝不能这样！大家好不容易才吃一次肉，我一个人吃了几个人的量，这怎么叫‘官兵吃一样的饭’呢？这不是小事，而是大原则！”说完，他不顾身边的两个战士几次拒绝，硬是把肉分给了他们。

休息后，广大指战员的体力得到恢复，个个精神焕发。曾士峩非常高兴，在十一师一次连以上干部大会上鼓励大家说：“我们要吃饱、睡好，铆足劲，随时准备听令立即再投入战斗，继续发扬我们十一师勇猛顽强的作风，消灭更多的敌人，夺取反‘围剿’的全面胜利！”

从 5 月 16 日至 31 日，红一方面军在 15 天内横扫 700 里，五战五捷，歼灭“围剿”军 2 万余人，缴枪 2 万余支，痛快淋漓地粉碎了国民党军的第二次“围剿”。

五、组建师炮兵连，成立工农夜校

第二次反“围剿”胜利后，曾士峩继续任第十一师师长兼政委。

他根据临时总前委部署，率部到广昌、南丰一带，以排、班为单位，将部队分派到村子去发动群众，协助地方党组织打土豪分田地，筹粮筹款，扩大红军，进一步巩固和扩大中央根据地。后又转回石城县，继续抓部队建设和做群众工作。他和师党委其他同志一起，严格要求自己，深入部队，以身作则，继续认真执行《中国共产党红军第四军第九次代表大会决议案》和《红军第四军各级政治工作纲领》，不断提高干部战士的政治觉悟，严格进行军事训练，关心战士生活。第十一师到处充满一派朝气蓬勃的气象，广大干部战士脸上洋溢着一股打胜仗后的喜悦、自信与自豪。正如游胜华 1979 年 5 月接受作者访问时说："曾师长勇敢得很，总是冲锋在前，退却在后。他很懂军事，指挥得很好。他平易近人，好开玩笑，很乐观。我们当时在师部可痛快了，有什么吃的大家一起吃，官兵一样，打仗一起打。"

为进一步提高十一师的战斗力，一天，曾士峩召集团级干部及师司令部、政治部主要负责干部参加联席会，研究布置工作，出席会议的有张际春、赖传珠、杨成武、聂鹤亭、谭楚才、朱水秋等十多人。

曾士峩平日话不多，开会喜欢开门见山。他说："我们红军连续打了几次大胜仗，粉碎了敌人的第二次'围剿'，总前委首长和军首长认为我们十一师表现很突出，大家都很高兴，但是我们不能因此而骄傲自满，故步自封，要从政治、军事两个方面不断继续努力，要随时准备迎接新的战斗，不断取得更大的成绩。战斗和地方工作的过程和成绩，大家都知道了，不重复。今天我主要向大家汇报我们十一师在这次反'围剿'战斗中，及最近一段时间地方工作的主要经验和有待改进的问题，谈谈后期工作的要点和设想，请大家讨论并提提建议，补充内容，然后形成几项具体决议，赶快传达布置下去执行……"

大家热烈地谈了自己的想法。张际春就如何不断提高政治思想工作效果谈了看法，他提出：各级政工同志必须首先严格要求自己，并领会好红四军“九大”决议精神，对存在的问题设身处地去分析，发现犯错的原因。该表扬的大力表扬，该批评的一定要批评，这样才会让人口服心服。

对如何更好地开展群众工作，赖传珠说：“的确，任何工作干部带头极重要，打仗和地方工作都一样。最近曾师长等师党委全体成员带领全师到各乡各村帮老百姓插秧，一干就是一整天，个个汗流浃背；宣传队还在田间地头演些短小活泼的文艺节目，影响很大，老百姓反映很好、很热烈。到了晚上，老百姓还主动烧树叶，用大芭蕉扇不断地扇烟，为熟睡的红军战士驱赶蚊子，一派动人的军民鱼水情。这种尽量为百姓做实事的做法，以后应坚持下去。”

谈到训练，聂鹤亭说：“在开展刺杀动作训练时，因缺少刺刀而使该动作练习不到位，很多战士很难掌握要领，个别战士训练还不够认真，应该想法解决。”

曾士峩插话说：“对，这是个重要的具体问题。这既是因为我们红军本来就缺少武器、缺少刺刀，也和我们部分干部战士对刺刀的重要性认识不足有关。他们思想深处还残留着一些过去的游击习气，似乎以为所有战斗都像我们打敌人战斗力不强的部队、县保安队、还乡团一样，只要开枪射击，然后勇敢冲锋，再射击，高喊着‘缴枪不杀！红军优待俘虏’，战斗就结束了。我还听说有的战士不愿带刺刀，说它‘没有用’。所以，要用短兵相接战斗实例教育大家。另外，就是注意从缴获的敌人装备中收集和配备刺刀，加强训练。”

稍停片刻，曾士峩道：“我现在还有个想法：为了进一步提高十一师的战斗力，准备组建一个炮兵连，眼前我们已经有了几门炮，现在就看如何解决编制更好一些。”

大家听了，很是兴奋：“对呀，组建炮兵连，我们十一师就更威武了！”接着就议论炮兵的重要性，讨论炮兵连干部人选，以及其编制直属师司令部等事项。

一天傍晚，曾士峩找来杨得志，谈起了如何组建炮兵连。关于这次组建第十一师炮兵连，杨得志后来回忆：

第二次反“围剿”胜利后的一天傍晚，曾士峩师长派通信员来叫我。我跑步赶到时，他正坐在师部房前池塘的旁边，望着池水出神。他身边摆着些炮盘、炮架和炮弹箱，还有些显然是刚从水里打捞出来的炮筒。见我来了，他点点头，站起身来围着那些炮零件转了好一阵才问：

“听说俘虏里有个炮兵连长分给你了，是吗？”

“是的。”我答，“他姓张，河南人。都四十岁了，本想发三块钢洋让他回家，可是他死也不肯。”

曾师长很有兴致地问：“为什么？”

“他说自己也是苦出身，被抓丁当了兵。如今家里没得什么亲人了。红军待他好，他要跟着红军好好干。看来人很老实的。”我说。

曾师长满意地点点头，说：“思想也不错嘛！现在干什么？”

“在二排当战士。”

曾师长笑了：“噢，你一个二十岁的小连长，领导人家一个四十岁的‘老’连长呀！”

“师长看他好，调到师部里来嘛！”我也笑着说。

曾士峩同志摇摇头，说：“不行，不行，这么个有本事的人，只能在你们那个连。”

我不明白曾师长的意思，一时不知该说些什么。他指着地上的炮零件，说：“你看，这八二迫击炮，威力不小哩！”我看那炮筒湿漉漉的，顺嘴说：“是刚从塘里打捞出来的吧？”曾师长点点头，过了好一阵，很郑重地对我说：

“我们研究过了，要把你们连改成炮兵连。怎么样，你有什么意见？”

我虽然没有当过炮兵，但炮兵在战争中的作用我是了解，而且有亲身感受的。不要说井冈山时期，就是第一、第二次反“围剿”中，我们也吃过敌人炮兵的不少亏。自己能有炮兵当然是好事。只是我们连——从干部到战士没有懂炮兵业务的人——改成炮兵连，太突然了。我说："你知道，我们连没有懂炮的人呀！"

"怎么没有？"曾师长说，"那个姓张的炮兵连长就懂嘛！要他教，你们干部带头学。当初，步枪、机枪我们也不会打嘛！"

革命军人，只要组织上交下任务，再困难也要努力去完成。曾士峩同志又指着那些炮零件嘱咐我说："现在这些家伙不一定能配成套。你们先运回去，请那位张同志看看，抓紧时间边学边训练吧！"①

领了任务，杨得志回到连内，在支部会上把任务一说，大家十分兴奋，都表示要认真学习。会后，杨得志找老张当教员，并告诉他那些炮都是敌人"送上门"的，型号乱七八糟。老张说，有炮是好，但打仗、行军时拿这些炮怎么办？因为炮弹重，光炮盘、炮架、炮筒少说也得两三百斤。敌人平时有汽车拉，有大骡子、大马和大车运。杨得志一听，是啊，红军别说汽车，就是骡子和马，一个团也只有团部有两三匹。他琢磨了一下，一挥手，说："好办！把炮拆开，人扛！""和白军比武器装备我们不行，要比吃苦受累——"他把大拇指一伸，"红军数这个！"

大家先去师部领三门炮。有的一个炮筒就90多斤，炮架也很沉，靠人扛很不容易。去师部单程不过七八公里，回到驻地，战士们满头大汗，像从水里捞出来似的，累得气都喘不赢，有的同志肩膀都磨红肿了。后来大家砍了些碗口粗的青竹竿，按照炮筒、炮架、炮盘的不同形状做成工具，有的四个人抬，有的两个人抬，炮弹箱就一个人挑。

炮兵射击课有三门：测量、计算、角度。最困难的是学习炮的构造和射击原理。老张讲的一大堆东西，大家都记不下来。杨得志只得把班、排干部集中起来，每隔两三天请老张上一次小课，提高干部的水平，带动战士的训练。

---

①《杨得志回忆录》，解放军出版社1993年版，第80—81页。

这天，曾士峩听了杨得志等人关于炮兵学习操练情况的汇报后，十分高兴地说：“不错。你们对转成炮兵连和尽快学会用炮的积极性很高。应该让大家真正明白：实践操作很重要，但理论学习同样重要，两者不能分开。很多理论是经过好多实践操作经验总结出来的。学会了理论，会更快掌握实践技术，操作得更好，磨刀不误砍柴工嘛！”

张指导员说：“对，大家通过往深里学，也慢慢明白了这个道理，现在愿意学些理论了。”

曾士峩又说：“我相信你们连会很快掌握这些炮的用法的。这样一来，我们十一师就如虎添翼了。如果能抽出时间，我要到你们连去看看你们的操练实况。”

杨得志说：“好啊，请师长一定来指导！”

曾士峩说：“我能指导什么哟。对于炮兵技术，我也是门外汉，不能具体给你们什么帮助，你们就抓紧时间好好向老张同志学习。有什么情况和问题，及时告诉我吧。”

十一师炮兵连组建后仅两个多月，第三次反“围剿”战斗就开始了。黄陂战斗时，十一师炮兵连调归军团统一指挥，几个师十几门各种类型的火炮集中于一处，随着指挥员口令，炮弹呼啸着飞入敌人阵地上，大显雄威，震慑敌胆。这是十一师炮兵连第一次参加步炮协同作战，指战员个个振奋不已。

曾士峩通过参加一系列战斗，深刻领悟到红军之所以能以弱胜强、以少胜多，主要是正确地执行了毛泽东、朱德的战略、战术思想。曾士峩能将自己的领悟灵活地运用到作战指挥中，使十一师在暴风骤雨的战斗洗礼中逐步成长为一支政治、军事兼强的劲旅，成为红四军一把令敌人胆寒的利剑。

1931 年 6 月上旬，曾士峩率十一师奉命离开石城县域，继续做地方工作，巩固和发展革命根据地。6 月中旬，到达清流县东北的林畲乡一带。曾士峩率部先后解放了林畲、蛟石等地区，帮助建立了林畲、孙坊、石下等多个乡苏维埃政权。为了更好地宣传群众、发动群众、教育群众，同时也为了帮助地方培养革命斗争力量，十一师在林畲驻扎期间，在麦园洞大厝下邱氏祖厝还开办了一所工农夜校。曾士峩和政治部主任张际春等一起研究和指导办学具体工作。根据学员不同情况，安排了不同的学习内容，选择文化知识和政策水平较高的红军干部授课，帮助普通的红军士兵和地方工农干部识文断字，学习革命道理，取得了很好的教育、教学效果。

即使在最艰难困苦的年代，红军也都注重开办不同形式的短期文化学习班、夜校或教导队，以提高官兵的文化素质，提升各级指挥员和地方干部的思想理论水平。无论在最初的三十一团，还是后来的第三纵队、第二纵队以及十一师，曾士峩始终是这些文化学习班、工农夜校或教导队的积极参与者。

当时部队上下都认为曾士峩是大学生，理所应当多参与这项工作，曾士峩也很愉快地接受了这一任务。他当连长时，就是大家喜欢的兼职教员；等当了营长、支队长、纵队参谋长、纵队长、军参谋长、师长，整天就想着如何打胜仗。工作忙，事务杂，有时忙得脚不沾地，可只要文化补习班或教导队、工农夜校请他去讲课，他都会挤出时间参加，从不推辞，除非有急事实在赶不过来。因为他每次讲课前总是认真思考备课，所以授课效果不错。在林畲工农夜校授课期间，他充分考虑到多数学员的文化水平不高和多数人讲方言等因素。有一次，他准备的课题是“我们老百姓怎样才能过到好日子”。他列举了一些人们日常熟知的小例子来说明主题，并解释什么是军阀割据、减租减息、土地改革、义务教育等，而且放缓了语速。学员们听得非常认真。一次下课后，曾士峩跟坐在最后一排听课的一位 60 多岁的老人热情地打招呼，问他能不能听懂。老人笑了笑，回答说：“你讲湖南话，我不是全懂，但你讲话不急不慢，我听明白了基本意思。有道理！”曾士峩笑了，说：“我不会闽南话，只好努力讲长沙、益阳一带的混合腔啰。”

林畲夜校旧址至今依然保存完好，墙上还留存着当时的“设立工农夜学免费读书，反对军阀压迫革命”等红军标语。旧址稍经修整后，现已成为清流一处开展革命传统和爱国主义教育的重要基地。

第十章

血染战地

一、在莲塘、良村、黄陂战斗中

1931 年 6 月，国民党军对中央苏区的第二次“围剿”失败后不到一个月，蒋介石又调集 30 万兵力，开始对中央苏区实施第三次更大规模的“围剿”。

此时，红军第一方面军只有 3 万余人，决定继续采取“诱敌深入”的方针，待敌深入苏区中心区，再集中兵力实行反攻，以打破敌军“围剿”。7 月 10 日前后，曾士峩率第十一师奉命随红一方面军主力转移，离开福建清流县林畲乡一带。25 日，到达兴国县城西北的高兴圩地区，完成了回师集中的战略任务。随后，按照上级部署秘密转兵，寻求战机。

8 月 5 日晚，十一师随红四军和一方面军兄弟部队从兴国江背洞和崇贤圩两地国民党军防线之间 20 公里的间隙中隐蔽向东急进，在莲塘、官田地区隐蔽待机。8 月 6 日午后，敌第三路进击军第四十七师先头第二旅进到莲塘附近时，毛泽东、朱德当即决定，集中兵力歼灭该旅，而后向北进击，求歼第三路进击军主力。

7 日拂晓，曾士峩率第十一师参加对莲塘守敌的战斗。红军从不同方向对该敌突然发起攻击。战至上午 9 时，全歼敌第四十七师第二旅又一个多营。敌人挨了打还莫名其妙。一个被俘的敌军军官抱怨说：“真倒霉！昨天上级通报红军被包围在高兴圩，哪晓得今天红军却在这里包围了我们！”

莲塘战斗后，十一师随红四军紧接着乘胜跑步向良村急进，途中与由良村出援的敌第五十四师第一六〇旅遭遇。红军一阵猛烈冲杀，打乱敌军阵形，仅用20多分钟便解决了战斗，歼其一个团，该旅余部逃向良村。红军乘势衔尾猛追，于13时许攻入良村，再歼刚由城冈撤回良村的敌五十四师师部和两个旅的大部。

红军一天打两个胜仗，共歼国民党军两个多旅，俘敌3500余人，缴获长短枪3100余支、机关枪40余挺、迫击炮14门。

8月8日，十一师随红四军继续东进，围歼刚从君埠、南陵等地缩回到黄陂的敌第三军团之第八师。

8月11日晨，十一师随红四军等兄弟部队冒着大雨进到黄陂附近，中午向黄陂发起攻击。此战歼灭国民党军第八师毛炳文部4个团，俘敌4000余人，缴获长短枪3000余支、机关枪20余挺、迫击炮11门、电台1部。

莲塘、良村、黄陂连续三战三胜，使红军从被动中夺得了主动。

随后，红军主力转到君埠以东君岭垴山区休整。8月中下旬，曾士峩在带领十一师进行休整期间，除抓紧进行战前军事训练外，还按上级要求，对前一段的军事工作、政治工作和后勤保障进行了总结，并将笨重的行装安置于当地，实行轻装，以适应作战需要。

据红一军团第四军（辖军直属队、第十师、第十一师、第十二师并第十三师一部分）的良村、黄陂两次短促的遭遇战战斗统计表来看，十一师数据及占红四军相应百分比如下：受伤官15人（36.6%）、士兵80人（41.9%），阵亡官1人（12.5%）、士兵22人（50.0%）；俘敌官28人（4.2%）、士兵647人（89.6%），缴枪2030支（61.9%）。这份统计数据一定程度上反映出十一师战斗的激烈，也说明十一师在遭遇战中取得了非常突出的战果。

莲塘、良村战斗后，蒋介石才知道红一方面军主力已由兴国西北地区东进。遂于8月9日起，令其第一、第二路进击军和第一军团掉头向东，并协同由广昌西进的第十师，从 12 日至 15 日，以密集大包围态势接近红军集中地——君埠以东地区。红一方面军为摆脱“围剿”军 8 个师三面包围，毛泽东、朱德决定以红十二军（欠第三十五师）向乐安方向佯动，将国民党军主力向东北方向牵引；红一方面军主力从君埠以东秘密西移。

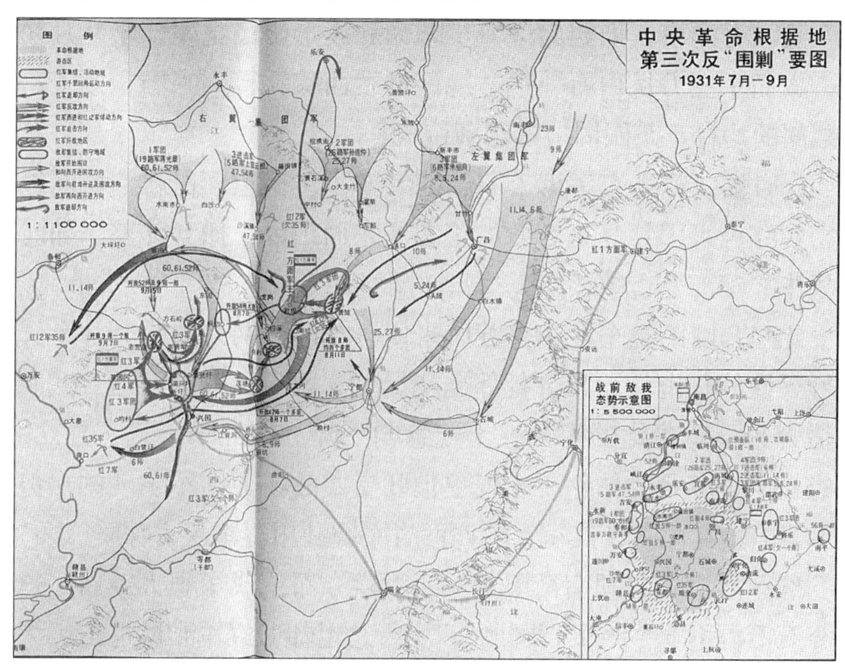

中央革命根据地第三次反“围剿”要图

8 月 16 日（农历七月初三）晚，曾士峩率第十一师随红四军和红一方面军主力 2 万余人，利用仅有从云层中露出点鹅毛月月光的暗夜，从正在东进的国民党军第一军团和第二路进击军之间 10 公里间隙中一座叫尖岭垴的大山中秘密疾进，行进中，命令部队不准掉队，不准说话、咳嗽，不准抽烟，将可能因碰撞而发出响声的炊事用具等都用稻草或烂布条捆扎起来。这样，神不知鬼不觉顺利地跳出国民党军的合围圈。于次日晨回到兴国东北的白石、枫边地区隐蔽休整。而红十二军主力则大张声势地向东北方向行动，并以一部兵力攻占乐安县城。蒋介石又误认红十二军为红一方面军主力，遂急调其第十师返回临川，令第一、第二路进击军等部追击红十二军。红十二军主力采取灵活机动的战术，将国民党军主力一部拖了近半个月，掩护了红一方面军主力的西移和休整。8月底，待国民党军发觉上当，再回头西进寻找红一方面军主力决战时，红军已休整近半个月。毛泽东、朱德为进一步调动和疲惫国民党军，于9月初率红一方面军主力从白石、枫边地区继续西移，转到兴国、万安、泰和之间的均村、茶园冈地区隐蔽待机。

这时候，曾士峩率第十一师随红四军从枫边、白石、城岗地区秘密转移至兴国县高兴圩西的茶园冈东面山区，抓紧休整，随时准备战斗。

此时，国民党军在中央苏区来回奔波已达两月，除其3个师遭到歼灭性的打击外，其余各部也受尽了苏区人民群众、地方武装坚壁清野和不断袭扰的困苦，士气急剧下降。而红军三战三捷之后，又经过半个多月的休整，士气更加旺盛。战场上红军主动的形势更为明显。恰在此间，广东、广西两省军阀利用蒋军主力深陷江西"围剿"红军之机，向湖南衡阳进兵，对蒋介石造成了很大威胁，迫使蒋介石不得不下令结束"围剿"，实行总退却，红军乘胜追击。

二、血战竺高山

9月初，红一方面军总部得知原驻兴国地区的国民党军准备撤退。一方面军总部随即部署：红三军、独立第五师迅速抢占老营盘，断敌退路；红三军团、红四军（并指挥第三十五师）、红三十五军进攻高兴圩及其南北之敌；红七军牵制兴国之敌，并命令红军各部，当晚快速到达新的指定宿营地待命。

6日下午，曾士峩率十一师随红四军从茶园往东急行军到达黄群乡，在黄群河沿岸的高排、练屋一带宿营。前线指挥部设在练屋，并立即派出一个班前往高兴圩方向侦察敌情。

一方面军总部根据当天所得敌情报告，决定首先抓住兴国地区北撤之敌一部歼之，然后伺机扩大战果。但由于当晚我军驻地分散，命令未送到。同时，由于电话线不够，没有架通电话，也没有架设无线电，导致红三军和总部联络中断。

9 月 7 日凌晨，飘着毛毛雨，天还是一片漆黑，曾士峩就指示炊事班抓紧生火做饭。队伍里锅子大，每口能煮 30 多斤大米。十几口锅同时煮，饭很快就做好了。吃完早餐后，曾士峩率部在当地赤卫队向导的带领下，沿练屋北侧陡山坡小路爬上山脊，直插竺高山，并指挥部队迅速寻找、占领制高点和各有利地形，还派一个连与山顶部队互相呼应，沿黄群河北岸大道，一路小跑向东，直达竺高山下牛脚坑地段警戒。

竺高山位于高兴圩西北约 1.5 公里处，它是牛牯岽山脉高低起伏、绵延不断由西向东伸至高兴圩周围平原开阔地边缘的一座孤峰，海拔 305 米，相对高差约 120 米。西南和东南侧都是陡坡峭壁，往东南向跨过约 150 米宽的平地后，有两座高仅二三十米的小山包与平原农田相连，山包上长满杂草和竹子、树木。十一师的阵地就包括竺高山及这两座山包、黄群河谷出口南北缓坡地在内的一大片地方。从竺高山山顶可俯视东南方向的高兴圩，以及北面通往老营盘，东北方向通往崇贤圩、方泰圩的几条大道，其中部分大道处于竺高山阵地上迫击炮、重机枪的射程内，地势非常险要。可以说，控制了竺高山，就可控制从兴国县城经高兴圩往北通往吉安往南通往赣州方向的大道。

竺高山东侧半山腰有一块足球场面积大小的平坦地，当时建有一座中等规模的道坛。道坛围墙大门上方写着“竺高山”字样，正厅大门上书有“胜景无边”。当天，曾士峩登上竺高山时，天已微亮。他与参谋长走到道坛内看了一圈，并从道坛外不同位置观察远近地形地貌。参谋长道：“师长，我们将师前线指挥所就设在这个道坛吧，这里视野很广。”

曾士峩看了看周围的环境，摇了摇头说：“不行。这道坛房子太显眼，敌人一发炮弹就可命中炸毁，人即使没被炸死，也会被倒塌的房屋砸伤。另外，战场上总会有些死角，在屋内是看不到的，指挥所不如设在野外隐蔽处好。”

他来到大门外，用望远镜仔细观察远处的高兴圩和周围山势地形，又察看和调整十一师三个团部署于包括 305 高地在内的两个山包和东南山腰的阵地，检查加固刚垒砌的水冷重机枪阵地和堑壕掩体。红军发现敌人也正在高兴圩外围修筑工事，并占领了修屋、琵琶形、油箩店下、狮子堌一带的高地和有利地形，还隐约观察到在狮子堌等几个山坡处设有炮兵阵地，竺高山东面的油箩店下、栗子树下，东南方向的黄龙尾，到处都有敌人的临时掩体或散兵线。

根据这些情况，曾士峩确定将师指挥所设在竺高山后北侧的小山头旁一块小洼地上，这里既可看到高兴圩北面大片平坦开阔地，也能看到竺高山山顶部分区域，还能看到预计可能发生激烈战斗的其他地段。

7 日 8 时左右，十一师居高临下，开始用水冷重机枪攻击栗子树下之敌，敌人随即向十一师阵地发射了数十颗烟幕弹，紧接着用山炮炮击，然后发起成建制的冲锋，战斗立即全面展开。十一师沉着应敌，多次打退敌人进攻，并发起几次反冲锋，曾一度攻至竺高山下小山包对面敌人的前沿阵地。双方在竺高山山麓、竺高山下东南侧小山包和平原边缘间地域内，进行了数十次拉锯式的冲锋和反冲锋厮杀，彼此有时相距几百米、数十米互射，有时短兵相接，肉搏格斗。

最初，红军总部根据 9 月 6 日夜所获地方党组织和群众口头报告，估计高兴圩东北及高兴圩外围的红军面对的仅是敌六十一师一部、六十师的邓志才旅，及十九路军（总指挥蒋光鼐，此时由蔡廷锴代）军部等，觉得有较大把握打好这一仗。7 日上午，新的侦察情报证实，敌蒋蔡两师仍在高兴圩，蒋鼎文师也在高兴圩北面，韩德勤师仍在兴国，敌人主力并未远撤。但此时红军部队已经展开，战斗已打响，只能顺势推进，极力扩大战果。

战斗打响两个小时左右，敌十九路军六十一师（辖 6 个团）、敌六十师（辖 6 个团）师部及刘占雄旅、驻兴国县城的敌五十二师，先后赶来支援。高兴圩附近敌人兵力一下从约 1 个师增加到约 5 个师。战场兵力对比突变，对十一师等红军部队形成巨大压力。

敌六十师、六十一师虽非蒋介石嫡系，但部队战斗力强，武器装备很好，配有不同口径的野战炮、山炮、迫击炮、轻重机枪，官兵均头戴钢盔，多使用德国造勃朗宁式轻机枪和二十响驳壳枪，每人配备数枚手榴弹，步枪均带刺刀，时常吹嘘“在战场上连子弹壳也不让敌方捡走一颗”。他们虽不恋战，但十分自傲。十一师作为红四军主力之一，连年征战，战功卓著，士气极盛，面对强敌，毫无惧意，但兵员数量远少于敌人，武器更落后得多。炮兵连虽然有几门迫击炮，但已调归红一军团统一指挥，每个团仅有几挺马克沁水冷重机枪，轻机枪也不多，步枪型号不一，缺少手榴弹，弹药也不足，每人仅几排（每排五发）子弹，最多不到十排，绝大部分没有刺刀，有些战士背的还是一把大刀或梭镖，用于近战。

此次十一师是按方面军总部部署，第一次和敌人进行阵地战。红军自创建以来，多是开展游击战，坚持“敌进我退，敌驻我扰，敌疲我打，敌退我追”游击战术。部队对肉搏战训练不够，也未全员配备刺刀。当时 3 万多名中央红军，仅有刺刀 700 余把。有的战士认为刺刀无用，带着累赘，还将刺刀扔掉了。所以，在这次近战中，红军战士只能用枪托、大刀或梭镖与敌人拼杀，往往被敌人刺刀刺倒，牺牲很大，吃了大亏。

为更好地把握战机，曾士峩两度率领警卫连战士离开师指挥所，飞奔到第一线指挥和参加战斗。此举极大地鼓舞了全师指战员的斗志。战斗中，红三十二团的一架水冷重机枪刚前移到新阵地，尚未架设妥当，机枪手就被蜂拥而至的敌人击倒牺牲，重机枪被夺走。曾士峩怒不可遏，立即重组部队，边射击边冲入敌阵，用刺刀、枪托、大刀和敌人拼杀，将重机枪夺了回来，并迅速架设好，向敌人展开射击，杀伤了大量敌人。

当天曾下过毛毛雨，天空一直阴云遮日，加上是农历七月下旬，日落后无月光，战场很快暗了下来。战斗持续到深夜才停止。曾士峩命令抓紧时间休整部署部队，抢救伤员，收集和分配弹药。他走到掩体沟壕中鼓舞干部、战士们的斗志："同志们！敌人虽然人数多、武器好，但他们是正在撤退的队伍，生怕像张辉瓒、公秉藩等师一样被我红军包围消灭，是被动求生作战，很难发挥他们的全面战斗潜力。只要我们继续发扬勇敢战斗、不怕牺牲的精神，注意战术，打出勇猛顽强、机智果敢的一贯作风，一定能打败敌人、消灭敌人！"

8日天刚亮，战斗继续激烈进行。敌六十师、六十一师除将部分兵力用于防守高兴圩及外围等阵地，以对抗红三军团的猛烈攻击外，均投入重兵争夺竺高山，试图控制该区域，使已北撤部队和尚在高兴圩附近、兴国县城地区的部队连成一片，以免再被红军分割、歼灭。而且敌人没摸清红军在竺高山以西牛牯岽群山中到底还有多少机动兵力，他们认为控制了竺高山，就可以阻挡红军沿黄群河河谷东出增援，因而对竺高山志在必得。

红十一师则誓死坚守竺高山，以分割敌人，待机扩大战果。为争夺每一重要工事、每个小山包，双方都要整排、整连成建制地拉锯式冲锋和反冲锋几次至十几次，阵地反复易手，双方伤亡人数剧增，山坡上、田野里、黄群河河岸，到处是阵亡者，有的扭在一起，保持着互相厮杀的姿势，遍地是暗红的血迹，河水也被染红了。

十一师是中央红军核心主力部队之一，损失后，本该由其他部队马上补充，但激战中总部无法给十一师以任何增援。十一师包括司令部、政治部等仅2000多人，而敌人一个师兵员近万。随着战斗的进行，十一师迅速减员，弹药也越来越少，得不到一兵一卒和一颗子弹的补充。饭食和水也没有办法送上山，指战员们的肚子都饿得“咕咕”直叫，个个嘴唇都干得起了皮、开了裂。但他们心中只有一个念头——向前，消灭敌人！他们顽强拼杀，一次又一次地击退敌人，三次夺回阵地。

战斗激烈地进行着。十一师郑副参谋长略带抱怨地对曾士峩说：“师长，我们四军某某师方向枪声稀疏，而某某师方向无枪声，为什么不请他们支援我师？！”

曾士峩严肃地回答：“军人必须听命令！战场瞬息万变，各师敌情不同、任务不同。为了全局的胜利，我们十一师哪怕只剩一兵一卒，也要坚决执行自己的战斗任务！”

后来，十一师的子弹基本打光，曾士峩就命令部队收集石块，垒在阵地前。敌军在一阵炮击之后，向十一师各团阵地冲了过来。红军用石头往下猛砸，夹以零星的射击，坚持约半个小时后，实在无法阻止敌人前进。曾士峩高喊道：“同志们，我们是人民的红军，是钢铸的，是钢军。一定要把所谓的‘铁军’打败！”说罢，他一跃而起，一面用手枪射击，一面率领战士用枪托、大刀、梭镖、石头与敌人拼杀，刀刃卷了，军装破了，嗓子哑了……战士们忍着饥渴和伤痛，再一次击退了敌人。但因弹药耗尽、寡不敌众，道坛及附近山坡、竺高山下几个小山包阵地相继丢失，十一师主力被压缩至竺高山西侧陡坡，少量兵力撤至山顶。曾士峩数次组织班排级小部队从西山腰绕至山下，沿黄群河河岸东出至竺高山脚，希望在山顶的点击俯射配合下，奋力攻占敌阵地，但均遭敌人弹雨压制，未能奏效。

战斗正酣时，曾士峩从望远镜中发现阵地北侧后大坪方向约 1.5 公里远的山头上有一支部队在移动。作战参谋告诉曾士峩：“师长，那是向前线移动的林军长军指挥部和警卫营。”

最初，曾士峩对这次作战的意图是领会的，并决心率十一师再创辉煌战绩。但现在战场态势与所得情报不符，敌人兵力倍增，很难将其全部歼灭，他不免深思：红军的作战原则是打得赢就打，打不赢就走；于我有利的就打，于我不利的就不打，应另择战机，不能同敌人拼消耗，也消耗不起。我们不仅要靠打胜仗消灭敌人的有生力量，还要靠打胜仗来壮大红军。想到这些，他立即向军长林彪（军政委罗荣桓因脚伤未参加此次战斗）写了请示短信："敌已成倍于我，职部弹尽、仰攻，伤亡甚大；可否待我军集中后，重组攻击，择敌而歼。"他派通信兵把信送走，继续指挥战斗。

不久，跑得气喘吁吁的军部通信员送来军长的回令："阻击出色，望继续完成任务。"命令已非常明确：继续打下去！曾士峩当然清楚军长及上级的作战意图，只是他根本顾不上多想，战场的危急才更加燃眉燎心：十一师的子弹基本打光！告急！告急！

曾士峩望着手中的字条，又清楚地听到从牛牯岽方向传来近十支军号的齐鸣声，这是方面军总指挥部向十一师等部发出的继续进攻号令。紧接着，发起进攻的军号声亦从附近的红四军指挥部响起。

三、视死如归英雄去

此时，十一师伤亡过半，参谋长重伤，几位团长受伤或牺牲，将士们的鲜血染红了山冈和大地。而敌人再一次发起进攻，并分兵欲向红四军军指挥部大坪方向包抄进逼，情况万分危急。面对眼前的一切，曾士峩下定了决心——誓死阻击！打垮敌人！他命令战士们从烈士和敌人尸体上迅速收集子弹，把手榴弹、刺刀等集中起来，组织了一支几十人的敢死队。

挺胸而立争当敢死先锋的部下们，听到师长对一名刚满 18 岁的擎旗手小战士发出的铿锵呼唤："丁盛！"

"到！"通信员兼"旗官"的丁盛应声扛着第十一师旗帜飞快地跑了过来。

曾士峩指着一棵小松树旁的大石头斩钉截铁地对丁盛命令道：

“把旗子竖在这里，不要动！旗在阵地在！”

曾士峩旋即转身对敢死队员们喊道：“军人与阵地共存亡！有敌无我、有我无敌！”紧接着他怒吼一声：“跟我上！”

早已将生死置之度外的曾士峩率领敢死队，迎头扑向敌人。这是他们的第48次冲锋。

敢死队员拼死厮杀，歼敌数十名，将敌人击退，击破了敌人袭击红四军军部的图谋，并再次恢复了一个团的局部阵地。不幸的是，曾士峩在战斗中英勇牺牲。他身材较魁梧，又挥着短枪一路冲在最前面，显然是指挥官，遭到敌人机枪和多支大口径枪支集中射击，左胸及腹部连中数弹，热血喷涌、染红衣襟。但是，他仍挥枪往前冲了数步，在身躯摇晃着快要倒下的时刻，顽强支撑着，似乎要目送敢死队员们杀入敌阵……

其他敢死队员也先后或牺牲或重伤。随着曾士峩的牺牲，竺高山血战逐渐停息。经过两天一夜的连续拼杀，敌我双方均已精疲力竭，最后彼此隔着数百米的战场对峙着……

游胜华回忆说：“当时，曾师长想最后猛冲一次，把敌人压下去，以结束战斗，就亲身带领全师的指导员、支部委员、支部书记、团长、副团长等干部拼死冲锋，这就是第48次冲锋，但未成功。曾师长不幸左胸中弹，大血管被打断了一半，我和护士长给他换药时，看见血正往外流。这次冲锋，十一师大部分干部都牺牲了。曾师长、副官长、司号长是被敌人用机枪一起打中的，副官长是肺部受伤，不太厉害，但因为天气太热，又无药，也死了。这下部队没有人指挥了，全师这次1000多人上战场，死了七八百人，只剩下300多人。在48次冲锋中夺得的山头，又被敌人拿回去了。”①

这时，已一天一夜上不来阵地的炊事班战士，带领黄群乡群众送饭来了。这天十一师的将士们吃的是辣椒炒黄豆和米饭。因为牺

---

① 游胜华回忆曾士峩访谈录，1979年5月26日。

牲了大量的干部战士，吃饭的人已很少，一担担的饭菜无人问津，炊事班战士和群众含着热泪，将饭菜一碗一碗倒在不同方向的地上，对着烈士遗体低声说道：“你们慢慢用吧！不急，请慢慢吃！……”

9月8日夜，为争取主动、另寻战机，十一师奉命撤离高兴圩战场，向黄群、茶园岗一带转移。9日早晨，敌六十师、六十一师为防备红军再次进攻而紧张地熬了一夜，发现红军早已不知踪影，便也仓皇地从战场撤退。

当晚，竺高山等地战斗进展和曾士峩牺牲等情况很快报送到红一方面军总指挥部：“……此次战役损失较大……阵亡的数目不知，尤其是十一师及三十五师损失更大，十一师师长曾士峩阵亡，参谋长负伤，全军共计伤团长六名、阵亡两名，其他尚未统计……”许久，总指挥部内没有一人说话。

1983年，亲历竺高山战斗的老红军罗友林谈起当年那场血战和曾士峩牺牲，仍痛心不已、老泪纵横：“曾师长牺牲后，为不影响士气，开始是保密的，但不久就在红军内部迅速传开，震动很大。”“当听到他牺牲的消息时，很多人都流泪了，有的人差点失声痛哭，连一些不认识他、只听过关于他的一些传说的人也流了泪。”

1984年，郭化若回忆说：“我和曾士峩同志关系很好，他死了，我没能流下一滴泪，当时我是流不出眼泪，比流出了眼泪更难过，我很伤心。”这些成天浴血奋战、铮铮铁骨的硬汉，也抑制不住自己的情感，他们痛惜失去了这位诚恳乐观、勇敢机智、可亲可敬的师长、战友、兄弟。

高兴圩之役是红军创立以来最激烈的一次大规模血战，歼敌蒋光鼐、蔡廷锴两重装师2000余人，红军也牺牲2000余人。对其战事激烈程度，时任红三军团第二师政治委员的黄克诚后来回忆：“我参军作战以来，亲眼目睹了两次伤亡惨重的战斗：一次是在大革命时期，北伐军攻打汀泗桥之役，战场上的尸体横倒竖卧，比比皆是；再一次就是这次高兴圩之役，漫山遍野摆满了尸体，指战员们浑身上下都被汗水和鲜血浸透。”[①] 吴德华的记忆是：“高兴圩战斗，横尸遍野，血流成河。”

此役打出了红军的军威，使敌人再次领教了虽然装备落后但士气极盛的红军主力部队的非凡战斗力，彻底粉碎了蒋介石“此次进剿不获全胜，不回南京”的白日梦，加速了红军第三次反“围剿”战争的全局胜利。而在高兴圩竺高山的争夺血战中，曾士峩用自己的一腔热血，证明了他对共产主义信念的无限忠诚，兑现了他“为大众之生息”而战的誓言，表达了他对人民及祖国无限的爱。

四、良棺掩葬尽显军民血肉情

曾士峩牺牲后，遗体于 9 月 8 日黄昏被战士们从阵地上抬下来。第二天凌晨，战士们用竹竿绑成担架，抬着烈士的遗体，随十一师部队沿黄群河河谷往西向均村方向前进。走出西里坝约两公里远，碰上也朝前行进的毛泽东及郭化若等人。

毛泽东看见抬担架的战士，忙问：“你们担架抬的是谁啊？”

“曾师长。”护送的班长回答说。

毛泽东一听怔了一下，赶紧道：“你们先放下来一下。他到底伤在哪里？”他知道曾士峩已牺牲，但不知详细情况。

“曾师长胸部大动脉被打断了一半，肠子也都快打出来了。”班长哑着嗓子回答，眼泪扑簌簌流了下来。

曾士峩遗体上半身盖着一块白布。毛泽东蹲下来揭开白布，最后一次看着他熟悉的战友。曾士峩两眼紧闭，面无血色，却犹显刚毅。毛泽东轻抚曾士峩的脸庞，一时间手都有些颤抖。他抑制不住内心的悲伤，说道：“你不该走得这么早，革命还有许多事要依靠着你们这些好同志带头啊！”

---

①《黄克诚传》，当代中国出版社 2012 年版，第 58 页。

过了一会儿，毛泽东盖上白布，缓缓站起，吩咐战士道："快去，找个地方好好安葬吧！还要留个记号，以后我们好找到他！"接着，他陪着担架队员们走了一段路，一言不发。

曾士峩的遗体被送至离竺高山战场约6公里的黄群乡，开始暂时停放在乡苏维埃政府外的一座小石桥上。这时，第十一师郑副参谋长也来到了护送队伍，他走进屋内问道："这里是不是黄群乡苏维埃政府？"

刚好乡苏维埃政府主席钟连燊和一位文书在里屋商谈工作，他闻声赶紧出来："是。我是这个乡的主席，姓钟。"

郑副参谋长忙道："我们的曾师长牺牲了，请乡苏维埃政府买口好棺材，赶快就近埋葬，因为敌人有可能很快会过来。"钟连燊说："好。我们马上办！"并立即吩咐文书去村中找棺材。接着，郑副参谋长与战士一起将曾士峩的遗体从小桥抬到乡政府后，告诉钟连燊："钟主席，我们马上要归队，执行新的任务，请将曾师长埋好，有事可找红四军军部联系。还有，不要告诉别人这次牺牲的是位师长。"

"好，请放心。应该保密的事我也知道。"钟连燊回答说。

郑副参谋长和战士们列队，向他们的师长曾士峩行最后一次军礼后，迅速往西朝阳背岭方向追赶部队。

1983年11月，钟连燊老人在接受采访时深情回忆道："因为我们当时认为，红军师长属于我们干革命的领导人物了，当地群众觉悟高，对他很负责任，才这样做的。"这短短几句话，动人地反映出当地人民群众对红军、对曾士峩烈士的深情和敬意。

当时，黄群乡是兴国县有名的模范乡，各项工作均走在该县前列，《红色中华》报还表扬过钟连燊等乡干部的事迹。这时，黄群乡大部分青壮年男女都参加红军、赤卫队、担架队，或给前线送饭送水，直接或间接投入了反"围剿"战斗；战斗结束后，他们又去战场抬伤员、捡枪、捡子弹壳、掩埋烈士遗体，在后方留下的多是妇女、儿童和老年人。第十一师各炊事班在山下用每次可煮30至40斤大米的铜锅煮好饭，再由人民群众帮着送上山。战斗部队要喝水，群众帮着送开水，后来来不及烧，就送凉水。此外，水冷机关枪也要用水，群众的送水任务虽然非常艰巨，但热情高涨。到处呈现出一幅幅人民战争的壮丽动人画卷。

很快，乡文书在村民家中找到一口已漆好的棺材，请人抬回来。大家怀着崇敬和沉痛的心情，将曾士峩就地安葬。此后几十年，当地百姓常按习俗到坟前祭奠悼念。

第十一章

永远的丰碑

一、“我党我军中之优秀干部”

1931 年 9 月 11 日，在红军总部、总直属队驻地茶园岗召开了军队和地方主要干部大会，总结整个高兴圩战斗的经验教训。会中谈到曾士峩牺牲时，毛泽东说：“曾士峩的牺牲是英勇的，重于泰山。他是在最关键的时候牺牲的。他亲自带部队冲锋，改变了战况。”朱德说：“曾士峩政治、军事都不错，指挥作战有胆有识。”然后，全体与会者起立为曾士峩默哀。毛泽东和朱德对曾士峩的牺牲精神和政治、军事素质给予的高度评价，让陈士榘、朱良才等老一辈革命家记忆深刻，几十年后都记忆犹新。

从参加秋收起义起，曾士峩历任营参谋长、连长、团参谋长、营长、支队长、纵队参谋长、纵队司令员、军参谋长、师长、师长兼政委等职。在革命征途中，他时刻不忘“为大众之生息”而战的初衷，具有坚定的政治信念，不怕挫折，坚信革命必胜，随时准备为此献出一切；他坚持以革命利益第一为原则，以红军为家，以诚相待处理与领导、同事、下级的关系，努力维护革命的团结。他和党代表、政委罗荣桓、罗瑞卿等一起工作，分工不分家，互相支持，将所部带得朝气蓬勃。他牢记“正人先正己”的常理，一贯从政治、军事、日常生活等多方面严于律己，在血与火的残酷斗争中，逐渐成长为“我党我军中之优秀干部”。

当时中共苏区中央局向党中央汇报苏区工作的长电中，专门单独列条汇报：“曾士峩牺牲。”同期牺牲的还有其他红军高级干部，但该汇报仅提了曾士峩，从一个侧面反映了曾士峩在红军中的影响。

曾士峩牺牲后，中央革命军事委员会总政治部暨红一方面军总政治部曾向全军发布《向曾士峩学习》的通令。这是红军总政治部第一次向全军发布向个人学习的通令，用蜡纸油印下发至团级。关于此《通令》，1980 年 12 月，萧华在接受《罗荣桓传》编写组采访、忆述罗帅时，也特别提到：“曾士峩是红军很优秀的指挥员”，“曾士峩牺牲，当时在红军中震动很大。1931 年第三次反‘围剿’胜利结束后不久，红军总政治部曾向全军发布《向曾士峩同志学习》的通令。”1983 年 12 月，原红五军某团团长叶长庚接受作者采访时说：“曾士峩师长是秋收起义来的，是我们的老前辈。我记得他刚牺牲时，是上级打电话通知我们的。后来，全军发了通令，要大家向曾士峩学习。这个通令我看到了。人们都讲，曾士峩打仗很勇敢。”

在此期间，红一方面军各部队开展了向曾士峩同志学习的活动。

1950 年 11 月，中央人民政府革命军事委员会总干部管理部指出，“曾士峩同志为我党我军中之优秀干部，为革命牺牲，实属重大损失”。

二、战友的回忆

曾士峩牺牲多年后，作者走访了他的部分战友，获得并保存了一批回忆其事迹、缅怀其风范的珍贵口述资料。现以采访时间为序摘录如下。

1958 年、1977 年，罗瑞卿大将回忆说：“曾士峩同志是位好同志，他很有能力，在战斗中很勇敢，文化程度也很高，负过好几次伤，是打高兴圩时牺牲的。他当时还立了很大的战功，是位英雄式人物。”

1979 年 5 月 26 日，游胜华少将说：“曾师长勇敢得很，总是冲锋在前，退却在后。他很懂军事，指挥得很好。他平易近人，好开玩笑，很乐观。我们当时在师部可痛快了，有什么吃的大家一起吃，官兵一样，打仗一起打。”

1979 年 8 月，谭政大将回忆说：“曾士峩同志我很熟，他是一位很好的干部。”

1981 年 8 月 29 日、1982 年 5 月 23 日，陈士榘上将回忆说：“对曾士峩同志的牺牲，毛主席评价很高。毛主席对大家说：‘曾士峩同志的牺牲是英勇的，重于泰山。他是在最关键的时候牺牲的。他亲自带部队冲锋，改变了战况。’”“听到这个原话的人肯定比较多，传得很广。从当时的战况和曾士峩同志的英勇行为看，这段评价是很适当的。”

1981 年 8 月 30 日，张宗逊上将回忆说：“曾士峩原是黄埔军校长沙分校的学员。三湾改编时是特务连连长，继任红四军一营三连连长、一营营长、三纵七支队长、三纵参谋长、二纵司令员、红四军参谋长、十一师长等职。他特别勇敢。”

1981 年 10 月 24 日，韩伟中将回忆说：“曾士峩同志秋收起义编队时，是四连连长，连党代表是罗荣桓元帅。罗帅文章中讲的毛主席‘请曾连长喊口令’中的曾连长就是曾士峩。曾士峩在战斗中指挥很不错，很勇敢；为人更没有什么可说的，一般人反映他平易近人。”

1981 年 12 月 18 日，全国政协副主席何长工同志回忆说：“曾士峩同志的政治品质等是非常非常好的，斗争顽强坚定。他懂政治又懂军事。他也善于做政治工作，搞连队建设。他很勇敢。他是武汉警卫团中最优秀的、最冒尖的干部之一。他是最好的，最能深入实际的，能征善战的。他为人正派，学识也好，也有资历，他是我很佩服的。曾士峩同志在革命斗争中是立了大功的。他如果不死，应该有可能成长为元帅，起码是个大将。”

1982 年 2 月 13 日，萧克上将回忆说：“曾士峩当过连长、营长、二纵队司令员、红四军参谋长、师长等，直到他牺牲。毛主席领导的秋收起义等重大革命斗争，他都参加了，都有他的一份（功绩）。”

1983 年 7 月 1 日，王耀南少将说：“曾士峩任过红四军二纵队司令、红四军参谋长、十一师师长等职。他打仗非常英勇，战斗组织得很好，部队战斗力很强。他是一位很好的领导。”

1983 年 7 月 6 日、1984 年 5 月 18 日，朱良才上将回忆说：“曾士峩是在高兴圩牺牲的。战斗结束不久后，由毛主席主持开了一次总结作战经验大会。会上，毛主席特别提到了曾士峩的牺牲，高度评价了他；朱总司令也赞扬‘曾士峩政治军事都不错，指挥打仗有胆有识’；并和大家一起为他致哀。”“曾士峩的为人很好啊，很朴实，对同志很亲密，没有一点架子；他打仗好勇敢啊！作战指挥也很好。”

1983 年 7 月 9 日，萧华上将回忆说：“曾士峩有文化，军事指挥不错，是红军很优秀的指挥员。如果曾士峩同志还健在的话，可能是元帅级别的。曾士峩牺牲，当时在红军中震动很大。1931 年红军总政治部曾向全军发布《向曾士峩同志学习》的通令。”

1983 年 12 月 15 日，叶长庚少将说：“曾士峩是秋收起义来的，是我们的老前辈。我记得他刚牺牲时，是上级打电话通知我们的。后来，全军发了通令，要大家向曾士峩学习。这个通令我看到了。人们都讲，曾士峩打仗很勇敢。”

1983 年 12 月 16 日，罗友林同志说：“我于 1930 年参加红军，先在二十军，后到四军十一师。从我听到的和亲身感受到的来看，曾士峩师长是位了不起的人物。1931 年，第二次反‘围剿’结束后不久，很快就开始第三次反‘围剿’。曾师长是在高兴圩战斗中壮烈牺牲的。当时，在战场的直接拼杀中牺牲一个师长，震动很大。当听到他牺牲的消息时，很多人都流泪了，有的差点失声痛哭，连一些不认识他、只听过关于他的一些传说的人也流了泪。曾师长很有威信，红四军被誉为‘钢军’，与他的英勇不无关系。现在，常有单位请我去讲革命斗争、讲传统，我总要讲高兴圩战斗，讲在这次战斗中，牺牲了一位红四军中最好的师长曾士峩。”

1983年12月20日，汤光恢少将说：“曾师长战斗勇敢，善于指挥，他往往到团、营阵地上去。他深入群众，和士兵同灶吃饭；他关心爱护又严格要求部下。曾师长和罗政委很融洽，互相很尊重。当时在大家眼中，曾师长是位英雄。”

1983年12月24日，杨得志上将回忆说：“曾士峩同志是我的老领导、老上级，曾担任师长，后来还兼政委。他是黄埔军校的学生，指挥打仗有魄力也有水平。”

1984年1月27日，郭化若中将回忆说：“曾士峩政治军事都强，文化也高。他打仗打得最好，政治工作也做得很好，他带的这个师战斗力很强。他是很勇敢的，很有战略眼光。他对上级很尊重，他的同志关系很好，对下级不打不骂，没有军阀习气。他领导指挥有方、战功显赫，是红四军中最好的师长。”

1984年2月15日，刘忠中将说：“曾士峩师长是我的老上级、老领导，很有名的又红又专老前辈。他很爱护下级，我们都很敬佩他。他当时亲率敢死队冲锋、拼杀，英勇得很！他对革命有大功。”

王辉球中将回忆说：“曾士峩同志，他是武汉卫团卢德铭部的老同志，是个大个子，作战非常勇敢。”

三、丰碑永矗

在中央和湖南省有关部门的关心下，益阳市主持在市内会龙山公园的一个山顶上修建了曾士峩烈士纪念碑。1987年9月，湖南省益阳市人民政府派专车前往江西兴国县高兴圩黄群乡，在兴国县民政局的热情帮助下，将曾士峩的忠骨运回家乡益阳并火化。11月上旬，曾士峩烈士纪念碑落成。

11月19日，在益阳市举行了简朴而隆重的“曾士峩烈士纪念碑揭幕仪式”。揭幕仪式结束后，曾士峩烈士骨灰安葬于纪念碑碑基中。

曾士峩烈士纪念碑碑名由中国人民解放军原总参谋长杨得志题

写，碑基四面分别由朱良才、郭化若、梁必业、曾三4位革命前辈题词。

朱良才题词，并由著名书法家李铎泼墨的碑文是：

为共产主义事业奋斗的革命烈士曾士峩同志永垂不朽

朱良才　一九八四年五月十八日

丁卯春　李铎书

郭化若题写的碑文是：

曾士峩，字迪勋，一九〇四年生于湖南益阳，就学于信义大学。一九二六年加入中国共产党。参加过北伐，秋收起义时参加过起义，井冈山初期参加了龙源口、黄洋界等著名战斗，红军整编扩编时任红四军（红军的主力和核心）主力师师长，参加了第一、二、三次反"围剿"。领导指挥有方，战功显赫，系红四军中最优秀师长。一九三一年九月八日高兴圩战斗中英勇牺牲，年二十八岁。

郭化若　一九八七年六月

曾三题写的碑文是：

永垂不朽

曾三题

梁必业题写的碑文是：

缅怀曾士峩同志　功绩卓著　流芳千古

梁必业　一九八七年十二月　北京

1988年8月，《湖南党史月刊》刊载《深受毛泽东信赖的红军师长曾士峩》一文，纪念曾士峩。

2006年2月23日，新华通讯社、中央电视台《永远的丰碑》栏目播发了《为大众之生息而战斗——曾士峩》的专题通讯和纪录片。

2006年，在益阳市赫山区泥江口镇大桥冲村杨家坪曾士峩故居原址，开始修建"曾士峩烈士陈列馆"，2014年建成。2015年12月，在杨家坪举行了"曾士峩烈士陈列馆"开馆仪式，对社会开放。

曾士峩烈士纪念碑和曾士峩烈士陈列馆，均已成为当地人民缅怀革命先烈，党和政府进行革命传统和爱国主义教育的基地；后者还被湖南省定为全民国防教育基地之一。每年都有数以万计的社会各界人士前往缅怀。

英烈浩然之气，与世长存！

曾士莪生平大事年表

1904年　出生

3月6日　生于湖南省益阳市赫山区泥江口镇大桥冲村。号迪勋，字广泽，又名振泽，字用才。

1911年　7岁

入私塾，学习《三字经》《百家姓》《千字文》等。

1913年　9岁

入本地于辛亥革命后开办的新式初等小学，学习国文、算术、常识、音乐、体育等课程。

1916年　12岁

因家贫辍学，夏末，到桃江县桥头河乡一家南货店当学徒。后得家族公田奖励，入读益阳石笋镇瑶华山麓益阳县立第二高等小学（原箴言书院）第六班。各科成绩优秀。

1918年　14岁

随全家从曾家大屋搬入邻村杨家坪。

1919年　15岁

入读益阳桃花仑信义中学。语文、数学、物理、化学、地理、历史、英文、体育等各科成绩优秀。

1923年　19岁

秋　入读益阳信义大学数理系。

1924年　20岁

冬　因反对宗教课为必修课，引起学校当局不满，肄业于益阳信义大学数理系。

1925年 21岁

年初 在长沙投身维护教育主权、反对教会学校的斗争，参加了雪耻会领导的抗议日本帝国主义在上海、青岛制造屠杀中国工人学生惨案的各种社会活动和革命实践。同时阅读了大量宣传革命的文章书刊，思想觉悟进一步提高。

在长沙加入了中国共产主义青年团。

秋 经党团组织推荐，赴广州报考黄埔军校。从长沙乘船到衡阳，欲经湘粤边界山路到广州，途中因故滞留江华县，在县办公室任秘书、科员。在党团组织领导下，利用县府身份和出差机会，多次往返江华、常宁水口山一带，从事宣传革命思想活动。

1926年 22岁

年初 由中国共产主义青年团团员转为中国共产党党员。

6月下旬 离开江华，参加北伐军，7月随队攻占长沙。之后，进入国民革命军第八军干部学校（学生队）学习，任分队长（班长）。该学生队应湖南省农民协会负责人柳直荀等要求，赴桃源积极参加支持农民革命运动；后被国民党右派军官派兵包围，强行解散。

1927年 23岁

1月底 考取、就读于中央军事治学校（黄埔军校）长沙三分校。

5月21日 长沙发生马日事变，倾向革命的长沙三分校受到严重摧残。曾士峩随即撤离分校，赴往武汉。

5月底 进入国民革命军第四集团军总司令部警卫团（时称“警卫二团”）任连长。

7月中旬 共产党、国民党左派和国民党右派斗争激烈，由共产党组织安排，曾士峩等转入国民革命军第四集团军第二方面军总指挥部警卫团即时人俗称的“武汉国民政府警卫团”，任连长、指导员。

8月中旬至9月初 随武汉国民政府警卫团谋划并参加毛泽东

领导的湘赣边境秋收起义。开始在工农革命军第一师第一团，任三营参谋长；后和一团三营副营长伍中豪等一起转至第三团。

9月10日　毛泽东脱险来到驻铜鼓的第三团，苏先骏、徐骐、汤采之、张子清、伍中豪、曾士峩等前往热烈迎接。晚上，毛泽东以前委书记名义宣布：工农革命军第一军第一师第三团正式成立。曾士峩任三营参谋长兼团部直属机枪连连长。从此，在毛泽东指挥下转战铜鼓、浏阳、上栗、莲花等地，开始了他短暂人生中艰难而壮丽的历程。

9月底　参加三湾改编，任工农革命军第一军第一师第一团特务连连长，党代表罗荣桓（约三天后，张宗逊调任特务连副连长）。

10月1日、2日　同罗荣桓在三湾村对新组建的特务连进行思想教育和军事技术训练。

10月6日　奉团部命令，带几名特务连战士护卫毛泽东和两位团、营干部及几捆枪，前往宁冈大仓村会见袁文才。当天下午平安回到古城。

10月23日　拂晓，工农革命军在大汾镇突然遭遂川地主武装靖卫团的袭击，队伍被打散。曾士峩同罗荣桓率特务连两个排掩护脚伤未痊愈的毛泽东及团部撤到井冈山南麓的黄坳。因为伙食担子丢了，从老百姓家里买一些剩饭和泡菜辣椒。吃完饭，毛泽东对大家高声说："现在来站队！我站头一名，请曾连长喊口令！"不久，一营一连和张宗逊带特务连另一个排赶到。在毛泽东带领下，部队昂然向井冈山前进，当天傍晚到达荆竹山宿营。

10月27日　率特务连随毛泽东和一团团部及一营一连到达井冈山的腹地茨坪。

11月16日　同罗荣桓、张宗逊率特务连和一营从大井出发朝湖南茶陵前进。为适应战场指挥，特务连临时划归第一营建制，改称第四连，但原直属团部特务连的任务不变。

11月17日　率特务连和一营一起，于傍晚到达茶陵县的坑口镇（圩）宿营。夜间有小股地主武装挨户团来袭扰，被击溃。战斗中，特务连副连长张宗逊腿部负伤，随队医疗。部队连夜行军，经带江、马溪洮水，潜进至茶陵城郊。

11月18日　清晨，同罗荣桓率特务连与一营攻占茶陵。

12月29日　工农革命军在砻市召开前委会议，曾士峩仍为特务连连长，罗荣桓调任三营第九连党代表。

1928年　24岁

1月初　率四连（特务连）归一营指挥，随毛泽东和三营九连由井冈山南下，前往攻打遂川。

1月4日　率特务连随工农革命军直捣遂川县靖卫团头子肖家璧的老巢大坑镇。

1月5日　下午，率特务连随工农革命军开进遂川县城泉江镇。

1月14日　率特务连一个班护送毛泽东抵达草林圩。

1月24日　率特务连协助组织和警卫了在遂川县城张家祠堂外大草坪召开的万人大会，热烈庆贺遂川县工农兵政府成立。

2月4日　因赣敌向遂川进犯，率特务连随毛泽东撤离遂川，迅速返回茅坪。

2月18日　率特务连参加进攻新城战斗。激战半日，全歼守敌共500余人，占领新城。

2月21日　率特务连参加在宁冈砻市召开的军民大会，大会宣布成立宁冈县工农兵政府。

3月12日　率特务连随毛泽东离开井冈山南下。

3月14日　率特务连参加攻克酃县县城战斗后，向湘南前进。

4月6日　率特务连随第一团参加在桂东和汝城交界的寒岭界战斗。

4月8日　率特务连随第一团袭占汝城。

4月中旬　率特务连随第一团转移到酃县境内。第一团沿途同参加湘南暴动的农军萧克部、胡少海部会合。

4 月 20 日　率特务连随第一团在酃县县城外参加对追击朱德部的湘军两个团的阻击战，给敌重创。

4 月 24 日　率特务连随第一团至宁冈砻市。毛泽东率第一团和朱德、陈毅率的湘南起义主力部队在砻市会师。

4 月 29 日　出席在龙江书院文星阁召开的会师后两支部队的连以上干部会。

4 月底　随毛泽东、何挺颖率领的第三十一团，参加七溪岭堵击进攻宁冈之赣敌第七十九团的战斗。

5 月 4 日　同朱云卿、蔡协民率第三十一团参加在宁冈砻市的砻溪河滩召开的井冈山军民庆祝朱、毛两军胜利会师暨工农革命军第四军成立大会。

5 月 8 日　出席在宁冈砻市召开的工农革命军第四军第一次党代表大会。

5 月上旬　和朱云卿、蔡协民率第三十一团在永新境内分兵发动群众。

5 月 16 日　在朱德指挥下，和营长员一民、党代表匡祖泉、副营长陈毅安率第三十一团第一营，出击大官僚地主、当时国民党政府主席谭延闿的家乡湖南茶陵高陇。

5 月 19 日　同营党代表匡祖泉、副营长陈毅安率第三十一团第一营与第二十八团一起，一早离开澧田镇，参加草市坳战斗。

5 月 20 日至 21 日　参加在宁冈茅坪谢氏慎公祠召开的中共湘赣边境第一次代表大会。

6 月 20 日　出席在宁冈古城联奎书院召开的红四军连以上干部和永新、宁冈两县地方党、地方武装负责人参加的军事会议。

6 月 23 日　在朱德指挥下，同营长陈毅安率领三十一团一营参加新七溪岭战斗。当三连长资秉谦牺牲、连队顿失指挥之际，请示并得到批准，飞奔三连阵地，代三连连长组织反攻并取胜。

6月26日　出席毛泽东、朱德在永新县城禾川中学礼堂召集红四军连以上干部、地方党和地方武装负责人参加的大会。会议总结了龙源口大捷的经验与教训，研究了红军分兵发动群众的问题。

6月下旬　同连党代表李克如带领三十一团一营三连，在毛泽东直接指挥下，到达三门、夏幽一带，进一步开展土地革命，做群众工作。不久，李克如调离三连，由黄益善继任三连党代表。

7月15日至8月上旬　同黄益善率一营三连在毛泽东指挥下，在永新参加三十一团与赣军11个团周旋25天，执行“引蛇出洞”歼敌。至8月上旬，赣军察觉红军主力大队已经南下，随即对三十一团发起猛攻，我军有序后撤。

8月中旬　出席在永新县九陂村召开的红军连以上干部和地方负责人参加的边界特委紧急会议。

8月29日　下午，和黄益善率三连与一连一起，日夜兼程急行军，从永新赶回了井冈山，并立即参加朱云卿、何挺颖等在团部所在地大井召开的排以上干部会。会后，率三连与王良任连长的一连一起离开大井，经中井、小井、五里亭进入黄洋界阵地。

8月30日　上午8时开始，率三连与一连一起，在游击队、赤卫队配合下，抗击湘军吴尚部3个团对黄洋界的进犯。

9月上旬　率三连在宁冈县茅坪村训练休整、待机。

10月1日　率三连参加茅坪北面的坳头垅战斗。此战全歼敌1个营，俘虏敌营长周宗昌等100余人。接着，红军乘胜追击占领新城，收复了井冈山根据地的中心区域——宁冈全县。

10月4日至6日　出席在宁冈茅坪步云山召开的中共湘赣边界第二次代表大会。

11月9日　同黄益善率三连随第三十一团一营、第二十八团，由茅坪出发，主动攻击新城守敌。

11月10日　率三连随红四军主力继续追击逃敌二十七团，在永新城外与敌周浑元旅第二十八团及二十七团一部发生激战，占领永新县城。

11 月 14 日、15 日　出席在宁冈新城召开的中共红四军第六次代表大会。

11 月下旬至 12 月上旬　率三连到遂川县左安地区进行冬季整训，做地方工作、筹款。期间，调任第三十一团一营副营长。

12 月 11 日　同周昉率三十一团一营参加在宁冈县新城举行的庆祝红四军、红五军会师大会。两军的会合，进一步壮大了井冈山革命根据地的武装力量。

1929 年　25 岁

1 月 4 日至 7 日　列席在宁冈柏露村召开的中共红四军前委、湘赣边界特委、红四军和红五军军委及地方党、团组织负责人联席会议。会议传达和讨论中共六大决议，并着重讨论如何粉碎敌人的第三次“会剿”的部署。

1 月 10 日　同周昉率第一营随第三十一团，与第二十八团及军部特务营等，从宁冈县的砻市、新城一带来到茨坪、小行洲集结待命。

1 月上旬　出席在茨坪召开的军队营以上干部和地方党部分干部参加的前委扩大会议。

1 月 14 日　同周昉率第三十一团第一营随红四军主力从井冈山茨坪、小行洲出发。当晚，快速南进的红军歼灭遂川大汾的国民党军一个营，随后立即就地释放俘虏，让其回去报信，以便引诱国民党军来攻，解除井冈山之围。

1 月 23 日　率第三十一团第一营随红四军主力，迅速占领大余县城。

2 月 1 日　率第三十一团一营随红四军主力从寻乌县菖蒲圩出发，到达项山的吉潭圩（镇）圳下村宿营。

2 月 2 日　凌晨，红四军主力突遭尾追的赣敌刘士毅部 4 个团共6000多人分兵数路偷袭，红军各部彼此失去联系。率第三十一团一营从前卫返回驰援军部，突出重围。

2月9日　农历除夕，同党代表蔡会文率第三十一团一营随红四军主力进到大柏地山区王家祠附近宿营。

2月10日　农历春节，率第一营参加大柏地战斗。

2月17日至25日　率一营随红四军主力在东固休整，之后离开。

3月4日　率一营随红四军主力攻占广昌县城。

3月14日　率一营担任正面主攻，参加长岭寨战斗。

3月中旬　红四军整编。全军编为三个纵队。曾士峩任第三纵队七支队队长。

3月20日　出席中共红四军前委在长汀辛耕别墅召开的前委扩大会议。会议研究了蒋桂战争即将爆发的有利形势下红四军的行动方针。

3月底　率七支队随红四军主力回师赣南。

4月8日　率七支队随红四军离开瑞金，经会昌县西江、于都县黄龙，第一次进占于都县城。

4月中旬　从于都县城出发，到达兴国县城。

4月30日　率第七支队参加由毛泽东、朱德指挥的宁都战斗。

5月17日　率七支队随红四军从宁都出发，在进军瑞金途中，于大柏地战斗结束50多天后，第二次到达大柏地。

5月23日　率七支队作为主力突击队参加龙岩战斗。

6月3日　率七支队为主攻部队参加第二次攻克龙岩战斗。

6月19日　率七支队参加第三次解放龙岩城的战斗，随后驻扎在龙岩县龙门镇一带开展土地革命及群众工作。不久，任第三纵队参谋长兼七支队长。期间，曾士峩以“福建龙岩龙门三芝园药号”为通信地址，写了离家后少有的一封家信，表达对亲人的思念和乐为大众生息而战斗之豪情。

8月3日　同伍中豪率第三纵队在朱德指挥下和红四军军部及

二纵队近3000人，由白砂出发，开入闽中向宁洋县境进军。

8月20日　第三纵队和第二纵队围攻大田县城，久攻不克。因群众不了解红军和部队给养困难，朱德决定回师闽西。

8月29日　红四军在返回闽西归途中，同伍中豪率三纵作为主攻，参加在溪南歼灭敌张贞的第四十九师一个团的战斗，缴枪300多支，俘敌100余人。

9月6日　第三纵队随红四军军部和第二纵队回到了龙岩城。

9月16日　第三纵队随红四军军部和第二纵队由闽中返回上杭县的白砂镇。

9月19日　同伍中豪率第三纵队作为主攻参加了上杭战斗。

10月19日　第三纵队和第一、第二纵队一起出击东江。

10月25日　同伍中豪率第三纵队参加梅县战斗。此役攻克梅县城。

10月31日　同伍中豪率第三纵队担任主攻再攻梅县。并亲率七支队攻进西门，同国民党军展开巷战。

11月1日　第三纵队随红四军撤向江西。

11月23日　第三纵队在朱德、陈毅部署下，参加攻占汀州战斗。随即红四军各纵队齐集汀州。

12月28日至29日　出席在上杭古田召开的中共红四军第九次代表大会。古田会议闭幕后，前委讨论了军队的下步行动部署和干部调整，调曾士峩任红四军第二纵队司令员，罗荣桓任第二纵队政治委员。

1930年　26岁

1月下旬　同罗荣桓率第二纵队离开东韶，向西进至永丰县藤田，做群众工作。

1月26日　同罗荣桓率第二纵队，随毛泽东和前委机关一起从东韶出发，经小耐岭等处到达大金竹。

1月下旬至5月间　同罗荣桓紧密配合贯彻古田会议决议，反对军阀主义、流氓习气等不良倾向，建立各级党组织的会议制度和上党课的制度。为了提高二纵指战员的军事理论及思想素质，曾士峩编制了简明的《二纵军事思想训练十条》(简称《训练十条》)。

2月24日至25日　同罗荣桓率第二纵队参加水南（吉水县)、值夏（吉安县）战斗。

3月16日　同罗荣桓奉命率第二纵队进至赣州城郊，参加攻打赣州，因地形不利和缺乏攻城器械，未克。

3月23日　第二纵队参加南康战斗，攻占南康县城。

4月1日　红四军进军粤北，第二纵队参加南雄战斗。

4月上旬　第二纵队在南雄地区发动群众，筹措给养。

4月10日　第二纵队参加信丰战斗。

5月上旬　在安远、寻乌发动群众，平分土地，筹措给养，扩大工农武装。

5月间　熊寿祺在给中共中央所作《红四军状况报告》中写道："二纵队过去没有很好的上级干部，军事政治都无中心，因此战斗力差于一、三纵队。最近上级干部已另换人，二纵队又复兴起来了。"

6月上旬　同罗荣桓率二纵队随红四军从寻乌出发，第三次入闽，先占领武平县城，后占领汀州，到上杭县境做群众工作。

6月22日　红军第一路军总部发布训令："本路军有配合江西工农群众夺取九江南昌、以建设江西政权之任务，拟于七月五日以前全路军开赴广昌集中。""四军军长林彪因要公留城，队伍暂归该军部参谋处长曾士峩指挥。"

6月23日　率红四军从汀州出发，向广昌推进，边行军边筹款和做地方工作。

6月底　任红四军参谋长兼第二纵队纵队长，罗瑞卿任第二纵队政委。

7月9日　在兴国县城参加欢迎红军北上联欢大会。

7月14日　同罗荣桓率红四军离开兴国县，经高兴圩、老营盘、富田、汀江、八都、水边等地，继续筹款和做地方工作。

7月23日　同罗荣桓率红四军到达永泰。当晚，第一路军总部决定攻打樟树镇。

7月24日　参加樟树镇战斗。此战，消灭国民党军第十师的两个团，攻克樟树镇。下午，又攻克清江县。

7月27日　同罗瑞卿率红四军第二纵队随一军团再克上高县、高安县，开展群众工作。

8月20日　第二纵队随一军团参加文家市战斗。

8月30日　第二纵队随红四军进攻长沙郊区阵地。

9月3日　拂晓，何键部分兵力沿长沙南郊猴子石开始对红军实施侧击。同罗瑞卿奉命率部作为红四军主力参加在林家嘴、陈家冲反击实施侧击的敌陈光中独立第七旅，毙敌数百人，俘敌上千。

9月10日　同罗瑞卿奉命率部作为红四军主力从乌梅岭左翼对长沙守军阵地发动猛攻。激战至次日凌晨，仍未奏效。

9月12日　红一方面军主动撤出进攻长沙的战斗，前往萍乡、攸县、醴陵、株洲等处待机。

9月13日　同罗瑞卿率第二纵队随红四军到达株洲。

10月3日　第二纵队奉命作为红四军主力攻入吉安城。但因兵力单薄，在守军反击下，被迫撤出。

10月4日　第二纵队参加总攻吉安战斗，主攻骡子山等阵地。

10月7日　参加在吉安召开的军民祝捷大会。

10月上旬　红军部队进行整编，恢复师团制。红四军第一、第二、第三纵队依次改称第十、第十一、第十二师。任第十一师师长，罗瑞卿任师政委。

10月14日　第十一师随红四军北上，向袁水流域推进。

10月22日　到达新余县罗坊地区，分兵做群众工作。

11月26日　同罗瑞卿率第十一师随红四军到达东固、南垄地区集结。

12月1日　到达钓峰、小布、黄陂地区集结。

12月15日　随红四军东移至平田、砍柴岗地区。

12月30日　拂晓，同罗瑞卿奉命率第十一师向上固方向西进，准备参加歼灭国民党军第十八师，途中获悉第十八师在龙冈。下午三时许，率部从龙冈北山猛扑下来，同红四军兄弟师及右路军三军团和红三军、红十二军一起，全歼第十八师师部和两个旅共9000余人，俘师长张辉瓒，缴获各种武器9000余件，电台1部。

12月31日　率第十一师随红四军移驻宁都小布。

1931年　27岁

1月3日　同罗瑞卿率第十一师作为一方面军总预备队的一部，随红十二军跟进，在东韶参加了对谭道源师的追击战。

1月16日至18日　奉命率第十一师由广昌移往以南丰县康都圩为中心的地区，进行筹款和做群众工作。

3月26日　奉命率十一师依照总部部署，在广昌县赤水镇、雷公田、大株圩、塘坊乡一带，抓部队整训、筹款，同时做地方工作，并向宁化南丰方向警戒。

4月17日　中共苏区中央局革命军事委员会发布了《中央革命军事委员会通令（第九号）》，决定在军委会参谋部设立红军战史编辑委员会。编委共13人，其成员为：叶剑英、朱云卿、郭化若、左权、杨立三、范树德、林彪、林野、黄公略、陈奇涵、耿凯、邓萍、曾士峩。其任务是，搜集整理红军斗争的历史，总结各地红军作战的经验和教训，特别是中央苏区第一次反“围剿”胜利的经验，为当前的反“围剿”及以后对敌斗争服务。

4月20日　同罗瑞卿奉命率第十一师离开广昌县赤水、塘坊一带西移。

4月30日　到达东固敖上村一带。在山林中隐蔽待命，封锁消息，迫敌而居，进行反“围剿”的深入思想动员，加强临战训练，帮助群众插秧，组织指战员上山砍柴、挖野菜，节约开支，改善生活，随时准备投入粉碎第二次“围剿”的战斗。

5月16日　同罗瑞卿率第十一师在观音崖与公秉藩第二十八师激战。在战斗中罗瑞卿头部负重伤，被送往后方医院。此战歼灭第二十八师全部，师长公秉藩化装成士兵逃脱。

5月17日　率第十一师奉命继续跟踪追击溃逃的国民党军第四十七师残部。

5月18日　鉴于第十一师政委罗瑞卿重伤住院，红一方面军总政治部通知红四军党委：即日起，曾士峩任第十一师师长兼政委。

5月19日　率第十一师参加白沙战斗。

5月22日　率第十一师参加中村战斗。

5月26日　率第十一师与兄弟部队冒着大雨急行军，抵达广昌县苦竹。

5月27日　率十一师随红四军及红十二军冒雨从北、西、南三面猛攻广昌城，激战至晚9时许，攻占广昌。

5月28日　临时总前委会议决定：从5月16日起连续拼杀了11天的红四军第十一师留广昌休整；而以红四军第十师北上，配合红三军继续追击敌第二十四师、第八师和第五师的残部。

6月初　率第十一师根据临时总前委部署，在广昌、南丰一带，发动群众，协助地方党组织打土豪分田地，进一步巩固和扩大中央根据地。然后，又转回到石城县，继续抓部队建设和做群众工作。为进一步提高第十一师的战斗力，修理3门残炮，将师部特务连改建成第十一师的第一个炮兵连，由原特务连连长杨得志任炮兵连连长。炮兵连经过刻苦训练，很快在第三次反“围剿”战斗中发挥了重要作用。

6月上旬　率第十一师奉命离开石城县域，向东移至福建宁化县、清流县一带，继续做地方工作，巩固和发展革命根据地。

6月中下旬　指示第十一师在清流县林畲乡的麦园洞大厝下邱氏祖厝，开办了一所工农夜校。由红军干部授课，帮助地方工农干部及部分群众和红军新战士识文断字，理解革命道理，取得了很好的教学效果。

7月10日前后　率第十一师奉命离开清流县区向西移动。

7月22日　率第十一师随红四军到达江西于都北部。

7月25日　率第十一师随红四军到达兴国县西北的高兴圩集结。

8月5日　率第十一师随红四军乘黑夜通过国民党军第九师（驻兴国江背洞）和第五十二、第六十师（驻兴国崇贤圩）之间20公里的间隙，东移至莲塘、官田地区。

8月7日　率第十一师参加莲塘战斗和良村战斗。

8月11日　率第十一师冒雨参加黄陂战斗。

8月16日　黄昏，率第十一师随红四军向西南方向移动，从正在东进的国民党军第一军团和第二路进击军之间的约10公里缝隙中的山地秘密疾进，跳出国民党军的合围圈，转入兴国白石、枫边地区隐蔽休整。

8月下半月　领导第十一师进行休整。休整期间，除抓紧进行战前军事训练外，还按上级要求，对前一段的军事工作、政治工作和后勤保障进行了总结，并将笨重的行装安置于当地，实行轻装，以适应作战需要。

9月7日　上午约8时起，率第十一师与国民党军第六十一师一部激战于高兴圩西北的竺高山。不久，国民党军并未远撤的第六十一师、第六十师主力，及驻兴国县城的第五十二师，先后跑步赶来支持，除将一部兵力对抗红三军团等对高兴圩及外围阵地的猛烈攻击外，重兵投入争夺竺高山这个制高点。此时，国民党军战场兵力数倍于红军，火力更强于红军十倍。面对强敌，第十一师泰然勇猛相抗，战斗十分惨烈。

9月8日　率第十一师继续与敌血战。不久，第十一师伤亡过半，子弹打光，就用石头、枪托、大刀和敌人拼杀。在敌人分兵向大坪方向的红四军指挥部包抄逼近的紧急时刻，立即组织和亲率敢死队杀入敌阵，歼敌数十名，将敌人击退，击破了敌人袭击红四军军部的图谋，并再次恢复了一个团的局部阵地。拼杀中，身中数弹，壮烈牺牲。

9月9日　午后，葬于黄群乡。当晚，林彪、罗荣桓书面向毛泽东和朱德汇报了竺高山等地战斗概况。其中有“十一师师长曾士峩阵亡”之语。

9月　中央革命军事委员会总政治部兼红一方面军总政治部，向全军发布了《向曾士峩同志学习》的通令。

参考文献

一、出版物

1.《到处是红旗——第二次国内革命战争时期的几个故事》，中国青年出版社 1953 年版。
2.《秋收起义与我军初创时期》，《解放军文艺》1976 年第 11 期。
3.《井冈山斗争史稿》，江西人民出版社 1977 年版。
4.《伟大的历程——回忆战争年代的毛主席》，人民出版社 1977 年版。
5.《回忆毛主席》，人民文学出版社 1977 年版。
6.《井冈山革命根据地》，上海人民出版社 1977 年版。
7.《星火燎原》选编之一，解放军战士出版社 1977 年版。
8.《第二次反围剿故事集》，江西人民出版社 1979 年版。
9.《红旗飘飘》，中国青年出版社 1979 年版。
10. 埃德加·斯诺著：《西行漫记》，生活·读书·新知三联书店 1979 年版。
11. 颜广林、盛祖绳等编著：《井冈烽火》，上海人民出版社 1980 年版。
12. 胡依马编：《我们的总司令》，湖南人民出版社 1980 年版。
13. 李安葆、吴荣宣著：《红军五次反“围剿”史话》，贵州人民出版社 1981 年版。
14. 李前著：《不落的星》，江西人民出版社 1981 年版。
15. 萧克等著：《回忆湘南暴动》，江西人民出版社 1981 年版。
16. 陈毅、萧华等著：《回忆中央苏区》，江西人民出版社 1981 年版。
17.《秋收起义（资料选辑）》，中共中央党校出版社 1982 年版。
18. 何长工著：《难忘的岁月》，人民出版社 1982 年版。
19.《蔡廷锴自传》，黑龙江人民出版社 1982 年版。
20.《湘赣革命根据地斗争史》，江西人民出版社 1982 年版。
21. 王耀南著：《坎坷的路》，战士出版社 1983 年版。

22. 黄瑶著:《在战斗中成长的罗荣桓》,战士出版社 1983 年版。
23. 中共中央党史研究室革命烈士编辑组:《革命烈士传通讯》第 7、8 期(总第 16、17 期),1984 年 12 月。
24. 李立著:《革命摇篮井冈山》,人民出版社 1983 年版。
25. 杨得志著:《横戈马上》,解放军文艺出版社 1984 年版。
26.《井冈山斗争大事介绍》,解放军出版社 1985 年版。
27. 陈晃明编:《陈毅安烈士书信集》,湖南人民出版社 1985 年版。
28.《毛泽东著作选读》上册,人民出版社 1986 年版。
29.《井冈山革命根据地》,中共党史资料出版社 1987 年版。
30.《何长工回忆录》,解放军出版社 1987 年版。
31.《粟裕战争回忆录》,解放军出版社 1988 年版。
32.《张宗逊回忆录》,解放军出版社 1990 年版。
33.《毛泽东文集》第一卷,人民出版社 1991 年版。
34.《杨得志回忆录》,解放军出版社 1993 年版。
35. 萧克著:《朱毛红军侧记》,中共中央党校出版社 1993 年版。
36.《江西苏区纪事 1927—1937》,江西人民出版社 1993 年版。
37.《罗荣桓传》,当代中国出版社 1993 年版。
38. 黄瑶著:《三次大难不死的罗瑞卿大将》,中共党史出版社 1994 年版。
39.《郭化若回忆录》,军事科学出版社 1995 年版。
40. 王健英编著:《中国共产党组织史资料汇编——领导机构沿革和成员名录》(增订本),中共中央党校出版社 1995 年版。
41.《罗瑞卿传》,当代中国出版社 1996 年版。
42. 王运朝著:《井冈风云录》,河南人民出版社 1996 年版。
43. 吴振录、邱恒聪著:《秋收起义纪实》,解放军文艺出版社 1997 年版。
44. 刘学民编著:《朱德上井冈》,广东人民出版社 1998 年版。
45. 樊昊著:《毛泽东和他的军事谋士》,中央文献出版社 1999 年版。
46. 陈伯钧著:《陈伯钧日记·文选》,中国财政经济出版社 2002 年版。
47. 黄瑶主编:《罗荣桓年谱》,人民出版社 2002 年版。

48. 文辉抗、叶健君主编:《红色大本营——井冈山走出来的将帅》，湖南人民出版社 2004 年版。
49. 鲁杰著:《毛泽东与朱德》，北京出版社 2004 年版。
50. 杨庆旺编著:《毛泽东军旅生涯》，中央文献出版社 2005 年版。
51.《陈毅传》，当代中国出版社 2006 年版。
52.《永远的丰碑》(十一)，人民出版社 2006 年版。
53. 游宝富编著:《古田会议人物志》，解放军出版社 2006 年版。
54. 刘秀义著:《林彪传记》，上海文艺出版社 2006 年版。
55. 李小三主编:《井冈山革命根据地和中央苏区大事纪实》，江西人民出版社 2006 年版。
56.《朱德自述》，解放军文艺出版社 2007 年版。
57. 陈人康著:《一生紧随毛泽东——回忆我的父亲开国上将陈士榘》，人民出版社 2007 年版。
58. 林造喜著:《井冈元戎何挺颖》，中国社会出版社 2007 年版。
59. 赖宏著:《毛泽东与红军》第一卷，中央文献出版社 2007 年版。
60. 黄少群、宋留清著:《毛泽东与红军》第二卷，中央文献出版社 2007 年版。
61. 乔希章著:《谭政大将》，解放军文艺出版社 2009 年版。
62. 黄允升著:《毛泽东三落三起》，中央文献出版社 2009 年版。
63.《毛泽东传》，中央文献出版社 2011 年版。
64.《朱德传》，中央文献出版社 2011 年版。
65. 杨庆旺著:《毛泽东的自我批评》，中共党史出版社 2012 年版。
66.《毛泽东年谱》，中央文献出版社 2013 年版。
67. 黄允升、李新芝主编:《一代天骄毛泽东》，红旗出版社 2014 年版。
68. 林林著:《我的爷爷王辉球——从小学徒到开国中将》，中国书籍出版社 2015 年版。

二、访谈记录、信函

（一）摘抄于各革命博物馆、纪念馆

1. 访问胡日慧同志记录，1959 年。
2. 赖传珠回忆曾士峩烈士，摘自《赖传珠同志一九六四年视察步兵第 136 团时的讲话》。（邱锋同志提供）
3. 访问安源敬老院谭福生同志记录，1967 年 5 月 19 日、1970 年 11 月 10 日。
4. 朱水秋的回忆，1968 年 9 月 19 日。
5. 刘型同志在黄洋界哨口的谈话记录，1970 年 6 月 16 日上午。
6. 访吴德华同志记录，1970 年 8 月 15 日。
7. 访邓子恢同志记录，1970 年 11 月 5 日。
8. 访韩伟同志，1970 年 12 月。
9. 访邓华同志谈话记录，1971 年 2 月 16 日上午和 17 日上午。
10. 访杨梅生、黄达同志记录，1971 年 3 月 10 日。
11. 访何长工同志记录，1973 年 4 月 21 日至 30 日。
12. 访问黄达同志记录，1974 年 10 月 25 日。
13. 访曾志同志，1974 年 11 月 28 日。
14. 访鄢辉同志，1977 年 10 月 14 日至 17 日。
15. 会见谭震林副委员长，1979 年 8 月 24 日。

（二）作者访问记录和收到的信件

1. 访吴德华同志谈话录，1975 年 3 月 30 日和 4 月 6 日、1982 年 12 月 21 日。
2. 访罗胜旺同志谈话录，1975 年 4 月 13 日。
3. 访李宽和同志谈话录，1975 年 6 月 3 日。
4. 访胡云生同志谈话录，1975 年 6 月 4 日。
5. 罗瑞卿同志回忆曾士峩，1977 年 8 月。（由罗瑞卿同志口授、赵文岐同志记录并代书给曾天元的信）
6. 访游胜华同志谈话录，1979 年 5 月 26 日。
7. 访谭政同志谈话录，1979 年 8 月。（敬访人：邱锋同志）

8. 访张清文同志谈话录，1979年11月18日。

9. 访张令彬同志谈话录，1981年8月29日。

10. 访陈士榘同志谈话录，1981年8月29日、1982年5月23日。

11. 访张宗逊同志谈话录，1981年8月30日。

12. 访韩伟同志谈话录，1981年10月24日。

13. 赖毅同志给曾天元的信，1981年11月10日。

14 访李克如同志谈话录，1981年12月10日。

15. 访何长工同志谈话录，1981年12月18日。

16. 访曾三同志谈话录，1981年12月23日。

17. 访萧克同志谈话录，1982年2月13日。

18. 访王耀南同志谈话录，1983年7月1日。

19. 访朱良才同志谈话录，1983年7月6日、1984年5月18日。

20. 访唐生明先生谈话录，1983年8月26日。

21. 访曾日章同志谈话录，1983年10月16日。

22. 访鄢辉同志谈话录，1983年11月26日。

23. 访蔡杞材先生谈话录，1983年11月28日。

24. 访罗友林同志谈话录，1983年12月16日。

25. 访郭化若同志谈话录，1984年1月27日。

26. 访刘忠同志谈话录，1984年2月15日。

27. 范哲明（范树德）先生给曾天元的信，1984年2月29日。

28. 访叶青山同志电话录，1984年5月11日。

29. 访范哲明（范树德）先生谈话录，1984年6月8日、6日10日。

30. 访邓逸凡同志谈话录，1985年2月28日。

31. 访谭福生同志谈话录，1985年12月21日。

32. 访杨得志同志谈话录，1993年12月24日。

后　记

曾士峩（迪勋）是我的嫡叔和继父。1927 年长沙马日事变后，白色恐怖遍及湖南全省城乡。这年底，我家知晓五叔迪勋“跟朱、毛到江西搞革命去了”。在全家人寻找、等待他十余年无果的情况下，于 1942 年遵照祖父遗嘱，经族戚会议将我过继给叔父迪勋为子。

父亲的部分遗物盛满了一只大木甑，包括他读过的部分书籍、数十本信义学校的作业本，还有一个纸袋中的几张委任状、几封信以及他留给家人的唯一照片。那些作业本上工整秀丽的柳体字和英文字体，永远刻在我的记忆中。我从他的地理作业本中，第一次知道长江沿岸的“十大米市”、数学参考书中的“龟鹤同笼”算法等。他写给祖父的短信，我读过数十遍，开始因年纪小读不懂，后来经反复读他留在老家房间土墙上的诗句，逐渐依稀领会到他的思想和内心世界。这些都深深融浸于我的一生。而他照片上炯炯有神的目光，似乎一直盯着我，他要对我说些什么，此态我永世不忘。我从童年起，就听到父辈和同村年长者对父亲的各种记忆和描述，结合他的照片，我在脑子中逐渐形成了父亲一个较清晰的形象，深为怀念。从上中学起，我就将父亲的唯一照片一直带在身边，照片从清晰到变黄、模糊直至影剂蚀落；而能部分显现、勾画、描述父亲精神面貌的作业本、书信等，均在 1958 年一次搬家时全部丢失，甚为可惜。

1949 年 10 月 1 日，中华人民共和国成立。我家及族亲都希望父亲仍然活着，并盼望他能奇迹般地归来。我们四处打听和在报上查寻姓曾的各级干部，我们想，也许其中的某位就是父亲，也许他改名了，也许因为工作忙回不来……不过，始终杳无音信。后来，我们只得直接向毛主席和朱总司令写信询问，很快就收到中央人民政府人民革命军事委员会总干部管理部的回信：“曾士峩，我军中确有此人，……一九三〇年任红四军第一师[①]师长，于一九三一年江西兴国县高兴圩战斗中牺牲……查曾士峩同志为我党我军中之优秀干部，为革命牺牲实属重大损失，更为贵阖家之光荣。”

随后，政府颁发了用毛笔在宣纸上书写并盖四方大红公章的烈士证，并发放了当时最高级别的抚恤金500万元（折新人民币500元），直接存入信用社，让我节约着分次领取，以补助学金不足。

追寻父亲的足迹，收集父亲的革命斗争经历，是我多年的强烈愿望。为此，我从20世纪70年代初起，在努力踏实做好自己本职工作的同时，利用星期日和出差机会，拜访了一些老红军。80年代初，党和国家提出“抢救”革命斗争史时，我在北京有色冶金设计研究总院党委的大力支持下，专程走访湖南、江西、福建一个多月，追寻父亲参加秋收起义、井冈山革命斗争、建立和保卫中央苏区的战斗足迹，考察了当年的部分战场，在各地纪念馆收集到不少有关父亲的珍贵资料。

我敬访过父亲的众多战友，包括信访了罗瑞卿、赖毅，当面拜访了萧克、何长工、杨得志、张宗逊、陈士榘、朱良才、郭化若、刘忠、韩伟、张启龙、曾三、张令彬、李克如、邓逸凡、游胜华、叶长庚、李立、汤光恢、张贤庭、罗友林、吴德华、钟连桑、张清文、胡云生、曾日章、李宽和、鄢恢、谭福生等数十位老革命前辈，电话敬访了唐天际、叶青山、梁兴初三位前辈。其中对何长工、张宗逊、朱良才、郭化若、曾三、吴德华等几位老前辈还数次拜访。

在访谈过程中，我深深体会到中国共产党领导人民革命斗争，并取得新中国建立最后胜利的艰苦卓绝。我为老一辈革命家忧国忧

① 应为十一师。（作者注）

民、不计个人得失的崇高精神所感染，对他们无限怀念牺牲战友的深情所感动，受到一次次革命传统教育。一些前辈清晰地记得我父亲的脸型身材、音容笑貌和始终坚毅勇敢乐观的精神面貌，当忆及父亲某些革命斗争和牺牲的细节时，声音哽咽。这使我感动得热泪盈眶。

同时，我也亲耳聆听到他们对父亲的一片赞扬声：政治、军事都强。革命意志坚定，突出的勇敢。有文化、有思想，个人品德和政治思想都好，为人诚恳、刚直、友爱、乐观，尊重领导、爱护下级，群众关系好。对革命立有大功。有几位前辈赞扬父亲时，还多次使用了"最"字。何长工、萧华、罗友林三位前辈还先后特别指出：曾士峩如果不牺牲，应该有可能成长为元帅，至少可能成为大将。革命前辈对父亲的评价，让我内心感到震撼。

另外，我还拜访了熟知父亲北伐经历的唐生明先生、曾在井冈山革命斗争中与父亲共过事的范树德先生，获知父亲革命活动中的不少生动场景。

父亲是为国为民而奋斗的热血青年，是忠诚而优秀的共产党员，是千千万万革命烈士中的一员。他深受中华优秀传统文化熏陶，接触过西方文化，最后坚定地信仰共产主义。他酷爱学习，热爱生活，憧憬着将来当教师、医生、桥梁设计师……但为了理想、为了中华民族和国家大众，又毅然离开他酷爱的课堂，投入火热的国民革命斗争；他没有经历过多少人生美好的事物，却迎着各种磨难努力拼搏，用自己的一腔热血，践行着他坚定的革命信念。

何长工前辈曾嘱咐我："要好好写你爸爸的斗争历史和精神……教育后人。"40多年过去了，我仍未完成此任务，偶尔重听革命前辈当时的访谈录音，深感惭愧。究其主要客观原因，我是一名科技人员，任务连连，退休后仍返聘工作十多年，无时间写作；而主观原因是自己存在顾虑：因自己掌握父亲革命斗争事迹不够全面、详细，如何客观准确再现一位"我党我军中之优秀干部"，殊为不易，未敢动笔。

后来，有几位朋友看了我整理的部分访谈录后，很受感动，鼓励我如实记载历史、弘扬革命精神。这样，我迟至 2007 年，开始动笔编写《曾士峩传》。

编写的过程，是一个细心领会父亲爱生活、爱父母、爱祖国人生观的过程，是一个不断学习我党我军的斗争历史和接受革命传统教育的过程。写作之初，我就告诫自己要颂扬老一辈革命群体而不是单个人的丰功伟绩，必须努力述及曾与父亲并肩战斗的主要战友。这就有了这本《曾士峩传》。

我谨以此拙稿出版，献给我敬爱的终生“为大众之生息”而战的父亲在天之灵，献给为中华民族伟大复兴而牺牲的千百万革命先烈。

由于本人水平有限，本传定有不妥或错误之处，敬请专家、学者和广大读者批评指正。

曾天元

2020 年 8 月 1 日于北京

图书在版编目（CIP）数据

曾士峩传 / 曾天元著. -- 北京：中央文献出版社，2022.12

ISBN 978-7-5073-4764-7

Ⅰ.①曾… Ⅱ.①曾… Ⅲ.①曾士峩（1904—1931）—传记 Ⅳ.①K825.2

中国版本图书馆CIP数据核字（2020）第146562号

曾士峩传

著　　者：曾天元

责任编辑：杨　平
责任印制：黄　冉
封面设计：尽　心

出版发行：中央文献出版社
地　　址：北京西四北大街前毛家湾1号
邮　　编：100017
网　　址：www.zywxpress.com
电子邮箱：zywx5073@126.com
销售热线：010-83089394 / 83072509 / 83089404 / 83072503
排　　版：北京中献唐人数字技术有限公司
印　　刷：北京中科印刷有限公司

787mm × 1092mm　16开　19.5 印张　240千字
2022 年 12 月第 1 版　2022 年 12 月第 1 次印刷

ISBN 978－7－5073－4764－7　定价：60.00元